体育礼仪文化

林克明　赵　聂　主编

人民体育出版社

图书在版编目（CIP）数据

体育礼仪文化 / 林克明，赵聂主编 . —北京：
人民体育出版社，2020
ISBN 978-7-5009-5534-4

Ⅰ . ①体… Ⅱ . ①林… ②赵… Ⅲ . ①体育—礼仪—
基本知识 Ⅳ . ① G80-05

中国版本图书馆 CIP 数据核字 (2019) 第 038171 号

*
人民体育出版社出版发行
北京盛通印刷股份有限公司印刷
新　华　书　店　经　销
*
787×1092　16 开本　15 印张　269 千字
2020 年 10 月第 1 版　2020 年 10 月第 1 次印刷
*
ISBN 978-7-5009-5534-4
定价：70.00 元

社址：北京市东城区体育馆路 8 号（天坛公园东门）
电话：67151482（发行部）　　邮编：100061
传真：67151483　　邮购：67118491
网址：www.sportspublish.cn
（购买本社图书，如遇有缺损页可与邮购部联系）

编委会

前 言
PREFACE

体育是近代教育进程中产生的旨在促进学生身体发育、保持身心健康和塑造精神、培养全面发展的人的一种教育思想和科学手段。《现代汉语词典》解释说：体育是“以发展体力、增强体质为主要任务的教育，通过参加各种运动来实现，在活动的过程中以锻炼人的身体为目的（如体育课程）。”当代体育是社会发展和人类进步的重要标志，是综合国力和社会文明程度的重要体现。体育在提高人民身体素质和健康水平，促进人的全面发展，丰富人民精神文化生活，推动经济社会发展，增进对外交往，激励全国各族人民弘扬追求卓越、突破自我的精神等诸多方面，都有着不可替代的重要作用。体育强国梦与中国梦紧密相连。

而体育运动是近代教育过程中产生的一种身体运动，它一部分是由古代的游戏活动和竞技活动演变而来的；另一部分是由新发明的新式身体运动所构成（如田径、体操、球类、游泳等）。现代奥林匹克运动的创始人顾拜旦在19世纪80年代指出：“奥林匹克运动强调对精神的塑造、意志的培养、品质的熏陶，如果没有体育运动这条重要途径，一定是不完整的，不健全的。”强调互相了解，强调友谊和团结，呼吁人们不要将文化素养当作各自封闭的藩篱，而是成为彼此交流、沟通的平台，打破传统的狭隘界限，以世界人民的博大胸怀了解和学习自己国家、民族和个人生活经历以外的事物，学习尊重其他民族、对手、学会与不同文化背景的人们平等交流，能够比较客观、公正地看待自己和别人，不断丰富自己，真正实现奥林匹克运动倡导的国际交流。在体育交流交往中，彼此间必然需要注重社会交流交往必备的仪式、礼节、礼貌、礼仪。

礼仪是人类为维系社会正常生活，要求人们共同遵守的最起码的道德规范。它是人们在长期共同生活和相互交往中逐渐形成的，并以风俗、习惯和传统等方式固定下来的行为规范。礼仪首先是人对自我、人对自然、人对社会的一种态度和尊重，是人与人之间的相互尊敬。礼仪包括礼节和仪式，礼节一般是个人性的，而仪式大多是集体性的。对个人来说，礼仪是一个人的自我意识、思想道德水平、文化素养、交际能力、精神面貌的外在表现。对国家来说，礼仪是一个民族文明进步程度、道德风尚、行为规范、生活习惯的反映。

体育礼仪指的是体育交往中用来表现互相尊重、友好的程序方式和行为规范，是礼仪文化在体育一切人际交往、文化交流活动中的运用。体育礼仪的内容包括体育礼仪的要素（包括运动员、教练员、裁判员、观众、官员等礼仪和与赛事有关的一系列要素与礼节）和不同体育项目的礼仪。体育礼仪具有规范行为、促进和谐、感召教化、塑造形象、增进友谊、减少赛场不文明行为、保证赛事秩序等功能。体育礼仪是现代体育文明的重要标志，也是体育文化建设的重要组成部分，是体育工作者不可或缺的基本文化素养与文明技能的重要体现。

《中国大百科全书·哲学篇》对文化的阐述："文化即人类在社会实践过程中所获得的能力和创造的成果。文化分为广义和狭义。广义的文化包括人类物质生产和精神生产的能力，以及物质和精神的合成产品。狭义的文化则指精神生产能力和精神产品，包括一切意识形态，有时专指教育、科学、文学、艺术、卫生、体育等方面的知识和设施，以及世界观、政治思想道德等与意识形态相区别的方面。"

体育将"文明之意识、自律之要求、礼仪之规范、引领之社会"等社会文化元素纳入运动规则，形成了体育运动在社会发展进程中特有的文化底蕴和行为表现方式。体育作为一种特殊的文化现象，在其运动实践过程中所形成的各种礼仪规范，始终是体育文化实践和社会交流的基础。卢元镇教授对体育文化进行如下阐述："体育文化是关于人类运动的物质、制度、精神文化的总和。大体包括体育认识、体育情感、体育价值、体育观念、体育道德、体育制度和体育物质条件。"

体育礼仪作为一种文化，是人塑造自我形象的重要手段。可以引导体育人正确把握与外界的人际交往尺度，合理地处理好人与人之间的关系和各种事情。在社会交往活动中，交谈讲究礼仪，可以变得文明；举止讲究礼仪，可以变得高雅；穿着讲究礼仪，可以变得大方；行为讲究礼仪，可以变得美好。所以，熟悉、掌握和讲究礼仪就可以做到触类旁通，待人接物恰到好处，所有事情就能够办得体面优雅。总之，一个人要讲究礼仪，就可以使自己变得充满活力且显示出极强的、吸引人的人格魅力。

2009年5月20日《人民日报》刊登的一篇题为《请学一点体育礼仪》的文章指出："我们的运动员在日本横滨世乒赛新闻发布会上，表现出的职业素养与比赛的成绩并不相称。不尊重人，不礼貌的行为，缺失的不是职业素养，而是基本的体育礼仪。运动员人文素养的缺失，不是一朝一夕能补回的，各级体育部门应该加强对运动员的体育礼仪的教育和训练，尤其是对尖子运动员的礼仪教育和训练——毕竟他们的一举一动，都代表中国。"运动员的公众形象是大众关注的热门话题和聚焦热点，尤其是明星运动员良好的公众形象可以给社会起到导向和示范作用，从而促进社会文明与进步。尽管我们已经成功举办了2008年奥运会，但是我们在体育礼仪知识的普及和教育上，仍有许多工作需要强化和提升，我们还将承办2022年冬奥会。另外，我们的体育工作者、运动员、教练员、志愿者、体育管理者、大专院校体育专业类学生在体育礼仪文化知识方面的缺失；体育教育课程设置中知识体系的空白点、薄弱环节等，都迫切需要我们加快体育礼仪文化方面的著作或教材的出版，以便促进体育工作者学习、理解和掌握体育活动中最基本的礼仪知识和方法，适应当今体育快速发展和文化交流的需求。

新时代，国家强调把社会主义核心价值观融入社会发展各方面，转化为人们的情感认同和行为习惯；社会强调遵纪守法、文明礼貌；进一步加强和改进未成年人的思想建设，加强文明礼仪教育，促进人的健康发展；教育部门强调课程思政建设，学校要培养学生"知礼仪、学礼仪、守礼仪"；运动队强调"十要行为规范"。在这样的背景下，随着当今社会国内外体育文化交流的日益广泛，开展礼仪知识传授和行为养成教育，已是我国道德行为实践的一个重要内容和任务。我国被世人称为"文明古国，礼仪之邦"。体育礼仪可谓源远流长的礼仪文化中的重要组成部分。文明礼仪养成教育不仅是个体道德、品质和个性形成的需要，亦是提高全民族道德素质、振兴民族精神及建设社会主义精神文明的需要，更是新时代发展、国内外体育文化交流、体育人提升自我素养和行为规范的需要。

本书围绕体育、礼仪、文化的本质与特点，体育礼仪的方式与方法、作用与原则，国际与国内、古代与现代体育项目礼仪内容与要求，以及在体育实际活动中的行为准则与注意事项等，进行了全方位、多维度、分系列、突重点的介绍，力图对广大体育工作者，尤其是运动员、教练员、体育管理人员、志愿者和大专院校体育专业类学生，在体育礼仪文化的基础理论知识掌握和专业实践能力的提高方面，有所启示和帮助。

本书共分为十四章，各章作者如下：

第一章　礼仪概述　林克明
第二章　体育礼仪概述　赵　聂
第三章　体育工作者礼仪修养　张秀丽
第四章　奥林匹克礼仪　赵广涛
第五章　中国民族传统体育项目礼仪　李学砦
第六章　体能类快速力量性、速度性、耐力性项目运动员礼仪　李　红
第七章　技能类难美性、准确性项目运动员礼仪　叶新江
第八章　技能类隔网对抗性、同场对抗性项目运动员礼仪　王永强
第九章　技能类格斗对抗性、轮换攻防对抗性项目运动员礼仪　王建永
第十章　体育比赛观众礼仪　吴丽珺
第十一章　残疾人体育比赛观众礼仪　李　欣
第十二章　校园体育礼仪　王　放
第十三章　体育工作常用礼仪　林粤婷
第十四章　体育社交与体育商务礼仪　陈渤源　刘航伟

本书由林克明、赵聂负责统编。由于作者的水平有限，书中难免存有不当之处，敬请各位体育界同仁和读者批评指正。

2019.7.30 于郑州大学

目 录
CONTENTS

第一章
CHAPTER 01

礼仪概述

礼仪是人类为维系社会正常生活，要求人们共同遵守的最基本的道德规范。它是人们在长期共同生活和相互交往中逐渐形成，并以风俗、习惯和传说等方式固定下来的行为规范。人们只要有社会交往就要讲究礼仪，无论对于个人、社会组织，还是国家来说都是如此。

第一节 礼仪的定义与内涵

日常生活中，人与人交往的时候，对什么是礼仪，人人似乎都可以随便说上几句，至于讲得正确与否、完整与否，也没有人特别在意。因此，全面、完整而准确地了解礼仪的定义和礼仪的内涵是非常必要的。

一、礼仪的定义

礼仪是指人在社会公共交往、社会公共活动中因受民族文化习俗、传统习惯、宗教信仰、时尚潮流等因素的影响而形成和遵守的言行准则、行事程序和行为规范的总和。

对个体来说，礼仪是一个人的道德水准、学识修养、交际能力的外在表现；对团队来说，礼仪是团队文化、团队精神、团队品质的重要内容，是一个团队形象的集中体现；对社会来说，礼仪是一个国家和民族文明程度、道德水准和生活习惯的集中反映。

从交际的角度来看，礼仪是人际交往中适用的一种艺术、一种交际方式或交际方法；是人际交往中约定俗成的示人以尊重、友好的习惯做法。

从传播的角度来看，礼仪是人际交往中进行相互沟通交流的技巧。

可见，礼仪是社会公众进行公共交往活动时必须共同遵守的一种行为规范，是一个人被公众所接受，为自己赢得尊重、信任的“通行证”和“个人名片”。

英语中“礼仪”一词“etiquette”是由法语演变而来的。法语原意是指法庭上的“通行证”，用来发给每个准许进入法庭的人，上面标有进入法庭后必须遵守的各项规定，作为入庭后的行为准则。后来，各种其他公共场合也制定了相应的行为准则，这些准则由繁而简，形成体系，并得到公认，逐渐成为人们共同遵守的礼仪。

中文中“礼”的繁体字为“禮”，它的原意是用粮食和曲酒等敬神，后来逐渐发展为“敬意”的意思。“礼仪”为复合词，包括“礼”，即“事神致福”；也包括“仪”，即“法度标准”。《辞源》将礼仪解释为：“礼仪，行礼之仪式。”现在我们普遍认为“礼”的含义是尊重。孔子云：“礼者，敬人也。”

二、礼仪的内涵

在中国，“礼”几乎是一个无人不知的概念。这不仅因为中华民族被誉为“礼仪之邦”，更因为“礼”与我们的日常生活和人际公共交往密不可分。“礼尚往来，往而不来，非礼也；来而不往，亦非礼也。人有礼则安，无礼则危。”这样，礼仪、礼节、礼貌就成为日常生活中最熟悉的词汇，亦是文明、文雅、文化的最佳体现。然而，若要一言以蔽之地给“礼”下一个定义，却并非易事。正如著名史学家柳诒徵所说：“中国古代所谓‘礼’者，实无所不包，而未易以一语说明其定义也。”

唐代学者孔颖达在解释“华夏”一词的涵义时说：“中国有礼仪之大，故称夏，有章服之美，谓之华。”柳诒徵先生也曾说：“中国者，礼仪之邦也。以中道立国，以礼仪立国，是中华民族与其他民族相比较而言最具特色之处。”

“礼”作为儒家思想的重要内容，一向被视为儒学的核心。儒家的代表人物孔子、孟子等都对礼的作用和价值给予高度的肯定。从孔子的“克已复礼为仁”“不学礼，无以立”“以德，齐之以礼”，到孟子的“以仁存心”“以礼存心”，再到荀子的“人无礼不生，事无礼不成，国家无礼不宁”，我们不仅可以看出儒家对礼的执着追求，感受到礼在古人修身、齐家、治国、平天下方面的重要作用，亦可领略到“礼之用，和为贵”所揭示的治国理政、协和万邦的真谛。

“礼”所规范的是一个人对待社会、对待他人、对待自己的基本态度，即尊重社会、尊重他人、尊重自己。“仪”的含义是道德规范的表达形式。任何“礼”都须借助于可操作的、规范的“仪”才能完美地得到体现。人们也只有不拘泥于表面的形式，真正使自己具备这种应有的道德观念，正确的礼仪才得以确立。

人类区别于动物的一个显著特征就是人类的社会性。人类的活动不但受着自然规律的影响和制约，而且还受着各种社会礼规的影响和制约。在这些社会礼规中，集中体现的是道德约束和文化习俗。礼仪，作为在人类历史发展中逐渐形成并积淀下来的一种文化，始终以某种意志的约束力支配着每个人的言行，从一个人对它的认识、理解、适应到自觉自愿的遵守，可以看出其文明与教养的程度。因此，礼仪规范是人类文明进步的重要标志。

在长期的历史发展中，人类形成了繁多的仪式和区别尊卑等级、协调人际关系的礼节，有了内容比较完备的礼仪体系。随着时代的进步与发展，礼仪的内涵不断地被丰富、集合、提升，从而得到更好地传承和发展。在经济、科技、文化、教育等日趋现代化和国际化的今天，礼仪已经成为人类公认、享有和遵守的文化公共产品。

在外国历史上，自从有了国家，也就出现了相应的礼仪，不论是古希腊、古罗马，还是古印度、古埃及，都形成了具有各民族特点的礼仪。在古希腊、古罗马的诗歌中，在古埃及的墓葬壁画中，都有古代礼仪的描述。它生动地反映了不同国家、不同时期的文明习俗，是人类文化传统的宝贵财富。

第二节　礼仪文化形成与发展

中华民族具有五千年的文明史，几千年来创造了灿烂的文化，形成了高尚的道德准则、完整的礼仪规范，被世人称为“文明古国，礼仪之邦”。礼仪是我国传统文化的重要组成部分，对社会、历史的发展具有重要的影响，礼仪涉及的方面比较多，几乎渗透于社会的各个方面，因而礼仪文化的形成是一个漫长的过程，具体可分为：起源时期、形成时期、变革时期、强化时期、近代礼仪和现代礼仪的发展时期。

一、礼仪文化的形成

（一）礼仪的起源时期（夏朝以前，公元前21世纪前）

礼仪起源于原始社会，在原始社会中、晚期（约旧石器时代）出现了早期礼仪的萌芽。整个原始社会是礼仪的萌芽时期，礼仪较为简单和虔诚，还不具有阶级性。内容主要包括：制定了明确血缘关系的婚嫁礼仪；区别部族内部尊卑等级的礼制；为祭天敬神而确定的一些祭典仪式；制定一些在人们相互交往中表示礼节和表示恭敬的动作。例如，在旧石器时代人们尊崇男女有别的思想；在炎黄、尧舜禹的时代中，人们逐渐推出“三纲五常”的理论。

（二）礼仪的形成时期（夏、商、西周三代，公元前21世纪—公元前771年）

人类进入奴隶社会，统治阶级为了巩固自己的统治地位把原始的宗教礼仪发展成符合奴隶社会政治需要的礼制，礼被打上了阶级的烙印。在这个阶段，中国第一次形成了比较完整的国家礼仪与制度。如“五礼”就是一整套涉及社会生活各方面的礼仪规范和行为标准。古代的礼制典籍亦多撰修于这一时期，如周代的《周礼》《仪礼》《礼记》就是我国最早的礼仪学专著。在汉代以后两千多年的历史中，它们一直是国家制定礼仪制度的经典著作，被称为礼经。

（三）礼仪的变革时期（春秋战国时期，公元前771—公元前221年）

这一时期，学术界形成了百家争鸣的局面，以孔子、孟子、荀子为代表的诸子百家对礼教进行了研究和发展，对礼仪的起源、本质和功能进行了系统阐述，第一次在理论上全面而深刻地论述了社会等级秩序的划分及其意义。孔子非常重视礼仪，把“礼”看成是治国、安邦、平定天下的基础。他认为“不学礼，无以立”“质胜文则野，文胜质则史。文质彬彬，然后君子”。他要求人们用礼的规范来约束自己的行为，要做到“非礼勿视，非礼勿听，非礼勿言，非礼勿动”。倡导“仁者爱人”，强调人与人之间要有同情心，要相互关心，彼此尊重。

孟子把“礼”解释为对尊长和宾客严肃而有礼貌，即“恭敬之心，礼也”，并把“礼”看作是人的善性的发端之一。荀子把“礼”作为人生哲学思想的核心，把“礼”看作是做人的根本目的和最高理想，“礼者，人道之极也”。他认为“礼”既是目标、理想，又是行为过程。“人无礼则不生，事无礼则不成，国无礼则不宁。”管仲认为“礼”关系到国家的生死存亡，把“礼”看作是人生的指导思想和维持国家的第一支柱。

（四）礼仪的强化时期（秦汉到清末，公元前221—公元1911年）

在我国长达两千多年的封建社会中，尽管在不同的朝代礼仪文化具有不同的社会政治、经济、文化特征，但却有一个共同点，就是一直为统治阶级所利用，礼仪是维护封建社会等级秩序的工具。这一时期礼仪的重要特点是尊君抑臣、尊夫抑妇、尊父抑子、尊神抑人。在漫长的历史演变过程中，它逐渐变成妨碍人类个性自由发展、阻碍人类平等交往，禁锢思想自由的精神枷锁。纵观封建社会的礼仪，大致涉及国家政治的礼制和家庭伦理两类。这一时期的礼仪构成中华传统礼仪的主体。

二、近代以来礼仪文化的发展

中国进入半殖民地、半封建的社会时期，中国出现“大杂烩”式的礼仪思想，关于礼仪的标准、价值观念得到推广和传播。正在此时，西方与中国推崇的思想截然不同，西方推行自由、平等、解放的思想。相对于中国的思想而言，西方更显得开放和自由。辛亥革命以后，受西方资产阶级“自由、平等、民主、博爱”等思想的影响，中国的传统礼仪规范及制度受到了强烈冲击。“五四”新文化运动对腐朽、落后的礼教进行了清算，符合时代要求的礼仪被继承、完善、流传，那些繁文缛节逐渐被抛弃，同时接受了一些国际上通用的礼仪形式。新中国成立后，逐渐确立以平等相处、友好往来、相互帮助、团结友爱为主要原则的具有中国特色的新型社会关系和人际关系。

由此我们可以看出，礼仪文化的演变与发展有其内部的思想哲学根源。历代统治者都把礼仪作为确立伦理道德观念，调整人际关系和社会生活的准则。在礼仪方面，儒家文化可谓是正宗，是所谓的主流，儒家的礼教影响着我国几千年文明的变化，成为中华民族文化之精魂。儒家学者宣传“礼教”，提倡以修身、真诚为本，认为在各种伦理关系中，对人诚实无妄才是礼的最高境界。在人际关系中，要以“中”为用，“中庸”的表现形式就是礼。为了求得社会的和谐、统一，儒家将各种人的关系划分为五类，君臣、父子、兄弟、夫妇、朋友，谓之

“五伦”。各类人际关系中都规定相应的道德规范，这就是君惠臣忠、父慈子孝、兄友弟恭、夫义妇顺、朋友有信。这些道德原则化为具体的行为规范，就是各种各样的礼仪。此外，道家崇尚自然无为，主张废除礼仪道德；法家主张以法代礼，实行强权政治；墨家以义代礼，主张平等、博爱、利他。这些学派都分别影响着后代礼仪的发展，形成了灿烂多姿的中国文化。

礼仪文化的发展变化还与法律的发展有关。礼仪和法律都是社会公认的行为规范，但二者维护规范的力量不同。法律是依靠国家的权力来维护的，带有明显的强制性，而礼的维系力量主要来源于文化传统、风俗习惯、社会舆论和道德。随着现代社会的发展，法律不断被具体和完善，法律与礼仪相互融通。一方面，许多礼仪规范变成了法律，如保护环境、保护妇女儿童合法权益等；另一方面，一些原先作为法律的内容，也被划为礼仪的领域，如服饰、称呼等礼节。

礼仪在中国是一种文化形态，它既包括一套以仁、义、礼、智、信为中心的价值观念，也包括一系列以礼节仪式为内容的风俗习惯。这些礼节仪式的形成和发展，是人类文明的结晶与标志，从而使人和动物、文明和愚昧区别开来。应当看到，礼仪文化在其发展和演变的过程中，一方面起着调节、整合、润滑各种社会关系的作用，作为一种无形的力量制约着人们的行为，使人们循规蹈矩地参与社会生活，达到国泰民安的目的；另一方面，礼仪文化中的繁文缛节又逐渐成为妨碍人个性自由发展、阻碍人们自由交往、禁锢思想自由的枷锁，逐渐被时代所抛弃。每一个时代的仪式和礼节都会有所变化，礼仪的演变随着时代的发展而加快，但其所蕴含的基本精神，即相互尊重和信任、信赖及友谊，从来都是一致的。

三、改革开放以来的礼仪文化建设

改革开放四十年来，随着中国与世界的交往日趋频繁，西方一些先进的礼仪、礼节陆续传入我国，同我国的传统礼仪一道融入社会生活的各个方面，构成了社会主义礼仪的基本框架，许多礼仪从内容到形式都在不断变革，现代礼仪的发展进入了全新的发展时期。各行各业的礼仪规范纷纷出台，礼仪讲座、礼仪培训日趋红火。人们学习礼仪知识的热情空前高涨。

在我国进入社会发展新时代之际，国家多次提出：要认真汲取中华优秀传统文化的思想精华和道德精髓，使中华优秀传统文化成为涵养社会主义核心价值观的重要源泉；并指出“我们要坚持道路自信、理论自信、制度自信，最根本的还有一个文化自信”。“仁义礼智信”是中华传统礼仪文化的核心价值观，也是社会主义核心价值观的重要源泉。在国家层面，要遵循“富强、民主、文明、和谐”的基本要求；在社会层面，要遵循“自由、平等、公正、法治”的环境要求；在公民个人层面，要以“爱国、敬业、诚信、友善”为要求。

2001年中共中央颁发的《公民道德建设实施纲要》，将“明礼诚信”列为社会公德的重要组成要素，可见若要推动公共道德建设，增强公民道德修养，就必须将礼仪文化与社会实践有机结合在一起。以礼仪文化为核心内容之一的中国传统文化积淀了中华民族深层的精神追求，代表着中华民族独特的精神标识，既是我们增强文化自信的力量源泉，也是我们在世界文化激荡中站稳脚跟的根基之一。为此，我们要科学地分析中国礼仪文化的思想内涵，汲取其合理内核，使之成为涵养社会主义核心价值观的重要源泉。

中国特色社会主义进入了新时代，随着社会的进步、科技的昌明和国际交往的增多，礼仪文化建设必将得到新的完善和发展。

第三节 现代礼仪

随着社会的发展和进步，人们的精神需求层次和自我认知价值越来越高，人们在社会交往活动中越来越希望得到理解、受到尊重。毫无疑问，在当前社会条件下，礼仪已不是个别行业、个别社会阶层的需求，而是全民所需。

一、现代礼仪概述

现代礼仪是指适用于现代社会的有关做人的基本道德规范及其表达形式，是人们在社会人际交往活动中约定俗成的、律己敬人的行为规范和准则。具体表现为礼节、礼貌、仪式、仪表等。在任何国家及场合的人际交往活动中，人们都必须自觉地遵守礼仪。

在传统意义上，礼是一种涵盖一切制度、法律和道德的社会行为规范，而今天所谓的礼则是对礼貌和相关活动的礼仪形式而言的。我们强调现代礼仪是人际交往活动中，以一定的、约定俗成的程序、方式来表现的律己敬人的过程，目的是突出礼仪是人际交往关系中的一种艺术，是人与人之间沟通的桥梁，是必须遵守的一种惯例，是一种行为形式，是一种习惯做法。随着人类历史的不断进步，社会经济、政治和文化的快速发展，人际交往活动也日趋频繁，社会生活更加复杂和多样化，现代礼仪也得到不断地丰富和发展。

现代礼仪包括个人礼仪、社交礼仪、商务礼仪、职场礼仪、语言礼仪、处世礼仪、家庭礼仪、生活礼仪、网络礼仪、服务礼仪、涉外礼仪、餐饮礼仪等。现代人讲究礼仪，必须采用标准化的表现形式才会获得社会广泛的认可。在面对各自不同的交往对象或在不同领域内进行不同类型的人际交往活动时，往往需要讲究不同类型的礼仪。在具体运用礼仪时，“有所为”与“有所不为”都有各自具体的、明确的、可操作的方式与方法。在社交场合中，如何运用好社交礼仪，怎样才能发挥礼仪应有的效应，怎样创造最佳人际关系状态，这同遵守礼仪原则密切相关。

二、现代礼仪与现代生活

现代礼仪更加注重的是人的道德和行为的规范。现代礼仪体现了一个人的修养、一个民族的素质；一个人的礼仪修养水平，能使其行为举止留给人们美好的印象，有助于获得交往活动的成功；一个民族的礼仪素养水平，是一个国家社会风气的现实反映，是一个民族精神文明进步的重要标志。中华民族迈入新时代，中国特色社会主义的发展，不仅需要物质文明，也需要精神文明，更需要社会公德。仅有富起来的“物质文明”，而没有文明礼仪的高地，仍然是个“富而不仁”的社会。这样的民族还是落后的民族。可见，现代礼仪对于一个人、一个民族是多么的重要。

人与人生活在现代社会这个大家庭里，注重礼节，讲究礼仪，追求文明，掌握交往原则，融洽人际关系，这是每一个向往成功的有志者必修的一门课，也是自尊与尊重他人的表现。

谁都喜欢同一个彬彬有礼的人相处，而不愿意和一个粗鲁无礼的人接近，可谓“礼多人不怪”。现代礼仪被公认为是协调人际关系的行为准则，西方社会把礼仪视为人生成功的第一课。“没有礼仪，就没有事业的成功”是所有成功者的共识。一个真正懂得现代礼仪、讲现代礼仪的人，绝不会只在某一个或者某几个特定的场合才注重礼仪规范，这是因为那些感性的、又有些程式化的细节早已在他们的心灵历练中深入骨髓、浸入血液了。

三、现代礼仪与古代礼仪的区别

现代礼仪和古代礼仪一个重要区别是：古代礼仪与法相结合，现代礼仪却是自我约束。在古代，礼包容了法，为法的灵魂，法是礼的后盾，是礼的表现。法与礼互相补充，互为里表，成为统治者统治人民的两件法宝。孔子就认为“礼乐不兴则刑罚不明”，把兴礼乐当作执法的前提。而在现代的法治社会，礼与法有着严格的分野，违法则以刑律处之，违礼则属于个人修养道德问题的范畴，最多受到议论或舆论的批评，绝不会受到法律的制裁。

古代礼仪与现代礼仪相比，更为烦琐、复杂。现代礼仪更加简单，内容也没古代丰富。在古代，有祭祀礼、坐礼、拱礼、冠礼……古代的节日也更多，每个节日都有独特的礼俗。现代人的节日观逐渐淡化，节日本身原有的礼俗也被遗忘。

总之，现代礼仪继承了古代礼仪的某些东西，但其内容、重视程度等完全不能和古代礼仪相提并论。要加强现代礼仪教育，我们还应该好好向古人学习，让礼仪不只是留在纸上，更要走向生活。

四、现代礼仪的作用

（一）礼仪是人们相互交往的行为准则

人离不开与他人的交往。马克思指出：“人的本质并不是单个人所固有的抽象物。在其现实性上，它是一切社会关系的总和。”这就是说，人之所以成为人，正是由于他的社会属性。人作为社会的一员，总要介入各种各样的“社会关系”中。人们的社会生活是多方面的，涉及的社会关系也是极为广泛且复杂的，其中有生产关系、党派关系、民族关系，以及家庭、亲属、师生、朋友关系等。这些关系涉及经济、政治、思想、文化、法律、宗教等各个领域。无论何种社会关系，都必须通过交往才能表现出来。

中国特色社会主义进入新时代，中国社会主要矛盾也已经转化为人民日益增长的美好生活需要和不平衡、不充分的发展之间的矛盾。面对新的社会生活，为了使人们的交往得以顺利进行，必须讲究礼仪。在目前我国为实现“两个一百年”奋斗目标、实现中华民族伟大复兴的中国梦，不断提高人民生活水平，坚持发展社会主义市场经济、扩大对外开放的新形势下，更要加强对普通公民的文明礼仪教育。从平时的一举一动、言行举止，到上网聊天、接打电话，从主持会议、接待来访，到参加商务谈判或外事活动等，都要遵守一定的礼仪规范。

只有讲究礼仪，在社会交往中对人以礼相待，才能赢得对方的好感与信任，使彼此的交往产生良好的效果。否则，言语不当，举止失范，失礼于人，使对方厌恶或反感，就必然影响交往的正常进行，甚至带来工作、事业上的损失。

例如，世界著名的汽车推销商乔·吉拉德，有一次向顾客推销汽车，眼看就要成交了，这时顾客突然谈到自己的儿子，说他儿子棒球打得如何好，昨天得了冠军，他要买辆车送给儿子。年轻的吉拉德当时缺乏经验，一心想着收钱和交钥匙，对顾客谈论自己儿子的事根本没有留意。结果顾客把已快掏出来的钱又塞了回去，扭头走了。晚上，吉拉德给那位顾客打了电话，他说："我不再向你推销汽车，只是想向你请教一个问题，我今天什么地方得罪你了?"顾客说："就因为当我说起儿子时，你没好好听，所以我就不买了。"原来顾客激动的事你不关心，他认为你不尊重他的感情，所以使生意落空。这一使年轻的吉拉德终身难忘的教训，生动地说明在人际交往中注重礼仪的重要性。

（二）礼仪是塑造社交形象的重要手段

只要与人交往，就有一个以什么形象出现的问题。所谓形象，就是双方在对方心目中形成的综合化、系统化的印象。一个人的音容笑貌、言行举止、着装打扮以至气质修养，都是形象的构成要素，对此绝不能掉以轻心。事实说明，形象不好就不能得到对方的信任与社会的认可。古今中外，这样的事例不胜枚举。

例如，我国古代有这样一则故事：元代一个名叫胡石塘的人应聘入京，在元世祖忽必烈召见时，他没有发现自己所戴的帽子歪斜着。元世祖问他都学些什么，胡石塘答道："治国平天下之学。"元世祖笑着说："自己的一顶帽子都戴不端正，还能平天下吗?"于是，胡石塘就没有被起用。

在国外，像胡石塘这样由于忽视形象而影响事业发展的人也不乏其例。美国1960年总统竞选时，尼克松就因带病参加电视辩论时形象不佳而败在肯尼迪的手下，可见人的外表形象在待人处事、交往应酬中所起的作用。讲究礼仪有助于塑造个人良好的社交形象。事实证明，整洁大方的个人仪表、得体的言谈、高雅的举止、良好的气质风度，往往会给对方留下深刻而又美丽的印象，从而建立起友谊和信任关系，实现社交的目标。

（三）礼仪是促进国际交流与合作的有力措施

遵守国际礼仪和交际礼节，尊重各国人民的风俗习惯，是我国对外交往活动的一贯做法。它反映了我国维护世界和平，加强国际友好合作，贡献中国智慧和中国方案，构建人类命运共同体的真诚愿望。改革开放40年来，在我国的国际交往中，除了正规的官方来往之外，民间的交往也日益频繁。在这种情况下，越来越需要遵守现代礼仪，以便让礼仪更好地为我国的对外方针政策服务，为我国的对外社会、经济和外事工作服务，在我国经济与国际市场接轨、增强国际竞争力中发挥更好的作用。

五、现代礼仪的原则

（一）真诚尊重原则

苏格拉底曾言："不要靠馈赠来获得一个朋友，你须贡献你诚挚的爱，学习怎样用正当的方法来赢得一个人的心。"可见在与人交往时，真诚与尊重是礼仪的首要原则，只有真诚待人才是尊重他人，只有真诚和尊重，方能创造和谐愉快的人际关系；真诚和尊重是相辅相成的。真诚就是在交往时必须做到诚心待人，表里如一，不自欺、也不欺人。在交际中待人真诚的人会很快得到别人的信任，而表里不一的人即使在礼貌礼节方面做得无可挑剔，最终还是难以取得别人的信任。希望别人尊敬你，首先必须尊敬别人。心理学家马斯洛认为，人们对尊重的需要分为两类——自尊和来自他人的尊重。

（二）平等适度原则

在社交场上，礼仪行为总是表现为双方的，你给对方施礼，自然对方也应相应地还礼于你，这种礼仪施行必须讲究平等的原则，平等是人与人交往时建立情感的基础，是保持良好人际关系的诀窍。平等在交往中，表现为不要骄狂，不要我行我素，不要自以为是，不要厚此薄彼，不要傲视一切、目空无人，更不能以貌取人，或以职业、地位、权势压人，而是应该时时处处平等谦虚待人，唯有如此才能结交更多的朋友。适度原则即交往应把握礼仪分寸，根据具体情况、具体情境而行使相应的礼仪，如在与人交往时，既要彬彬有礼，又不能低三下四；既要热情大方，又不能轻浮谄谀；要自尊但不能自负；要坦诚但不能粗鲁；要信人但不能轻信；要活泼但不能轻浮；要谦虚但不能拘谨；要老练持重但又不能圆滑世故。要做到感情适度、谈吐适度、举止适度、装扮适度等。

（三）自信自律原则

自信的原则是社交场合中一个心理健康的原则，唯有对自己充满信心，才能如鱼得水，得心应手。自信是社交场合中一份很可贵的心理素质。一个有充分自信心的人，才能在交往中不卑不亢，落落大方，遇到强者不自惭，遇到艰难不气馁，遇到侮辱敢于挺身反击，遇到弱者会伸出援助之手；一个缺乏自信的人，就会处处碰壁。自信但不能自负，自以为了不起，一贯自信的人，往往就会走向自负的极端，凡事自以为是，不尊重他人，甚至强人所难。那么如何剔除人际交往中自负的劣根性呢？自律原则正是正确处理好自信与自负的又一原则。自律乃自我约束的原则。在社会交往过程中，在心中树立起一种内心的道德信念和行为修养准则，以此来约束自己的行为，严以律己，实现自我教育，自我管理，摆正自信的天平，既不必前怕狼后怕虎、缺少信心，又不能凡事自以为是、自负高傲。

（四）信用宽容原则

信用即讲究信誉的原则。孔子曾有言："民无信不立，与朋友交，言而有信。"强调的正是守信用的原则。守信是我们中华民族的美德，在社交场合尤其讲究守时，与人约定时间的约会、会见、会谈、会议等，决不应拖延迟到。要守约，即与人签订的协议、约定和口头答应他人的事一定要说到做到，所谓"言必信，行必果"。在社交场合，如没有十分的把握就不要轻易许诺他人，许诺做不到，反落了个不守信的恶名，从此会永远失信于人。宽容的原则即与人为善的原则。在社交场合，宽容是一种较高的境界，《大英百科全书》对"宽容"下了这样一个定义："宽容即容许别人有行动和判断的自由，对不同于自己或传统观点的见解的耐心公正的容忍。"宽容是人类一种伟大思想，在人际交往中宽容的思想是创造和谐人际关系的法宝。宽容他人、理解他人、体谅他人，千万不要求全责备、斤斤计较，甚至咄咄逼人。总而言之，站在对方的立场去考虑一切，是你争取朋友的最好方法。

第四节 国际礼仪

人类社会异彩纷呈，而国与国之间的交往首要体现在尊重和礼仪之上，这两者的完美结合，才能让平等、包容、合作的人类文明之光永恒闪耀。

一、现代国际礼仪与国际社会

自从有了国家，也就出现了相应的礼仪。不论是古希腊、古罗马，还是古印度、古埃及，都形成了具有民族特点的礼仪。由于国家的产生，也就有了国与国的交往。国际交往也需要有一定的规范与准则，于是就产生了国际礼仪。在人类历史上，国与国之间充满了矛盾、争斗和战争。而同时，又不断发生谈判、议和、结盟、互派使节、互通贸易、缔结条约（协定）等国际行为。国际礼仪就是国际交往中的一种行为规范。拿破仑·希尔说："世界上最廉价而又能得到最大收益的一项特质，那就是礼节。"

随着近代工业和商品经济的迅速发展，交通邮电事业的日益发达，特别是互联网时代的到来，人际交往日趋频繁，人们更需要用礼节来调整和增进彼此之间的关系。讲究礼节、注意礼貌、遵守一定的礼仪规范，已成为现代文明社会生活的一项重要标志。现代的国际关系较过去已有了惊人的发展和变化。首先是交往的规模从20世纪初50多个独立国家，"二战"前增加到75个，截至2012年末，联合国的会员国已有193个。其次是现代生活频率加快，各国之间的交往已越来越频繁。再次是国际交往的内容不断丰富，参加国际活动的人员空前增多，如出席2008年北京奥运会的国家和地区代表团就高达204个，参赛运动员达11438名。最后，涉及全球的问题，如环保、反毒、反恐、气候变化等则引起了世界各国的关注。国与国之间的关系既相互矛盾又相互依存，而国际关系的这种发展又是以国际贸易和世界市场的急剧扩大、科学技术的迅速发展为基础的。它同各国人民之间的文化、艺术、体育、旅游等来往交织在一起，构成了一幅空前广阔、繁复、多样化的图景。

现代国际礼仪就其内容而言，包含国际交往中的日常交际礼节、会议礼仪、典礼仪式、商务礼仪、外交礼仪与豁免等多方面内容。其中有的已经形成国际公约，例如《维也纳外交关系公约》所涉及的有关内容，已具有法律效力，在国际上有约束力。而其余大部分则是相互交往中“约定俗成”的，逐步成为国际惯例，为各国所普遍承认和接受，起着一定的规范作用。

在国际礼仪中应遵守的原则为：在人际交往中遵守“信守时间原则”；在公共场合中遵守“勿碍他人原则”；在社交活动中遵守“女士优先原则”；在相互关系中遵守“不得纠正原则”；在言谈话语中遵守“维护隐私原则”；在位次排列中遵守“以右为尊原则”；在保护环境中遵守“保护环境原则”。

二、国际礼仪与中国发展

中国人讲礼仪是一种自我修炼，是律己行为，管住自己，独善其身；而国际礼仪讲的是交往艺术，是待人接物之道。由于各国文化传统不同，生活环境各异，因此在现代国际礼仪中，常常出现一些带有强烈的地域性和极富民族色彩的特殊“规矩”和传统的礼仪形式。

在欧洲一些国家里，许多人不喜欢黄色的衣服，因为传说出卖耶稣基督的叛徒犹大穿的就是黄颜色的衣服。“黄色”因此被视为“堕落”的象征。法国人和比利时人厌恶墨绿色，因为它会使人联想到纳粹军服。在亚洲，死人的名字常被人用红笔写在棺木上，因此，人们绝不用红笔签名。数字“13”的禁忌在西方广为流行。美国总统罗斯福对此笃信不疑，每当白宫宴会上出现 13 名客人时，便叫他的秘书图莉充当第 14 名宾客。1965 年，英国伊丽莎白女王在联邦德国旅行，预定从杜伊斯堡 13 号站台发车，礼宾官员急忙把站台号临时改为“12 A”，才避免出现尴尬场面。在日本，人们特别忌“4”，因为它与“死”字谐音，若船票、车票等出现“4”，人们会深感不快。

“礼”是人们在社会生活中相互交往时的一种行为规范。人们相互来往，要讲究礼节，注意礼貌，遵循一定的礼仪规范行事，使社会生活有秩序地、和谐地进行。平常生活是这样，进行国际交往更是如此。20 世纪 60 年代初，某一大国的最高领导人，在出席第十五届联合国大会时，竟然脱下自己的鞋子，使劲敲打桌子，大喊大叫。姑且不论他的言论是否正确，他的这种行为已成了世人的笑料，显得很不光彩。一个国家的领导人、公职人员、涉外工作人员，他们在对外场合的行为举止，已不仅仅是一种私人行为，还会产生一定的对外影响。一个公司、企业、社会团体的代表在对外场合的言谈行为，不仅关系到本公司、本社团的体面，影响买卖交易的成败，有时甚至影响国家的荣誉。欧洲旅游总会建议旅游者应当遵循的基本准则第一条就说："当你在自己国家时，你不过是成千上万公民中的普通一员，而在国外，你就是'西班牙人''法国人'（的代表），你的言谈举止，决定他国人士对你的国家的评价。"

周恩来总理是这方面的典范，他很重视对外礼宾工作。凡是国宾来访的接待计划、重要代表团的出访计划，他都要亲自审阅。国家重要的礼仪安排，他也常常亲自过问。他渊博的国际礼仪知识，潇洒的言谈举止，政治家和外交家的风度更为世人称道。1954年第一次日内瓦会议时，周恩来是我国出席会议的首席代表。当时，美国采取了敌视中国、阻止会议达成协议的僵硬立场。美国代表团团长杜勒斯甚至亲自下令禁止美国代表团的人员同中国代表团的人员握手，对这种极为失礼的规定，我们当然采取相应对策。但是，周恩来作为一位伟大的战略家，高瞻远瞩。他认为美国代表团也不是铁板一块。他教育外交人员：我们不应该拒绝同美国接触，不应该放弃任何可以做工作的机会，促使美国改变其僵硬立场。在一次会议的休息期间，各国代表团人员挤满了休息大厅，周恩来主动走向在场的美国代表团代理团长史密斯。这完全出乎史密斯的意料，他不知所措，连忙把咖啡杯拿在右手。还未等周恩来向他伸出右手，他就尴尬地用左手握住周恩来的右胳膊摇晃几下。周恩来豁朗大度并不在意，同史密斯友好地聊了一阵子。当时展现在各国代表眼前的是一个鲜明的对比：一边是周恩来的从容不迫、彬彬有礼；另一边是美国方面的手足无措，窘态毕露。世界各国领导人中，讲究礼节的不乏其人。英国的王室、日本的皇族都有各自严格的礼仪规范。日本皇宫内有一批被称作"祭礼官"的皇宫仪式专家，是皇宫的重要人员。1992年底，西方报刊刊载了一条题为《圣诞树与嗓子》的报道，说美国当选总统克林顿的嗓子嘶哑失声了，是由于他对摆放在官邸的圣诞树过敏所致。有人问，既然知道圣诞树对克林顿的嗓子不好，为什么还要摆放呢？克林顿的新闻秘书说："因为这是传统，是圣诞节。"克林顿对本国的礼仪庆祝活动很尊重，事情不大，可见一斑。也许有人认为，我们中国是有悠久文明历史的"礼仪之邦"，我们接待外国客人，只要遵从我们自己的礼仪习俗就可以了，至于那些洋规矩，我们学不会，也不想去学。这样的看法显然是不全面的。不错，各国的礼仪做法，都会有各自的传统和特点，我们在国内接待外宾，按本国的礼仪习俗办事，外宾容易理解，但有时也难以接受。例如，中国有劝酒的礼仪习俗。在一些涉外交际场合，一再劝酒，致使有些外国客人勉强应付，结果往往酒醉误事。所以，我们也应当知道我国的传统做法与国际通用礼仪之间的异同情况，注意避免那些他们所不容易接受和不容易习惯的做法，以免使对方感到尴尬和难堪。至于我们自己如果去到国外访问，出席经贸商务、文化交流等活动和会议，则更有必要了解和遵行国际上通用的交际礼节。

我国现正处于改革开放的历史新时代。我们实行了全方位的开放政策，正在迅速进入国际社会与国际市场。从中央到地方，从领导到基层，各个行业、各个阶层都有许多对外接触的机会。懂得国际通用的礼仪知识，不但对许多人而言是工作上的急需，而且也是我国人民文明素质的一种体现。当我们熟悉掌握各种国际礼仪的程序、方式、方法，并运用这些知识积极开展对外活动时，我们就可以借此获得许多机会，以结交朋友、增进友谊，交换信息、开展业务。从这个意义上讲，国际礼仪知识就是我们开展对外工作的重要手段，它也是为我们整个事业服务的。

思考题

1. 礼仪的定义与内涵是什么？
2. 礼仪文化是如何形成与发展的？
3. 结合现实生活，谈谈如何遵守礼仪。

第二章
CHAPTER 02

体育礼仪概述

礼仪源自人类的实践与交往活动，现代体育运动作为人类文化实践活动的一种，就是在依据、遵循各种礼仪规范基础上丰富、发展起来的；体育运动的发展加速了人类社会的文明进步程度，体育礼仪已经成为影响当今人类社会生活的一项重要内容，热爱运动、文明礼仪、密切交往、共同进步，这是当今人类社会进步的一个显著标志。

第一节　体育礼仪形成

体育文明，首在礼仪；体育行为，当讲礼仪。体育文化发展的一个很重要的目标就是促进体育文明，并且让其来推动人类文明生活的不断发展和进步。

一、何为体育礼仪

体育是人类共同创造的一种特殊的社会文化活动。作为人类社会文化最重要的组成部分之一，体育所构建的以公平竞争为道德核心，以和平、进步、团结为目标的价值体系和价值标准得到了全人类的普遍认同。体育发展的最终目的是促进体育文明并以这种文明来推动全社会的发展和全人类的和平与进步。在当代中国，体育对维护社会稳定、促进经济繁荣、增强人民体质、培养意志品质、丰富文化生活、振奋民族精神、增进对外交往等诸多方面，都起着越来越重要和不可替代的作用。

自人类社会构建以来，便在社会生活中产生了礼仪，礼仪是人们在社会交往中所共同遵循的程序方式和外在表现上的行为规范，包括仪容仪表、礼貌礼节、服饰、典礼仪式和语言等。由此可知，体育礼仪指的是体育交往中用来表现相互尊重、友好的程序方式和行为规范，是礼仪文化在体育文化活动中的运用，礼仪是现代体育文明的重要标志，也是体育文化的重要组成部分。

有学者认为，体育礼仪是指人们在体育活动和运动实践过程中，以道德为核心，按一定的程序和规则来表现公平竞争、律己敬人的行为准则和规范。体育礼仪的内涵是以文明、规则和道德风尚来捍卫和弘扬“相互了解、友谊、团结和公平竞争”的体育精神。在体育活动和运动实践中，体育礼仪主要通过体育仪式、体育标识、赛场规则和与体育活动人员相关的各种礼貌、礼节等形式来体现。此外，体育礼仪的内容繁多，且要求较高，一般包括体育仪式、体育外交礼仪、体育社交礼仪、体育商务礼仪、教练员礼仪、运动员礼仪、运动项目礼仪、观众礼仪等。

还有学者认为，体育礼仪内容表现为不同的体育项目有不同的参与人员，表现形式亦不同。体育仪式礼仪包括开幕式、闭幕式及颁奖礼仪。体育仪表礼仪，即参与人员包括体育官员、运动员、教练员、裁判员、工作人员、志愿者，以及观众的容貌、姿态、服饰等，稳重大方的姿态、整洁规范的服饰，均是体育礼仪的美之所在。体育言谈举止礼仪包括友好示意的手势语，比赛过程中裁判员与运动员的沟通礼仪，志愿者服务、记者采访、观众参与等行为。这些元素都是体育礼仪不同的外在表现形式。

而体育礼仪的内在表现形式是由参赛人员的精神面貌、道德修养和文化素养等元素组成。

二、体育礼仪的文化内涵

我们之前讲到，“礼仪”英文为“etiquette”，最早由法国国王路易十四引入西方，“礼”在最初出现时，多指上流社会中的宫廷礼仪或行为规范，以及官方生活中所公认的准则。卡斯迪哥隆所著《朝臣记》中论述了“礼”的概念，它所指的是朝廷的礼法，包括言谈、举止、服饰礼仪等。这些礼仪作为一种社会准则用来划分贵族和平民的界限，维护贵族阶层的利益。13 世纪欧洲大陆兴起的文艺复兴运动带来了西方文化的崛起和繁荣，所提出的自由平等观念使平民阶层的人民争取到一些平等自由的权利，但在工业革命兴起前的很长一段时间贵族阶层仍占有绝对的统治地位，拥有充分的话语权，直到今日很多西方国家礼仪中仍可窥见古代宫廷礼仪的影子。礼仪文化作为上层建筑的部分，其发展受到经济环境的重要影响。西方社会尤其是英、法等较早推翻封建王朝进入资本主义的国家，工业革命的发展加快了其全球扩张的步伐，导致了西方文化包括西方社会的很多礼仪文化逐渐影响、渗透到世界各地，比如服装礼仪、宗教仪式礼仪、涉外礼仪、运动项目礼仪等，其中很多西方礼仪是值得肯定和推广的，它代表了文明发展的方向。

西方礼仪的起源也与宗教密切相关，古希腊和古罗马作为西方文明的发源地，以基督教为核心的礼仪文化，也是经历了两千年的发展，才最终形成了具有欧美国家传统特色的礼仪规范。女士优先、温文尔雅等西式礼仪规范至今一直是西方人所奉行的基本礼节。

早在母系氏族时期，由于生产劳动和社会联系日趋丰富和复杂，人的知识和精神领域的内容丰富了，这一时期的特征是纯朴的自然主义和由于无知而产生的自然崇拜即原始宗教。因此，人们常常用各种动作来表示对神的虔诚，企图以此来影响和改变自然的力量。我国的各种祭祀、礼仪和一些迎神赛会当属此类。伴随着各种祭祀礼仪活动的举行，体育礼仪成为祭祀活动的组成部分，中西方的体育礼仪没有形成独立的体系，成为祭祀礼仪的附庸。随着体育的发展，各国各地区形成了独特的体育文化，西方崇尚竞争性的激烈对抗项目大肆兴起，我国观赏性、娱乐性项目沿着自己的轨道发展，形成了差异巨大的体育文化和体育礼仪。

因此，体育文明既有深厚的精神内涵，又有精美的外在表现：“相互了解、友谊、团结和公平竞争”是体育文明的精髓；和谐、秩序和尊重是体育文明的表象，而这些表象在体育活动中的具体表现就是赏心悦目的体育礼仪，体育礼仪是体育文化的重要组成部分。

第二节　古代体育礼仪

东西方体育文化是在不同的文化背景条件下孕育产生，并且逐渐发展的。无论是在儒家思想熏陶下形成的融养生健体、道德教育、娱乐竞技于一体的东方体育；还是在希腊文明巨大影响下而形成的奥林匹克竞技运动，礼仪都是古代东西方体育文化的核心所在。

一、西方古代体育礼仪溯源

礼仪是一种世界性的文化现象。西方礼仪文化发展到现在已经融合了各种礼仪文化的因素。体育礼仪作为礼仪的一个分支，其起源和发展与宗教文化和奥林匹克运动密切相关。古希腊是西方文明的发源地，是古代和现代奥林匹克运动的诞生地。古希腊可以说是西方礼仪文化的发源地，古代奥运会起源于希腊，而古希腊礼仪尤以雅典文化为代表，亚里士多德曾说，如果人们“各自放纵于随心所欲的生活”，结果只会出现“一个混乱的城邦”。

西方体育形成于公元前 8 世纪至公元前 5 世纪的古希腊。当时，古希腊由众多城邦组成，战乱连绵，各城邦为了赢得战争的胜利都积极训练士兵，而军事训练与体育竞技是培养士兵的有效手段。后来斯伊利斯王和斯巴达王签订了“神圣休战月”条约，本意为准备兵源的体育竞技和军事训练发展成为友谊与和平的盛会。在古希腊人们祭神活动中，人们与众神同欢的形式多采用表现健康的裸体竞技和表现美的健身舞蹈，后来，这种宗教活动逐渐演变成地方性竞技赛会。经过漫长的历史演变和发展，终于在公元前 776 年诞生了第 1 届古代奥林匹克运动会。此后，显示民族精神的古代奥林匹克运动会的规模逐渐扩大，而且比赛的优胜者将获得棕榈编织的花环、野橄榄和月桂等。

从古代体育运动的发展史可以看出，体育运动一开始是带有政治和军事色彩的，在表现形式上遵从宗教礼节。随着社会的发展和文明的进步，体育逐渐走向了自我发展的道路，竞技体育开始规范化和专业化，最终形成了独具特色的现代体育礼仪。

拿奥运会火炬接力来说，在古希腊人们为了表达对火的崇拜和对希腊神话中神灵的爱戴，经常举行一些特别的比赛，如手持火把赛跑等，以传递火炬的形式来表达对神的崇拜，对自由、和平的向往和祈祷。公元前 776 年，人们在奥林匹亚宙斯庙旁举行庄严、肃穆的仪式，从祭坛点燃火炬，然后奔赴希腊各个城邦，圣火如同一道神圣的命令，有至高无上的权威，那就是“神圣的休战”。火种采集的方式是圣火纯洁性的重要保证。圣火是通过一个半圆形凹面镜将阳光集中采集而成的（凹面镜也在今天被用于奥林匹克圣火的采集）。古希腊人也会在宙斯和赫拉神庙前举行圣火采集仪式，以显示对神的敬意，并在仪式上向诸神献上祭品。当年的神庙已经不复存在，但是现代奥运会火炬接力的取火仪式依然按照古代的传统予以延续。

二、我国古代的体育礼仪

就中国而言，古代君子必修的课程为君子六艺，其内容包括五礼、六乐、五射、五御、六书、九数。关于六艺教育的实施，是根据学生年龄大小和课程深浅循序进行的，并且有小艺和大艺之分。书、数为小艺，系初级课程；礼、乐、射、御为大艺，系高级课程。

此外，《礼记》中还曾详细阐述了“射”的含义：“射者，进退周还必中礼。内志正，外体直，然后持弓矢审固。持弓矢审固，然后可以言中，此可以观德行矣。射者，仁之道也。射求正诸己，己正而后发。发而不中，则不怨胜己者，反求诸己而已矣。”意思是，射箭，要求人体正身直，以此类推，也是对道德的要求标准。

古代还有“五御”之礼，如“过君表”，指驾车经过君王的跟前，要做到平稳、安全、迅速通过，既不慌忙出乱，又表现出稳重尊敬，对文明仪态的要求非常高。

《左传》中有一个故事：周襄王时期，秦国军队出征路过洛阳，士兵们没有按照礼节表现出对周天子的尊敬，而是大呼小叫地喧闹吵嚷行进。于是周朝一名大臣说，这种不讲文明礼仪的军队，没有纪律观念，一定会打败仗。

在我国西安秦始皇兵马俑博物馆陈列厅里，展有始皇陵封土东南内外城之间出土的真人大小“百戏俑”若干件，均腰系短裙，上身和四肢赤裸。四川成都出土的东汉画像砖上，三名男演员也疑似在赤裸上体表演。类似的裸体体育还出现在古代的导引、相扑等活动中，这是古代其他场合极少见到的。古代陶俑及画像是社会活动的文化写实，裸体体育陶俑及画像的出现表明这种裸体体育在古代不是偶然的个例。宫廷百戏的繁盛及裸体体育的出现不得不说是古代“群众体育”对传统礼法的胜利。同时也是从汉代的繁盛开始，以后历代演变中，百戏屡次遭到政府的禁毁。有人统计，仅东汉时期的史书就记载了 7 次对百戏的禁毁。所以，在传统体育与传统礼仪的相互作用中，以“非以极口腹耳目之欲也”而产生的百戏总是试图带人们脱“礼”入俗，而当这种抗争对具有法律效力的“礼”达到一定限度时，传统的“礼”就会强制性地对其进行禁毁。

中国历来是一个重视礼治的国家，而在其上下几千年的礼治社会中，体育所受到的“礼遇”又超过世界上任何一个国家。从西周的射、御开始，传统体育礼仪就以其特有的优势成为社会礼仪教育的重要手段。也正是与礼仪的完美结合，才使得我国传统体育得以附丽于中华民族上下几千年的文化之中。

中国古代体育礼仪不仅重视形式的操作，更重视身边点点滴滴的日常行为规范。孔子认为，道德修养的主要手段在于知和行，指出知为道德修养的起点，要引导社会成员知仁、循礼、行义。“君子之学也，民乎耳，著乎心，布乎四体，形乎动静，端而言，蠕而动，一可以为法则……君子之学也以美其身。”（《荀子·劝学》）一切从自己开始，从身边做起，在平凡自然的人生中，实现思想的净化和行动的自如。

近现代以来，随着西方文化与体育的强势进入，我国传统礼仪几近消失，传统体育礼仪在挣扎中退却。直到改革开放以后，中国体育逐步走向世界，通过举办大型的国际体育活动使现代体育礼仪文化在中国得以推广和发展，也使得西方礼仪与中国传统礼仪得到融合；体育礼仪文化步步深入中国人的心中，成为构建社会主义核心价值观的基础。由此可见，在体育历史的长河中，体育礼仪文化的产生和发展无疑彰显了人类文明的进步。

第三节　现代体育礼仪

现代体育是现代人类社会文明生活的重要组成部分，现代体育礼仪是在不断继承古代体育礼仪基础上丰富和发展的。现代体育礼仪对于规范和促进人的生活方式、举止言行乃至全社会的文明程度，都有着不可替代的作用。

一、现代体育礼仪是文化素养的体现

体育礼仪作为体育文化的重要组成部分，集中体现了文化的精髓。现代体育礼仪的发展演变体现了体育文化的发展和演变历史，同时从一个侧面反映出文化的发展演变历史。中国体育礼仪从无到有，经历了几千年的发展，在各个时期反映了特定时期的经济条件和文化背景。由于现代体育在西方起步较早，其体育礼仪的发展及相关研究也较为成熟，故现代体育礼仪扎根于西方文化体系；而有着悠久历史和深邃内涵的东方文化，在现代体育礼仪文化建设中却难觅踪影。改革开放以来，中国体育文化在现代体育礼仪的“西学东渐”过程中实现着中西文

化的融合共存，这集中体现在北京两次申办夏季奥运会和申办冬季奥运会过程中，以及主办 2008 北京奥运会的各个环节和过程中。

同时也应该看到，由于人们对体育礼仪的认识和重视程度不一致，加上中国当代体育礼仪文化的理论研究滞后，缺少相应的体育礼仪知识学习、培训的渠道，使体育礼仪文化的普及远远不够，人人知礼、人人懂礼、人人守礼的良好社会风尚还在逐渐形成当中，在实践操作层面也存在诸多缺陷，尚未形成规范的操作模式和评价标准。

据《南方都市报》报道，2009 年 5 月第 50 届世界乒乓球锦标赛在日本横滨落下帷幕，我国运动员再次包揽了五项冠亚军，但在赛后的新闻发布会上，却受到赛会新闻官的批评："为什么中国队队员在发布会上动作那么多，那么不尊重人、不礼貌?"

在发布会上，两名中国女选手刚入座就低头发手机短信，全然不顾在场的记者。在其他一些场次的发布会上，我们的运动员一会儿做着各种怪表情，一会儿又交头接耳。在轮到被邀请发表比赛感想时，刚说了三四句话，兜里的手机就振动起来，发言便戛然而止。由于中文发言要被翻译成英文和日文，发布会耗时都相当长，在听翻译的时候，百无聊赖的球员一会儿招呼工作人员帮忙拿水，一会儿拿出水瓶兑饮料，一会儿做着各种怪表情，一会儿又交头接耳开玩笑，其行为举止很不得体。

国际乒联主席沙拉拉曾向中国乒协发出一封信，批评中国球员"职业素质与球队的成绩并不相称"。

为此，《人民日报》专门以"请运动员学一点体育礼仪"为标题发文，强调指出：其实，乒乓球、跳水项目的运动员国际比赛经验丰富，已经算好的，像足球等项目的运动员，这方面更欠缺。我们的运动员，缺的不是职业素质，而是基本的体育礼仪。

体育礼仪包括对竞争对手、对观众、对裁判员的尊重，运动员的文明礼仪本身就是比赛的一部分。良好的比赛礼仪，体现着运动员本人的人文素养和综合修养。至今，很多人怀念俄罗斯体操女皇霍尔金娜，除了比赛成绩，更多的是她的迷人微笑。以前，成绩较差时，我们经常强调"比赛成绩和精神文明双丰收"，非常注重运动员的人文素质、精神面貌，运动员比较拘谨。现在成绩好了，有了比赛经验，运动员更放松了，人文修养、体育礼仪却没有相应提高，这个问题值得反思。

现代体育礼仪对不同体育运动项目、不同体育活动、从事不同体育事务的人群都有相应的体育礼仪规范要求，尤其是专门从事不同职位的体育人员有着不同的礼仪规范要求，而其本身也是一种职业道德的体现，当然人们不但要遵守“公平、公正、友谊”的体育公共道德，还要遵守所从事这个行业的职业道德。

二、现代体育礼仪的快速传播

各国的礼仪、风俗都是以传统历史文化为背景的，经历了漫长的历史，中国礼仪已经演变成为一种有东方特色的中国文化传统内容。中国礼仪所面临的一个急需解决的问题就是实现现代化转化。可以说，体育礼仪正是中国礼仪与中国文化在实现现代化道路上的一个很好的探索成果。

随着经济、文化、政治、外交全球化发展时代的到来，体育礼仪已经不是一种横向的流动，而是全球体育之间的相互融合、相互影响，中外现代体育礼仪的最佳诠释当属现代奥林匹克运动会。

以奥运会的颁奖仪式为例，其规范经历了很长一段时间。第 1 届现代奥林匹克运动会颁奖仪式是在闭幕式上举行的，因为东道主国家认为金子俗气，所以只发给冠军一枚银牌、一张奖状和一个橄榄枝编成的花环，亚军获得一枚铜牌、一张奖状和一个月桂枝编成的花环。第 2 届巴黎奥运会竞赛成绩没有按金、银、铜牌分类，只是几个月后给每一位参赛者发了一枚长方形的纪念章。第 3 届圣路易斯奥运会首次按获奖类别授予前三名选手金、银、铜牌，奖牌造型固定为圆形，佩以绶带，并将颁奖仪式放在决赛后的现场。第 4 届伦敦奥运会上，奖牌首次标出“奥林匹克运动会”字样，而不是像前两届一样刻有“世界博览会”字样，成为真正意义上的奥运会奖牌。第 5 届斯德哥尔摩奥运会，首次订制了不同高度的颁奖台，运动员按所获金、银、铜牌分别在台前排列成长队，授奖者站在台上，传令官呼叫运动员到台前领奖，国王发金牌，皇太后发银牌，亲王发铜牌。第 8 届巴黎奥运会在各项比赛结束后，并没有正式宣布最终名次，也未升获奖选手所在国国旗，在闭幕式上也未举行颁奖仪式。直到 1932 年第 10 届洛杉矶奥运会才第一次规定在每一个项目结束后立即发奖，并设立授奖台，运动员按名次登上相应高低的台阶。从此，授奖仪式基本统一规范，发展成为现代奥运会的颁奖仪式。

因此，随着现代奥运会成为全世界精神文明和礼仪文化展示的舞台，无论是隆重的开幕式、闭幕式、火炬传送仪式、奖牌授予仪式，还是各个比赛项目赛场，体育礼仪无处不在，并已经成为体育运动不可分割的一部分。

近年来，随着体育国际交流的发展，特别是奥林匹克运动在世界范围内的传播，西方的体育文化开始在世界范围内传播，包括高尔夫球、网球、足球等项目特定的礼仪方式和文化内容随着赛事举办地的不断扩散而传播开来，各国都成立了相应的赛事推广部门，通过赛事的传播和举办传播体育项目特有的礼仪规则，同时传播相应的文化。

第四节 体育礼仪的文化功能

体育礼仪文化强调彼此平等与相互尊重。不论是以奥林匹克为代表的西方体育赛事、东方的传统民族体育活动，还是国际间的体育竞技赛事活动，参赛双方都要具有恪守信用、以诚相待，体现友谊第一、比赛第二的体育精神，把相互学习、相互尊重、相互平等的思想体现在体育礼仪之中。尊重对手、尊重裁判、尊重观众，在和谐中赢得荣誉，赢得赞赏，促进全球团结，缩小世界距离。

一、体育礼仪具有促进和谐、维持秩序的功能

体育礼仪文化支撑着体育赛事的整个秩序，连接着每一个环节，维系着赛事的平稳顺利进行，从开幕式、颁奖仪式到闭幕式的体育礼仪过程，每个环节都在决定着体育赛事活动的成功举办。所以说，体育礼仪具有促进和谐、维持秩序的功能。

二、体育礼仪文化具有美化和感化的功能

仪表服饰礼仪是一种无声的语言，展示着一个民族的灵魂和修养。每个代表队运动员的服装色彩、图案款式都在诉说着这个民族的文化，代表着民族气概。例如，2016 年里约奥运会中国代表团依然采用了传统的大红色作为基调，金黄色配色穿插其中，象征着蒸蒸日上的中华民族。澳大利亚代表团的配色和黄绿的体育旗一致，带着澳洲人的淳朴和天真，仿佛带我们置身于澳大利亚独有的阳光和牧场。

三、体育礼仪还有示范、劝阻、灌输等教育的功能

在很多运动项目的赛场上，例如，篮球赛场裁判员的手势加吹哨，示意运动员的犯规行为并发出警示。足球赛事中，裁判员吹哨并出示黄牌，是在警示运动员不能再违规。裁判员的手势礼仪具有劝阻和教育的功能。开幕式上裁判员的宣誓礼仪在提醒每一位裁判员要恪守“严肃、认真、公正、准确”的工作方针，保证体育赛事的顺利进行。

四、体育礼仪文化具有塑造形象的功能

形象就是对外交往的门面和窗口，得体的礼仪是自尊和他尊之本，更是立足和立业之源。恰到好处地运用礼仪，不仅能在社会交往中塑造良好的社会形象，而且还能给自己和他人带来愉悦的心情。体育礼仪的精神内涵是道德修养，外在表现是一系列的规范举止，塑造内外兼修的良好形象是体育礼仪的最终目的。

五、体育礼仪文化具有约束、规范功能

体育也是一种社会活动，礼仪是一系列的社会行为规范，对人们的行为具有很强的约束作用。体育礼仪是体育运动中的一系列行为规范，对体育参与者的行为具有很强的约束作用。在社会生活中，人人都要遵守社会规范。社会行为规范包括法律规范和非法律规范，法律属于法律规范，礼仪属于非法律规范。法律重他律、礼仪重自律。法律重惩戒，礼仪重道德。法律最终对公民的行为采取必要的约束及规范，是对道德的补充与完善。

六、体育礼仪文化具有感召教化功能

历代君主、诸路圣贤均认为一切应“以礼为治，以礼为教”。如《论语·为政》中说：“道之以政，齐王以刑，民免而无耻；道之以德，齐王以礼，有耻且格。”其大意为：用政权推行“道”，并用刑律惩处违“道”者，老百姓想的是如何逃避惩处，而不看行为的对错和荣辱；用德来推行“道”，以礼教化人民，老百姓懂得是非、对错、荣辱，并会自觉地遵守“道”。这十分清楚地说明古代

人们对礼仪所产生的社会效应已有了较为深刻的理解。体育是现代社会人们最热衷的文化活动之一，体育礼仪作为体育文化活动的重要组成部分，对社会具有强大的感召和教育功效。

七、体育礼仪文化具有协调、沟通、促进和谐的功能

“不学礼，无以立。”礼仪是一门学问，是一门必修课，是人际交往的“通行证”。体育礼仪通过示范、劝阻、评价等形式倡导人们按礼仪规范的要求维护社会正常生活，协调人际关系。在体育比赛交往中，自觉地执行体育礼仪规范，不仅有助于加强人与人之间的互相尊重，有效地促进双方情感的沟通，建立友好的合作关系，而且还可以缓和或避免不必要的矛盾和冲突。

体育礼仪文化的根本意义是尊重参与体育运动的每一个人，体育运动是大众性的活动，所以参加的人不可避免地存在着各种差异，特别是大型的国际赛事，来自各国的运动员、教练员、裁判员和观众肤色、衣着、语言、生活习惯以及行为表达方式等都不尽相同，如果大家都懂礼仪、知礼仪、行礼仪，就能很好地合作、交流、学习，吸收彼此的民族文化精髓。

第五节 中西方体育礼仪文化差异

东西方体育文化之间存在着明显的差异，但这并没有影响或者阻隔东西方体育文化的接触与交流。无论是讲礼重德、追求内外和谐的中国体育文化，还是强调法则、突出个人竞争的西方体育文化，都是在平等、尊重、规则等礼仪文化基础之上去接触与合作的。了解差异，正视差异，当今全球化的大背景为中西方体育礼仪文化的交流提供着前所未有的机遇。

一、我国体育礼仪文化的内涵韵味

中国古代圣者主张“天人合一”，认为“人与天并非截然分开、彼此对峙，而是相互化育的”。《周易·乾·文言》中说：“夫大人者，与天地合其德，与日月合其明，与四时合其序，与鬼神合其凶吉，先天而天弗违，后天而奉天时。”从这种人与宇宙合德无间的思想出发，引出了富于特色的观念，从而避免了中国

文化的主题走向宗教。礼仪中的“和”有着丰富的人文意蕴，“和”在中国古代哲学中不仅有“中和”与“执两用中”的方法论内涵，而且也是本体性的。中国体育礼仪文化追求和谐，主张“中庸”，反对任何极端化的思想和行为，全面发展的“君子”人格就体现了“中庸”的思想。以孔子“仁者爱人”为内核的儒家学说，赋予了中国传统体育礼仪浓厚的伦理色彩。“仁”包涵着对人尊严与人格的重视，内蕴了对人的独立性的向往与追求。“仁爱”思想导致了中国哲学的人文走向，形成了道德型哲学，体现了人文主义精神。孔子的“仁者爱人”所蕴含的内在价值，体现了儒家学说探求人生、获取善德的道德法则，熔铸了炎黄子孙的灵魂，塑造了中华民族的形象，并有效维持了古代社会秩序的稳定。

从中国古代体育礼仪的形成与发展中可以看出，中国古代体育包括“宫廷体育”和“民间娱乐”。中国古代体育大部分项目与生产、生活密切相关，如射箭、游泳、摔跤、举重、跑步、跳高、跳远、足球、马球等；还有一部分逐步演化为社会娱乐活动，如龙舟竞赛、拔河、荡秋千、放风筝、踢毽子等。中国古代体育比赛的共同点是严格按照规则或程式。例如，公元前 11 世纪至公元前 771 年间举行的射箭活动逐步演变成后来的“射礼”，成为融体育、娱乐、道德、政治于一体的礼仪活动。《论语》曰：“君子无所争，必也射乎，揖讓而升，下而饮，其争也君子。”射箭在当时是一种修身养性，培养君子风度的方法。礼射，按参与人的不同等级分为大射、宾射、多射和燕射，并且卿大夫以下所射为豹侯，诸侯所射为熊侯，天子所射为虎侯。这是按照严格规范来进行的。春秋时期还有一项运动“御”，即驾车，也更多讲究的是礼仪，而不像现在赛车场上的激烈争夺。我国古代足球的重要史料《鞠城铭》中，记载有“其例有常”，说的就是比赛要按照严格规则来进行，无规矩不成方圆。元朝宁志斋编写的《丸经》中，有关对参与捶丸游戏者言行举止的规定及对道德品质的要求等，都充分说明我国古代对体育活动参与者行为规范和道德规范的重视。这就是中国古代体育礼仪的萌芽，古代体育礼仪的产生无疑促进了古代体育运动的发展。

中国古代体育礼仪的发展和演变深受儒家文化的影响，儒家文化以“礼”为中心，造就了许多繁华盛世，如“文景之治”“开元盛世”“康乾盛世”等。儒家文化主要从中庸观、内外观、动静观、伦理观等对古代体育礼仪产生影响，主要表现为对力量与勇气的欣赏、对技巧与才智的推崇、对道德和文明的赞誉、对规则和形式的重视等。

《塞宴四事图》（局部）　郎世宁［清］

总之，中国体育礼仪基本上是以儒家思想为主体，汇集法家、道家的思想，追求顺应自然、天人合一，重视自然发展、轻视人为开发，倡导中庸、轻言竞争，循着重文轻武路线发展起来的一种行为规范。

同西方古代体育有别，中国古代的体育运动并不刻意追求超乎自然常态和令别人叹为观止的体格与体能，强调的是自家的切身体会，不需要别人去评判，无论老少强弱，都可以身体力行。从这一点上来说，中国古代体育，更接近于如今联合国教科文组织关于体育运动——“发展身体、心智与道德力量的自由……培养每个人作为与社会完全结合的成员所应具备的能力、意志力和自律能力……有助于维持和增进健康，提供一种有益的消遣”的定义。强健人之体魄，文明人之精神，正是中国自古以来所追寻的体育之真髓。

近现代以来，随着西方文化与竞技体育的强势进入，我国传统礼仪几近消失，传统体育礼仪逐渐淡出人们的视野。因此，现代体育礼仪文化受西方文化体系的影响，是西方文化的一种具体表现。

二、西方体育礼仪文化的内在特征

同中国体育文化有别，西方体育礼仪文化建立在西方人信仰的基督教上，主要是在罗马、希腊、基督教文化背景影响下，逐渐发展、成熟起来的一种行为规范。基督教中神与人的对立思想，人与神、人与自然的分离，使人产生了研究和探索自然奥秘的兴趣与勇气，并在这一过程中，培养了浓厚的求真务实的科学精神。正是这种精神鼓舞着西方人努力学习科学知识，向未知领域探索奋进，推动体育事业的发展。同时，求真知意味着追寻和尊重事物的本质、规律、法则，将此引申到人类社会中，遵循社会道德规范，努力建立井然有序的体育礼仪制度。这些因素构成了西方体育求真创新、拼搏进取的内在价值，这种内在价值体现了哲学探索本体以获取真知的求实精神和理性法则。西方体育运动强调超越极限、超越自然，其体育中表现出了“更快、更高、更强”的色彩。

三、中外体育礼仪文化差异

中外体育礼仪表现主要体现在包含器物礼仪和服饰礼仪的物质层面，以及制度、行为的非物质上。通过比较发现，中外体育礼仪文化的表现在某些层面是相同的，某些层面又存在着巨大的差异。

（一）器物礼仪

中国礼器主要是以玉器、丝帛和青铜器为首，希腊重要的礼器是青铜器。商朝崇拜祖先、祭拜祖先时用来存放和奉献肉类、谷物和酒等祭品的礼器都是青铜制的。礼器的体积大小不等，形状各式各样，有四足大方鼎、各种酒坛、精致的酒杯、奇特的船形调味汁壶，还有动物头像和纪念用的假面。这些青铜制品的表面有丰富多彩的几何形花纹和许多真实或想象的动物图案。而不同的地区、不同的国家、不同的时期，这些花纹和图案都不一样，如中国青铜器以动植物纹样为主，而希腊青铜器为人物纹样为主。这些器具虽在造型上存在一定的差别，但都具有了礼的象征，因为它们被使用于体育中，以完成体育礼仪活动，外化了体育礼仪的内在价值，使之具体化表现出来。

（二）服饰礼仪

服饰礼仪是指人们在交往过程中为了表示相互尊重与友好，达到和谐交往而体现在服饰上的一种行为规范。在体育礼仪文化中，服饰礼仪规范往往因为体育比赛规模的大小或项目的不同而有所差异，如中国古代蹴鞠为讲究礼仪，在比赛时要求运动员上身穿对门叠襟短衣，下身着长裤和绕膝裙；中国传统武术运动要求运动员上衣配以华丽、细腻丝质制成的立领，对门叠襟的袍衫，独特的盘扣、滚边，下身为垂直、飘逸、宽松舒适的中式裤；而韩国的跆拳道道服为白色，设计规整而统一。

（三）制度层面的表现

典礼仪式即为表示隆重或敬意而在一定场合举行的具有专门程序的规范化活动。在传统体育中最常见的典礼仪式有庆祝仪式、祭祀仪式等，如中国古代的“射礼”和投壶之礼，其中蕴含着华夏特有的人文体育精神。奥运会的典礼有点燃圣火和火炬传递仪式、放飞和平鸽、赠送吉祥物等。其中奥运火炬接力仪式主要包括以下三个步骤：圣火采集仪式、圣火的跨国和跨洲传递仪式、点燃圣火仪式。

礼法主要指在礼仪操作过程中具体的操作顺序和所遵循的规则。如奥运火炬接力仪式按圣火采集仪式、圣火的跨洲或跨国传递仪式、点燃圣火仪式的先后程式严格执行。中国武术段位的等级标志是徽饰，九个段用青、银、金三种颜色和鹰、虎、龙三种动物图案组合构成，其中青鹰为初级段位一段的标识，金龙为最高段位九段的标识。跆拳道的等级标志是以白、黄、绿、蓝、红、黑六种颜色组合来区分。武术的等级标志佩戴在胸前，可从正面去看徽饰分辨等级。而跆拳道等级标识是以所系腰带的颜色来判断，从周围就可以看见。

礼制主要是指体育礼仪活动的具体规定，特别是对人行为举止的规定。如中国的武术、韩国的跆拳道及日本的柔道，都要求运动员在比赛开始前和结束后，向对手、观众、裁判员和主席台行礼。中国武术双手抱拳礼与韩国跆拳道行的鞠躬礼要求迥异，日本的柔道无论是在训练中还是比赛中都要向对方施礼，主要有立礼、坐礼。日本相扑运动员在比赛开始前，有撒盐、洗手和击掌等一系列的出场仪式。另外，基督教国家的运动员比赛前一边祈祷，一边用手在胸前画着十字，这些行为虽然不是比赛的固定程序，但也是一种体育仪式。

（四）行为层面的表现

体育礼仪的行为层面主要表现在语言礼仪和表情礼仪上。在这一层面上中外表现基本一致，语言礼仪都要求礼貌、文明、准确、简练。表情是面部表情的简称，在体育礼仪中目光注视的时间、角度和部位不同，其含义也相差迥异。例如热情洋溢的目光注视对方向对方表示友好。注视对方双眼，表示自己重视对方。

如在升旗仪式中所有的人应当在原地肃立，面向国旗行注目礼并致敬，不应在赛场内外来回走动。

（五）影响中外体育礼仪文化异同的主要原因

①中国体育礼仪文化注重集体主义观念，国外特别是西方注重个人主义观念。中国强烈的宗族观念实际是中国人现在所崇尚的集体主义观念的雏形，在这种观念影响下，中国人重视个体与团体的关系，而西方体育礼仪文化价值观是以个人主义为核心，他们把自由、平等、民主、权利作为人生存的前提，这种价值观念培养了其平等意识、民主意识和权利意识。

②中国体育礼仪文化强调“贬己尊人”，而国外特别是西方则强调在礼貌方面突出得体。这是受“天人合一”和“天人两分”思想体系的影响。儒家思想在中国长期占统治地位，它提倡“以类和之，天人和一”的思想。国外人则不同，他们受基督教“原罪说”的影响，一生为赎罪而奋斗，致力于改造自然，将人与自然相对立，认为人处在支配、征服自然的位置，人只有在战胜自然的艰苦斗争中才能求得生存发展。

③中国礼仪文化提倡尊卑位序，国外礼仪文化提倡自由平等。在中国古代，礼是用以区别尊卑位序的准则，《礼记》教导人们要尊敬长者和位尊者。在国外特别是西方，早在文艺复兴时期，人文主义者就提出“人权”思想，赞扬人的价值，提倡人的尊严，提倡个性自由发展。

④中国体育礼仪文化倾向于世俗化，国外特别是西方体育礼仪呈现浓厚的宗教色彩。中国古代历史历经两千多年的封建专制统治，皇权胜于神权，没有一种宗教占统治地位，因此中国体育礼仪没有宗教色彩。而基督教在国外特别是西方一直是占统治地位的宗教，公元4世纪时，基督教就被罗马帝国定为国教，成为西方封建制度的精神支柱，而且在西方历史上曾多次爆发过宗教战争，影响深远。因而国外体育礼仪文化具有浓厚的宗教色彩。

四、中西方体育礼仪文化融合渐成趋势

西方文化重视个体，强调以自我为核心，虽然激发了人体的潜能，促进了体育事业的长足发展，但缺乏强调群体的东方文化的弥补，使体育道德及行为存在一些不利于体育事业发展，甚至给社会带来不良影响的现象。西方文化注重实

效，强调礼仪形式和外在行为，不重视道德约束和内在修养，将体育礼仪文化演变成为一种形式化的、浮于表面的工具，而缺乏内在的灵魂，无法有效规范体育活动及主体的行为，使各种极端现象常有发生。例如兴奋剂、黑哨等现象便体现出缺乏道德约束的不良后果。东西方存在文化差异和自然环境差异，价值观念、民族信仰等各个方面都有许多不同，导致我们虽然快速地接受了西方式的现代体育，却仅仅是接受其形式，而无法快速接受其礼仪文化内涵。由于缺乏东方文化，尤其是中华民族文化的融入，现代体育礼仪文化难以被中国及日本、朝鲜、韩国等亚洲国家所认同和接纳，影响了体育事业的全球化发展。

虽然，中西方存在着体育礼仪的差异，但随着全球国际化步伐的加快，中西方体育礼仪慢慢地融为一体。在奥林匹克运动的巨大影响下，中国体育礼仪在同西方体育礼仪相互融合、相互竞争的汇流中迅速发展。同时，国际奥委会为满足人类精神需求，促进人类身心健康也开始注重肉体和精神统一，在主张个性的独立和自由的同时，也主张“理性”“中庸”与“和谐”。随着中国经济的崛起，中国文化更加自信，全方位参与全球事务，中国智慧、中国方案成为构筑人类命运共同体的奠基石。中国体育礼仪中有价值的成分，也被越来越多的国际友人所接受，并逐步形成一种中西方体育礼仪相互迁移和共同提高的新格局。

思考题

1. 体育礼仪形成原因是什么？
2. 现代体育礼仪对体育运动发展有何促进作用？
3. 中西方体育礼仪的差异性表现在哪里？

第三章
CHAPTER 03

体育工作者礼仪修养

体育运动的发展极大地促进了人类社会的文明与进步，这是每一名体育工作者应该引以自豪的。作为职业素养的重要组成部分，礼仪是每一名体育工作者自身学识、道德和技能素养的基本体现；在公众的心目中，体育工作者代表着健康、朝气、活泼等美好形象，遵守礼仪，弘扬礼仪，是每一名体育工作者责无旁贷的事情。

第一节 体育工作者职业魅力

作为一名体育工作者，你是否感觉到自己职业的魅力？应该说，体育运动有怎样的魅力，体育工作者就要有怎样的魅力；体育除了表面的竞技形式之外，还有内在的体育文化、体育精神、体育品质、体育规则、体育礼仪等，所以，体育工作是一个充满魅力的职业。

改革开放40年间，我国政治、经济和文化等方面的建设取得了巨大成就，社会发生着深刻的变革，人民生活水平显著提高，国际地位不断提升，在国际舞台上发挥着越来越重要的作用，社会主义中国迈入了新的时代，呈现出万千新气象，这也为中国体育构筑了从未有过的壮阔时代背景和深厚文化底蕴。随着体育文化观念的改变，人们对体育与生活、体育与生命、体育与政治、体育与文化、体育与经济、体育与外交、体育与健康等方面的认识越来越深入，体育对人生活的影响力空前提高。由此我们可以说，体育工作是一个魅力无穷的职业。

作为一名体育工作者，如果你曾接受过系统专业运动训练，无论是参加过哪一级体育竞赛，并获得过冠军，体验过一个人由初识体育，到后来问鼎冠军的过程，但你是否思考过：我是怎样赢得冠军的？在现实生活中，有一些体育工作者或者运动实践者，经历了艰苦的基本功训练，获得运动冠军之后，依然没有实现身体与心灵的同步提升。原因何在呢？

我国一位篮球运动员在亲身经历、亲身感受了美国职业体育之后，感慨地说道："因为体育的竞技因素，人们更关注它的结果，而忽视了体育对人的培养作用。"他表示："我们传统概念中的'体育'，往往就只是指被认为属于专业运动员的竞技运动，甚至成了成绩、破纪录、拿奖牌、夺锦标的代名词。这显然不能体现体育最根本、最重要的功能和意义，体育不仅仅是为了拿金牌，为国争光、为家乡争光，它还有更深层的内涵。"同时，他强调了体育的教育功能："因为体育作为教育的核心，是实现教育的重要手段，融合在教育的整个过程，体育的教育功能也得到了充分挖掘和利用。"

由此看来，体育的魅力不单单在于赢得一项或几项冠军；体育工作者的职业魅力也不仅仅在于培养一个或几个冠军。

在北京 2008 年奥运会开幕前夕，当时的北京市市长王岐山曾坦言："最困扰的问题，最难做到的，就是到时候（北京奥运会），我们参差不齐的市民素质。如奏别国国歌时中国观众能不能起立、没有赢得金牌的选手能不能赢得同胞的掌声。"

一位资深体育学者在谈到体育人时这样说："古今中外，体育工作者，尤其是运动员的特殊气质和风度都有着沿传悠远的共性特征，包括精力充沛、热情豪放、讲意气、重朋友，中国古代武侠中的很多著名人物多是重义轻利、舍身取义、一诺千金等方面的典范。用文人们道德文章的要求衡量体育人，标准很自然就表现为德艺双馨，也就是说只有高超技艺而没有高尚道德的人不能成为卓越的大师。"

进入现代社会以来，特别是运动竞赛作为社会文化一个特殊类型产生以来，运动员这个体育赛场的主角受到的关注格外多，关于运动员风度气质的要求也多了起来。中国近代，特别是 20 世纪 30 年代出现了"体育家""运动家"甚至"体育社会活动家""体育外交家"等称谓，反映了那个年代人们对于体育人，特别是运动员的一种风度气质和优秀体育人魅力的吁求和期望。

那么，体育工作者的职业魅力应该表现在哪里呢？

体育工作者的职业魅力表现为职业操守。体育工作者的职业操守是在工作过程中养成的一种内在的、自觉的自我约束意识，包括体育道德、人格操行、职业责任、职业担当等。体育工作者应该最能理解“岗位”一词的内涵，最明白岗位即责任、岗位即奉献、岗位即合作，最懂得唯有聚精会神，专心致志，才无愧于本职岗位。

体育工作者的职业魅力表现为职业信念。职业信念即对事业的不懈追求。体育工作者应该对“信念成就事业”这一说法最有体会。唯有牢记初心，才能一往无前。人生源自一份情，职业出自一种爱。坚守职业信念，就要强化信仰，敬畏法度，严以律己。

体育工作者的职业魅力表现为职业仪表仪态。完美的形象，首在人格。郎平数度执教中国女排，处处尽显人格的魅力。体育工作者既要有风度美，更要突出自己的职业美。天有日月星，人讲精气神，体育工作者应外有翩翩风度，内有敬人、自律、热诚和忘我的坚守。

体育工作者的职业魅力表现为职业能力。职业能力是做好一切本职工作的基本要求，能力即技能、能力即方法、能力即思维、能力即协作；体育工作者最懂得能力不会凭空而来；场上一分钟，场下多年功；只要功夫深，铁杵磨成针。

体育工作者的职业魅力表现为职业创新。创新是推动各项事业不断取得进步的前提和关键。当今世界科学技术日新月异，发明创造层出不穷。体育工作者从竞技中来，到竞技中去，最明白创新即意味着生存，创新即意味着明天。

展望人类社会不断发展、不断进步的明天，体育必然成为托起人类命运的希望。正如习近平总书记强调的那样，体育承载着国家强盛、民族振兴的梦想。体育强则中国强，国运兴则体育兴。中国体育事业的飞速发展和不断强大定将成为中华民族复兴的强大动力。体育事业的明天阳光灿烂，大有可为，体育工作者的职业魅力必将焕发出迷人的光彩。

第二节 体育公职人员礼仪

文明、礼仪，是体育文化最靓丽的名片。体育公职人员自觉遵守行业政治行为规范、工作行为规范、文明礼仪规范等文明规范，是对体育文化的一种最好的宣传和诠释。

一、遵守国旗礼仪

国旗是国家的一种标志性旗帜，是国家的象征。它通过一定的式样、色彩和图案反映一个国家政治特色和历史文化传统。

中华人民共和国国旗是五星红旗，是中华人民共和国的象征和标志。了解并遵守国旗礼仪是每一个中国人的责任和义务。

升旗时所有在场人员都要肃立、端正。当主持人宣布奏国歌、升国旗仪式开始后，场内全体人员都要起立、立正，要面向国旗肃立致敬，行注目礼。国歌奏响时，走动或经过现场的人员都应停步，面对国旗，自觉肃立，待升国旗完毕后，方可走动。

面向国旗行注目礼时神态要庄严。升旗仪式是一个非常严肃的、隆重的仪式，在场人员要行注目礼，注视国旗冉冉升起。行注目礼时一定要注意自己的眼神，眼睛要始终望着国旗。这时每一个人心中都充满了自豪感和使命感，这个过程要持续到升旗仪式完毕。

升旗仪式进行过程中，所有人都应在原地肃立不动，不能东张西望，交头接耳，嬉闹谈笑，接打电话和吃东西等，这些都是对国旗一种极大的不恭敬。

国旗象征着一个国家的尊严。一个人对国旗的尊重，不但要体现在内心深处，还应体现在仪态仪容上。升旗时仪态是：身体直立，挺胸昂首，双手下垂靠拢身体两侧，保持立正姿式，眼睛始终随国旗移动。

一般而言，降旗的具体形式不限，并非需要组织专门仪式，但仍须由训练有素的旗手、护旗手负责操作。届时，所有在场者均应肃立。无论有无他人在场，降旗时其具体操作者均应态度认真。降旗完毕，旗手、护旗手应手捧国旗，列队齐步退场，然后将其交由专人保管，切不可将其乱折、乱叠、乱揉、乱拿、乱塞、乱放。

1990 年 6 月 28 日，第七届全国人民代表大会常务委员会第十四次会议通过了现行的《中华人民共和国国旗法》，并于同日通过第 28 号《中华人民共和国主席令》公布。该法于 1990 年 10 月 1 日起开始施行。《国旗法》不仅规定了国旗的制法、悬挂场合及悬挂方式，还强调了国旗是“中华人民共和国的象征和标志”，因此每个公民与组织“都应当尊重和爱护国旗”。

二、坚守做人基本礼仪

敬人是礼仪中很重要的一条，和人相处要常存敬人之心，不可失敬于人，不能伤害他人的尊严。

律己是礼仪的基础和出发点，也就是要学会自我要求、自我约束、自我控制、自我反省和自我检点。

宽容字面意思不难理解，也就是要多容忍他人，多体谅他人，不要斤斤计较，过于苛求。人相处交往时难免有意见相左的时候，即使对人有意见，我们也要宽容对待，不要揭别人的短处，多多忍让。

真诚就是在人际交往时一定要做到言行一致、表里如一、真实诚恳，这样才能够被对方更加容易地接受和理解。特别是在工作中和同事交往，要学会把自己管牢，和人交往的时候要诚恳地交流，不在背后说人是非。

平等是礼仪的核心点，我们和人交往的时候一定要平等相待，一视同仁，在同等程度上给予同等的待遇，不能因为我们交往对象的财富、性别、文化、身份地位上的不同而出现厚此薄彼，给予不同待遇，采取不同的对待方法。

三、新闻发布会礼仪

①参加活动过程中，要关闭手机或将手机调成“静音”状态，手机震动不得干扰他人。

②进入新闻发布会现场时，应向已入场者礼貌微笑致意。被介绍时，应正面朝向观众，起身致意。

③在新闻发布会过程中，保持仪态端庄，不要朝观众做鬼脸、出怪相。不允许接手机、发短信。

④保持良好坐姿，不要歪斜倚靠或抖腿，不要有摸头发、揉眼睛、抠耳朵等小动作。在会议过程中忌与邻座人员交头接耳、忌旁若无人谈笑风生。

⑤要了解世界各地的身体语言，不做那些在当地文化风俗当中有不文明含义的手势。

⑥在主席台上时，请使用水杯喝水，不要对着观众直接用饮料瓶“豪饮”，也不要有玩弄饮料瓶、水杯、转动手中的笔等小动作。

⑦回答记者提问时，应态度和蔼，使用礼貌用语。新闻发布会结束时，应面

向观众起立、致谢、道别。

四、一般政务礼仪

（一）接待来访礼仪

接待上级或下级来访要周到细致，对领导交待的工作要认真听、记。领导了解情况，要如实回答。如领导是来慰问，要表示诚挚的谢意。领导告辞时，要起身相送，互道“再见”。接待下级或普通群众来访要亲切热情，除遵照一般来客礼节接待外，对反映的问题要认真听取，一时解答不了的要客气地进行解释。来访结束时，要起身相送。

（二）办公室语言礼仪

在办公室里与同事们交往离不开语言，首先做到不要跟在别人身后人云亦云，要学会发出自己的声音。敢于说出自己的想法，有自己头脑和主见的人最受人赏识。

不要在办公室里当众炫耀自己，不要做骄傲的孔雀。即使自己的运动专业技术很过硬，获得过无数次冠军，这些也不应成为你炫耀的资本。骄傲使人落后，谦虚使人进步。

不要把办公室当作诉说心事的地方。当你的生活出现个人危机，如失恋、婚变之类，最好不要在办公室里随便找人倾诉；当你的工作出现危机，如工作上不顺利，对同事有意见有看法，更不应该在办公室里向人袒露胸襟。

五、同事之间的礼仪

（一）领导对下属礼仪

尊重下属是领导的最基本修养和对下属的最基本的礼仪，对下属应亲切平和，当下属为你服务时应礼貌地说声“谢谢”，当下属与你打招呼时应点头示意或给予必要的回应，当下属出现失礼、失误时应以宽容之心对待。在与下属谈话时，要善于倾听和诱导，如有不清楚或疑问时，提问语言和声调应亲切、平和，让人感觉你平易近人。对下属的建议和意见应虚心听取，对合理之处及时给予肯定和赞扬。

（二）下属对领导礼仪

尊重领导、维护领导威望，是下属对领导的基本礼仪。遇到领导要主动打招呼，进门时主动礼让。在与领导会面时，说话要注意场合和分寸，不能失礼和冒犯，不要在背后议论领导是非。向领导汇报工作，要遵守时间，进入领导办公室应轻轻敲门，经允许后方可进入，汇报时应注意仪表、姿态，要文雅大方，彬彬有礼，汇报要吐字清楚，语调、声音大小恰当，汇报结束后，领导如果谈兴犹存，应等领导表示结束时才可告辞。

（三）同事之间礼仪

同事之间要彼此尊重，与同事见面时要主动打招呼，同事与己说话时要礼貌回应，语言与语气要亲切、热情。在与同事交流和沟通时，不可表现得过于随便，你心不在焉的样子很可能让人觉得你傲慢或不认真，不要过于坚持自己的观点，懂得礼节性的捧场。不要随便议论同事的短长，应尽量避免单位的一些潜规则。对同事所遇到的困难要热心相助，如是自己力所能及的事，应尽力帮忙，这样会增进双方感情，也会使同事之间的关系更为融洽。

第三节　体育教师基本礼仪

在校园体育活动中，体育教师与学生的接触最频繁、关系最密切。作为学生参与体育活动和掌握运动技能的主要指导者，体育教师自身的礼仪修养程度直接影响着学生在日常及比赛过程中的礼仪表现。因此，体育教师应当充分认识到自己对学生体育礼仪文化熏陶的责任和影响，不断加强自身礼仪修养，成为学生心中的楷模。

一、体育教师日常礼仪

（一）注重仪容仪表

衣着整洁大方、仪表庄重的体育教师带出来的学生往往注重内在美和外在美的和谐一致，同时学生对体育学习和平时生活都充满信心和希望；相反，不修边幅的体育教师带出来的学生往往在生活上不拘小节，经常出现不文明的语言和不和谐的行为。因此，体育教师应在学生面前时刻保持良好的仪容仪表。

（二）规范行为举止

体育教师在学生心目中是榜样，教师的行为在潜移默化地影响着学生的行为。比如，教师在训练前不能喝酒、在训练时不能抽烟等，体育教师应在公共场合保持并维护自身形象，具有良好的坐、立、行姿势，在社交场合中温文尔雅、谦和有爱，积极展现良好的精神面貌。

（三）塑造高尚人格

体育教师特有的人格魅力时刻影响着学生。作为体育教师，应首先具有为国争光、遵纪守法、尊重规则、尊重对手的高尚人格，才能在日常训练时教育和同化学生，才能在关键比赛时坚守体育道德，在关键时刻体现团队意识和责任担当。

二、体育教师课堂礼仪

（一）行为和语言美

体育教师的行为美主要指教师在对学生进行示范时所具有的熟练、优美协调的动作，以及积极乐观、自信阳光的精神面貌。这些良好的形体体现，对学生的影响是显而易见的。在教学过程中，教师高质量、高标准地完成各种动作的示范与展示，不仅能够体现出教师的专业能力，也能增强学生强烈的求知欲和练习热情。相反，如果教师在教学过程中动作敷衍、精神萎靡，就不会有好的教学效果。与此同时，教师在讲解动作要领时，语言应该准确、简练、形象；在发出口令时，要洪亮、富有激情。

（二）工作认真敬业

对工作一丝不苟。教学过程中，用普通话，说规范术语。多用敬语“请”字和尊敬手势，不侮辱学生人格，不挖苦讽刺体弱学生，不对学生体罚或变相体罚；认真、耐心地倾听学生发言，适时点拨引导。仪态举止优雅，讲课时不坐不靠，避免不雅举止。学生练习时，教师认真耐心地巡回辅导，关注每一个学生。

（三）尊重学生、尊重自己

融洽、和谐的师生关系是学生高效学习的有力保障，是促进体育教学质量提高的重要因素。在教学过程中，学生出现技术动作掌握不规范，学习效果不佳时，教师要帮助学生改进、提高，而不能以粗暴、嘲讽的语言挖苦和谩骂学生。和谐的教学环境有利于学生运动技能的掌握。事实证明，完全控制学生言行举止，反而会给学生带来消极影响，影响学生对于知识的理解和转化，破坏学习氛围，从而对学生的身心健康带来不良影响。

第四节　教练员基本礼仪

教练员举止文雅、语言文明、态度和蔼、衣着整洁得体、作风正派，不仅能够在队员中树立较高的威信，还能够引导运动员全面理解自己所从事的运动项目的社会价值和实践意义。若教练员不注意自己的形象，不注意言行举止，则会给队员造成不良印象，引起逆反心理，这会严重地影响训练效果，甚至比赛任务的完成。教练员需遵守以下礼仪规范：

①人格高尚：教练员在工作中，应该展现出心系祖国、敬业爱岗、遵纪守法、文明礼貌等职业礼仪修养，以自己高尚的人格魅力教育、影响和感化队员，使他们在国际国内各类体育竞赛中表现出国家意识、职业意识、团队意识和个人进取意识，很好地履行运动员职责，展现运动员礼仪修养。

②精神饱满：精神饱满是教练员朝气蓬勃的一种直观表现。在户外严冬酷暑中训练，许多队员本身就有着一定的畏惧情绪，如果教练员着装适度、仪表从容、精神抖擞，并能以激励的语言，热情饱满的态度营造训练氛围，队员必然会受到感染从而热情激昂；反之就会失去信心、纪律涣散，影响训练的顺利进行。所以，教练员应以模范的行为影响队员，从而达到最佳的训练效果。

③举止稳重：在各个运动项目训练活动中，“身教”非常重要，教练员的举动不可轻浮，作风不可散漫，行为不可粗俗。要以端庄、稳重、大方的举止，给队员以严肃、信任和亲切的精神威慑力，引导队员向活泼健康的方向发展。当他们在训练中发生争执、受伤或者出现其他意外事故时，教练员应以公正和沉着的态度谨慎地解决处理，这也是优秀教练员应变能力的体现。

④着装得当：教练员的着装以利于示范动作和个性活动为准则，在临场指挥

中如有特殊需要，可根据相关运动项目的特点和要求着装。要根据自己的年龄、性别、性格、体型、肤色和从事的运动项目等特点来选择。总的要求应该是整齐清洁、新颖大方，能体现充实、聪慧、精力充沛的内在美和外在健美的形象，能让队员、周围人产生崇敬和信任的印象。人的性格有一定的倾向性，不同的颜色有不同的象征作用，在选择服装颜色时要看暖色调、冷色调，哪种主要色系与自己最贴合。

⑤注意修饰发型和面部：工作中，教练员的面部和发型修饰对队员和周围人的影响极大，这种外在形象反映了教练员的内在气质。教练员平时应梳理整齐，体现自己的个性，落落大方。部分男教练员最好刮净胡须，女教练员不可过于修饰，留披肩发或佩戴过多首饰，这些都不便于工作。面部整洁、容光焕发可以给队员和周围人以英姿勃勃的感受，并留下庄重、美好印象。

⑥态度和蔼可亲：态度和蔼、语气亲切的教练员最容易感染队员和周围人，是改善教练员与队员关系和二者情感交流的重要因素。对于水平相对较差的学员要注意语言的语调，善意地指出他们的缺点和错误，激励他们的进取心，转变他们的思想和行为。绝不允许用嘲笑、挖苦、鄙视、命令和粗鲁的语言与其交流。

⑦肢体动作：教练员的手势也具有较强的信息传递能力。当队员出色地完成动作时，教练员可以竖起大拇指或鼓掌以示表扬，这些都会在球员心中产生积极的影响。教练员在训练中还要注意身体姿势，除了动作示范正确外，切记不要故作姿态，要表露出自信但不可盛气凌人。一举一动都要潇洒利索，自然得体。这些都能使队员受到极大地感染，使训练达到理想的效果。

⑧语言美：教练员在平时工作和与运动员接触中，不要说脏话：即说话有口头语，语言不文雅，污染环境，破坏教练员的形象；不要带荤话：即讲黄色笑话，给女队员乱开玩笑，语言格调不高。教练员要善于使用文明的、令人振奋的激励语言，从心灵上、思想上启迪运动员；积极、健康、融洽的师生关系是运动员个性和谐发展的重要条件，是完成体育训练和比赛任务，领会执行战术意图的必要保证。

第五节　裁判员基本礼仪

任何体育比赛都离不开裁判员，没有高水平的裁判员，就没有精彩纷呈的体育比赛。做一名裁判员并不难，而做一名高水平的裁判员就不那么简单了，这需要具备多方面素质并形成综合能力来体现自身的价值。

裁判员礼仪是指裁判员这个特定的群体在工作过程中，与教练员、运动员、观众及媒体之间在执法和社会交往中形成的行为准则和规范，包括裁判员的仪容礼仪、仪表礼仪、行为举止礼仪、赛场执法礼仪等。

一、裁判员基本礼仪

①仪容礼仪：仪容主要是指人们的容貌和外表，包括头部、面部、手部等，对于裁判员来说，要穿着符合项目规则或同行认可的统一服装，佩带统一的裁判标志。如是正装，则西装、衬衫、领带、皮鞋都要整齐；如是专业裁判服装，要平整、洁净，无污物；如是运动服，也应统一要求，做到整齐，戴的帽子则要露出眉毛以下的面部。在面部上，男士要保持清洁，尽量做到不要胡子拉碴；女士则可以化一些淡妆，原则是突出自然美，这样你就会给人一个得体的形象，给人以美的感受。

②仪表礼仪：仪表，俗称表情，它是人在神经系统的控制下，面部肌肉及各器官所进行的运动、变化或调整，是人内心情绪的自然流露。人的表情主要体现为目光、笑容、面部表情和手语。裁判员为比赛服务，必须遵守公开、公平、公正的原则。同时，裁判员应与教练员、运动员建立良好的关系。比赛时，裁判员与教练员、运动员会有语言上、肢体上的交流，裁判员的一言一行都会给教练员和运动员留下深刻的印象。裁判员应该通过语言、手势和微笑，使得教练员和运动员感觉到裁判员不是站在他们的对立面，而是帮助他们取得好成绩，比如运动员在比赛时，你的一个表示友好和重视的目光，可能会激发运动员的兴奋度，从而提高运动成绩。

无论哪个运动项目，裁判员在执行工作中不仅要具有威严的形象，表现出“赛场法官”的良好精神面貌，这样不但给人以美的感受，而且对调节赛场气氛、树立楷模形象起着重要的作用，同时还应有一张平静、沉稳和甜蜜的笑脸，因为一张沉稳、带有微笑的脸总是受人喜爱的。在执裁中，不要让运动员惧怕或不敢说话，因为我们的任务就是在保证公平、公正的前提下，保证运动员（队）的利益。

③行为举止礼仪：举止包括站姿、坐姿、走姿、蹲姿等。举止礼仪是指站姿、坐姿、走姿、蹲姿要自然优雅、端庄大方、稳重成熟。看一个人的行为举止

是否优雅，就看其行为举止是否符合礼仪的要求，虽然个人的一些行为举止无伤大雅，但细节之处显文明，言谈举止见文化。当你来到了赛场，你就没有了个体，只要在赛场上，你的个体就融入裁判这个团队的形象之中，你的一言一行不仅代表你个人，更多的是代表裁判团队这个集体，所以要求裁判员要注意自己的言行举止，给教练员、运动员、观众、媒体等以良好的印象。

二、赛场执法礼仪

在体育裁判工作中，各个运动项目对裁判员都有统一的手势要求，要做到统一规范，统一要求。如田径裁判员统一规范执旗方法，由主裁判执旗并掌握全局；统一规范裁判员入场的时间；要求检查布置场地快速，就近出、入场；相互监督原则；尽量保障和满足运动员的准备练习等。

①精神专注，目光犀利：裁判员临场前的精神状态对即将开始的比赛影响甚大，尤其是需要鸣哨的运动项目，裁判员的精神状态直接关系比赛的节奏、速度等，对运动员的正常发挥也有较大的影响。裁判员要精神专注，注意力集中，目光紧紧跟随赛事移动，让双方运动员和观众从你的目光中，懂得该如何发挥战术水平、如何观看欣赏比赛。

②动作规范，手势有力：裁判员的职业素养、职业规范集中表现在其执裁的手势中，不同的运动项目，对其手势要求不尽相同，但都必须遵循正确、清晰、有力、优雅的原则进行；否则，会令运动员、教练员和观众产生歧义，影响比赛的顺利进行。裁判员正确、合理、优雅的手势，还是其个人良好心理素质的反应。

③言辞准确，话语精炼：一般来讲，裁判员在执裁过程中不需要太多的话语，即使需要讲话也一定是正确、简洁、精炼的；语气可因事、因对象而异，自然最为重要。裁判员的话语依据的是规则和《裁判法》，是现场高科技技术条件的支撑，是有理、有节的体现，是对公正、公平的捍卫。

大型体育赛事就是一场盛大的演出，是一场娱乐性很强的体育竞赛，裁判员和运动员一样具有魅力，也是观众注意的焦点。在比赛中，有的运动项目的部分岗位的裁判员会和观众有交流，如宣告席位的裁判会用语言与观众进行交流，引导观众观看比赛，调动整个比赛场上的气氛。另外，裁判员要为观众考虑，不要影响观众欣赏比赛。重要的、大型的体育赛事都有电视转播，与裁判员打交道多的还有记者，裁判员应重视与媒体的关系，加强与新闻记者的协调。

第六节　运动员基本礼仪

运动员是体育文化主要实践者，运动员在校园、赛场、生活中言行举止的表现，无不对身边他人产生积极或消极的影响。运动员自身礼仪行为是体育职业道德的重要组成部分，同时更像一面多棱镜，在赛场内外折射一个民族、学校、团体和个人的文明程度。

一、学会微笑

在与人交往中，微笑是最美的礼仪。许多人都很喜欢俄罗斯体操女皇霍尔金娜，除了比赛成绩，更多的是她奉献给观众和裁判的迷人微笑，让比赛充满了美的享受。中日观众都非常喜欢日本选手福原爱，就是因为她那张可爱的笑脸。即使技不如人，福原爱仍是多届世乒赛上人气最旺的运动员，这都是因为她的微笑所带来的亲和力。反观有些运动员无论是赛场上还是在赛后发布会上都是一脸的严肃，难得看到他们的笑脸，让人多少感觉冷漠和不可亲近。

二、学会尊重他人

（一）尊重对手

人们喜欢“火箭”奥沙利文，因为他不仅球打得好，而且举手投足都有绅士风范。2007 年斯诺克温布利大师赛决赛上，奥沙利文一度“打哭”了丁俊晖。第 12 局结束后，伤心的丁俊晖快步走向休息室，奥沙利文此时从后面快步追上，一把搂住年轻的丁俊晖，帮助他平复心情，丝毫没有漠不关心甚至幸灾乐祸；对手击打出好球，奥沙利文也会投去赞许的目光。这显示出奥沙利文对对手的尊重，更彰显了他人性中闪亮的一面。他的人格魅力给观众们留下了非常深刻的印象。相比之下，也有些运动员似乎从未如此“重视”过自己的对手，他们赛后往往只和对手象征性地“挨”一下手，这一举动不仅体现出他们的冷漠和傲气，更让人们看到了他们所缺乏的个人内在的修养。

（二）尊重裁判

在比赛场上，裁判是赛场上的权威。由于种种原因，有时在比赛中出现有争议的判罚甚至是误判、错判时，运动员一定要冷静、讲礼貌，可以向裁判员简要说明刚才发生的事实，如果裁判员坚持原判，运动员应立即继续进行比赛，决不能出现谩骂甚至是殴打裁判的行为。因为这些举动都会被认为是缺乏修养的不文明的行为，它不仅会损害运动员的形象，甚至会招致更严重的后果。比赛结束，运动员要主动和当场执裁的裁判员握手。

（三）尊重观众

比赛场上，观众们为自己喜爱的运动员加油助威。当运动员落后时，他们为运动员呐喊助威；当运动员胜利的时候，他们为运动员欢呼雀跃。一场体育比赛，如果没有了观众，那将是多么无趣。许多运动员在比赛后都说，是观众们的加油助威，给了他们战胜对手的信心和力量。面对如此热情的观众，运动员们在比赛结束后，应对他们挥手致意或鞠躬致谢。一些素质较高的运动员还会在赛后用半个小时的时间耐心地满足观众的合影、签名等要求。所以，作为一个高素质的运动员应该做的是，无论是胜利还是失败，切不可对观众面无表情，冷漠无礼。

（四）尊重媒体

每一次的体育比赛都会有大量的中外记者参与赛事的新闻报道。运动员都应积极配合赛事举办方的宣传工作。无论是在赛场上的采访还是在赛后的新闻发布会上，面对记者的采访请求应予以配合，不应敷衍了事，更不可傲慢无礼。

三、懂得敬畏规则

敬畏，是运动员对待事物的一种态度。“敬”有彬彬有礼、恭恭敬敬的意思，还指做事严肃认真，免犯错误；“畏”指担心忧虑，还形容战战兢兢之态。体育竞赛规则，是保证各个运动竞赛项目公平、公正进行所遵循的法则。

运动员要有敬畏之心，遵守比赛规则，自律于心，决不心存侥幸。体育比赛规则是一面镜子，常怀敬畏之心才能洞悉自我缺陷，养成良好品行。中国某运动员，因蝉联游泳运动项目金牌而名声大噪，但不免也有反对的声音。他酒后驾车、无证驾驶、训练缺席，其劣行是对规则的藐视，是敬畏之心消失的恶果。正因为缺失了敬畏之心，他无视规则，遭到了社会舆论谴责。可见，这位运动员在规则这面镜子的反射中不仅失去了冠军的光环，更反映出了个人素质与道德底线的缺失。

思考题

1. 礼仪对体育工作者树立良好职业形象有何影响?
2. 国旗礼仪的基本内容是什么?
3. 教练员礼仪具体表现在哪些方面?
4. 简述体育教师的基本礼仪。

第四章
CHAPTER 04

奥林匹克礼仪

现代奥林匹克运动的不断发展与壮大，向全世界昭示了体育运动的文化价值、竞技魅力、经济潜力，以及在促进人类友谊与团结、和平与进步中的积极作用，纵观现代奥林匹克运动一百多年来蜿蜒曲折、波澜壮阔的发展历程，其倡导的体育运动与文化和教育相结合、注重礼仪规范，已经成为一种精神象征和一种不断增长的文化遗产。

第一节　现代奥林匹克重要礼仪

现代奥运体系是现代奥运礼仪的内在支撑，现代奥运礼仪是奥运体系的外在表现形式。现代奥运会礼仪吸收了古代奥运会的一些优秀思想，借用发展了古代奥运会某些仪式和礼仪，它是在继承古代奥运会礼仪精华基础上，经过不断变革和完善而逐渐形成的。其中，继承并完善了点燃圣火、运动员入场式、升降和交接会旗等仪式。这些仪式具有强烈的感染力和观赏价值，可以净化人们的心灵，弘扬奥林匹克精神。

现代奥运礼仪是奥林匹克文化的一部分，是人们在参与现代奥运会活动的过程中所遵循的一套表现尊敬、教育和审美意义的行为准则和规范，其目的是体现奥林匹克精神和传播奥林匹克文化，在思想和内容上更多地表现出教育作用和审美要求。

现代奥运礼仪是一个开放的系统，接受任何文化的参与，融合各种文化的精华，包容各个国家、各个地区的习俗和礼仪，具有丰富的文化内涵，极具亲和力，已经被世界家各国各民族人民所接受，成为颇具影响力和魅力的礼仪文化。

奥林匹克礼仪包括邀请书发送、注册和身份卡内容及制造程序、身份证类别及相应的礼遇，奥林匹克旗和圣火的使用等，这些都有严格的规定和程序要求。

一、邀请书

依照《奥林匹克宪章》的规定，国际奥委会应在奥林匹克运动会开幕式前一年发出参加奥林匹克运动会的邀请。邀请书应发给所有被承认的国家或地区奥委会。宪章规定参加奥林匹克运动会的邀请书应用以下措辞：

"国际奥林匹克委员会荣幸地邀请你们参加将于……至……在……举行的第……届奥林匹克夏季运动会（或第……届奥林匹克冬季运动会）。"

邀请书必须全部同时用航空挂号或特快专递邮件发出。各国家或地区奥委会对邀请必须以书面答复，而且国际奥委会必须从邀请书发出的日期起 4 个月内收到答复。

每个国家或地区奥委会一接到参加奥林匹克运动会的邀请书，就必须以书面通知国际奥委会已收到邀请书。

每个国家或地区奥委会至迟必须在奥林匹克运动会开幕式前两个月，将其代表团成员的大致人数以书面形式通知奥林匹克运动会组委会。

2003 年 8 月 13 日，国际奥委会在洛桑举行了雅典奥运会邀请函发送仪式，时任国际奥委会主席罗格签署邀请函，邀请 201 个会员组织参加将于 2004 年 8 月 13 日至 29 日举行的雅典奥运会。

2007 年 8 月 8 日 20 时 10 分，在北京天安门广场，北京 2008 年奥运会倒计时一周年之际，在《奥林匹克颂》歌声中，国际奥委会会旗、中华人民共和国国旗、北京奥运会会旗依次入场。20 时 37 分，希腊、加拿大、英国、俄罗斯和中国五个国家奥委会主席作为被邀请国家和地区奥委会的代表，依次从时任国际奥委会主席罗格主席手中接过 2008 年奥运会邀请函。从受邀成员的顺序来看，希腊、加拿大、英国、俄罗斯和中国分别代表了奥运会发源地、上届奥运会的东道主；2010 年冬奥会东道主；2012 年奥运会东道主；2014 年冬奥会东道主；本届奥运会东道主。按照惯例，国际奥委会历来都是在洛桑的总部向其各成员奥委会发出参加当届奥运会的邀请，那是国际奥委会首次将该仪式选在了主办城市北京举行。

2015 年，巴西当地时间 8 月 5 日，巴西首都里约热内卢，2016 里约奥运会倒计时一周年仪式开启，在活动现场，国际奥委会主席巴赫向 206 个国家和地区的奥委会成员及参会嘉宾颁发了奥运会邀请函。

二、奥林匹克运动会身份卡

依照《奥林匹克宪章》的规定，奥林匹克运动会身份卡是授予持卡人参加奥林匹克运动会权利的文件。奥林匹克运动会身份卡证明持有人的身份，并且与持有人的护照或其他正式旅行文件一起成为准许进入承办奥林匹克运动会的城市所在国家的文件。身份卡允许持有人在奥林匹克运动会期间以及在奥林匹克运动会前、后都不超过 1 个月的时间内在该地逗留并执行奥林匹克运动会的职务。

奥林匹克运动会身份卡由国际奥委会发给可以注册的人员。国际奥委会执行委员会可以将核发权全部或一部分授予奥林匹克运动会组委会，后者必须使国际奥委会指定的所有人员都能得到奥林匹克运动会身份卡。

《奥林匹克宪章》规定奥林匹克运动会身份卡必须包括以下项目：姓名；出生日期；出生地点；性别；国籍；地址；职业；奥林匹克运动会的职务。

身份卡必须有持卡人的照片和签名。

奥林匹克运动会组委会发的身份卡必须由其主席签字，并视情况由国际奥委会主席（对国际奥委会委员及其来宾、官员和工作人员），国际单项体育联合会主席（对国际单项体育联合会官员及其来宾），国家或地区奥委会主席（对国家或地区奥委会官员、来宾和运动员）共同签字。

三、注册证

注册证根据各场合需要的等级，并如该证上表明的，允许持证人进入国际奥委会确定的由奥林匹克运动会组委会负责的场所并参加活动。国际奥委会确定获得该证的人员，规定发证的条件和方法。

北京奥运会身份注册卡从 2008 年 7 月 8 日零时起正式启用。当日 9 时，首都机场 T3 航站楼的北京出入境边防检查总站民警迎来了第一名持北京奥运会身份注册卡入境的旅客。北京奥运（残奥）会期间，预计有 5.5 万至 6.5 万人办理奥运（残奥）身份注册卡。其中，运动员、裁判员、教练员约有 1.68 万人，媒体记者约2.6万至3万人，国际单项体育组织官员约3000人，国际要客约2000人至3000人。

奥林匹克（残奥）大家庭成员可持身份注册卡与身份注册卡上注明的本人有效出入境证件进京，在身份注册卡有效期内多次入出境并在境内停留，无须另办签证。北京奥运会身份注册卡有效期为2008年7月8日0时至9月23日24时；残奥会身份注册卡有效期为2008年8月6日0时至10月16日24时。

历届奥运会身份注册卡：

1984年洛杉矶奥运会使用的证件是一种很普通的证件，没有防伪措施。

1988年汉城奥运会身份注册卡与洛杉矶奥运会没有区别。

1992年巴塞罗那奥运会所使用的证件在尺寸规格上比前两届稍稍大了一些，但没有发生显著的变化。

1996年亚特兰大奥运会在身份注册卡的制作方面进行了有益的尝试，除了制作普通证件外，还另外制作注册了6万张供出入奥运村使用的特殊证件，并在这些证件中使用了RFID技术。

2000年悉尼奥运会总结了亚特兰大的经验教训，没有在身份注册卡上尝试使用新技术，身份注册卡又重回到了亚特兰大以前的状况。在“9·11事件”后，盐湖城冬季奥运会使用的身份注册卡依然没有应用新技术，但使用了特殊纸张，与印钞纸十分相似，除此以外没有看到其他更高的防伪措施。

2004年雅典奥运会前，为了确保身份注册卡的安全，雅典组委会曾经考虑过几种不同的技术方案。主要包括RFID非接触式射频卡、Micro-Chip内藏接触式芯片、内置芯片结合生物特征识别技术（指纹和人面像）、光变油墨、生物防伪油墨、三维条码等，但最终并没有采用RFID和芯片方案，而是决定使用高等级防伪印刷制作技术。雅典组委会选定了日本凸版（TOPPAN）印刷公司为其提供奥运会身份注册卡的制作技术和设备，共制作大家庭身份注册卡70485份，其中奥林匹克大家庭身份注册卡58576份，残奥大家庭身份注册卡11909份。采用该项技术制作的身份注册卡设置了很多处防伪点，主要有：特殊防伪油墨印制的数字照片、用紫外油墨印制的隐性照片、印在背景底板上的数码防伪图形、采用微印刷、三维视觉和多膜层可见防伪技术制作的数字全息图形、采用特殊防伪油墨在规定位置印制的文本和持卡人的个人信息（自然光下不可见）等。另外，当持卡人入境后办理身份注册卡激活时，还要在证件上加贴激光折射防伪标签。

此外，雅典组委会还采用柯达公司提供的数码影像系统制作了奥运会和残奥会工作人员注册卡 182293 份，其中奥运会 159602 份，残奥会 22691 份。但由于工作人员身份注册卡不能用作“入境签证”，其安全等级要求远远低于奥林匹克大家庭成员的身份注册卡，因此在制作和防伪技术方面也相对简单得多。

虽然雅典组委会在身份注册卡上采用了条码技术和较高水平的防伪制作技术，但在奥运会期间没有在场馆安装使用机读设备，基本上是靠肉眼识别证件的真伪。

在北京的《申办报告》中，我国政府也庄严承诺：将严格遵守《奥林匹克宪章》的规定，同意凡是由北京奥组委签发的奥运会身份注册卡，都认可是在奥运会期间及前后各一个月内多次进出中国的有效签证。换句话说，如果持有奥运会身份注册卡，就不需要再到我国驻外机构去申领入境签证。持卡人凭奥运会身份注册卡和本人的有效护照，就可进入中国。

四、奥林匹克标志的使用

奥林匹克标志主要是指奥林匹克五环和奥林匹克旗。

现代奥林匹克运动的五环标志，出自现代奥运会创始人皮埃尔·顾拜旦之手。1914 年 6 月 15 日至 23 日，国际奥委会在法国巴黎索邦学院举行代表大会，同时庆祝国际奥委会成立 20 周年（1894—1914 年）。在纪念大会上，时任国际奥委会主席的顾拜旦拿出自己亲自设计的五环标志和一面印着五环的旗帜向大家展示，并建议将它们作为奥林匹克运动的标志。听了顾拜旦的说明后，代表大会一致同意确定将奥林匹克五环和奥林匹克旗作为奥林匹克标志。

奥林匹克五环标志由 5 个奥林匹克环从左至右套接而成，可以是单色，也可以是蓝、黄、黑、绿、红 5 种颜色。最初的解释是 5 种颜色代表各国国旗的颜色，后来又将 5 个不同颜色的圆环解释为五大洲的象征，每一个环的颜色代表一个大洲。但 1979 年 6 月国际奥委会出版的《奥林匹克杂志》第 140 期指出：根据《奥林匹克宪章》，五环的含义是象征五大洲的团结以及全世界的运动员以公正、坦率的比赛和友好的精神在奥林匹克运动会上相见。这种解释跟顾拜旦当年大力主张的把“团结、和平、进步”作为奥林匹克运动所追求的最根本目标是基本一致的。

奥林匹克旗又称奥运会会旗。奥运会会旗 3 米长，2 米宽，是一个有 5 个圆环的白色无边旗，五环相套，自左至右分别为：蓝、黄、黑、绿、红。这是根据现代奥运之父顾拜旦亲自构思、制作和建议，并经代表大会通过同意后确定的。1914 年 7 月，这面旗帜首次出现在巴黎庆祝奥运会成立 20 周年大会上。1920 年，比利时奥委会把一面绣有五环相套的绸缎会旗赠送国际奥委会，在安特卫普第 7 届奥运会开幕时第一次升起了奥运会会旗。在一般情况下，每届奥运会闭幕时，奥运会主办城市代表会将这面会旗移交给下届奥运会城市市长。在整个奥林匹克运动会期间，一面大尺寸的奥林匹克旗必须在竖于主会场显著位置的旗杆上飘扬，它在奥林匹克运动会开幕时升起，闭幕时降下。

《奥林匹克宪章》规定，奥林匹克村以及比赛和练习场馆和其他所有由奥林匹克运动会组委会负责的地点都必须张挂大量奥林匹克旗。大量奥林匹克旗应和其他旗帜一起在主办城市飘扬。

五、奥林匹克圣火的使用

火，是人类文明的重要源动力，也是先民们心中的圣物。而火炬作为运动会的重要环节出现已经有了 2700 多年的历史。传说古希腊的奥林匹亚山是众神的栖息之所，当地人为了纪念为人类盗得火种的提坦神普罗米修斯，每隔 4 年都要在祭台前举行一次祭祀仪式。古代奥林匹克运动会点燃圣火的仪式起源于古希腊人类自上天盗取火种的神话，在奥林匹亚宙斯神前，按宗教的仪式在祭坛上点燃火种，然后持火炬跑遍各城邦，传达奥运会即将开始的讯息，各城邦必须休战，忘掉仇恨与战争，积极准备参加奥运会的竞技比赛，因此火炬象征着和平、光明、团结与友谊等意义。

依据奥运会的传统，火炬应该于开幕前一天抵达主办城市，于开幕式当天引燃。火炬在旅途中或是抵达奥运会主办城市的各项庆祝活动，必须遵守奥林匹克的礼制仪式，不得被利用而作为广告宣传之用。高擎燃烧着的奥林匹克火炬，各主办国常在最后一段路程中安排具有代表性与特色的人物，如为国争光的奥运金牌选手等，在狂热赞赏的观众前高举火炬，绕场一周后跑上圣火台点燃圣火。

圣火必须位于大会场的明显位置，并应具有良好的视野，最好在大会场外也能看到圣火为宜。在奥运期间，圣火不可熄灭，当圣火熄灭时，奥运会即宣告正式结束。

第二节　奥运会主要仪式礼仪

作为奥林匹克文化的集中体现，奥林匹克仪式是指围绕奥运会而举行的一系列礼仪性活动，是人们在参与奥运会活动过程中所遵循的一整套表现尊敬、教育和审美意义的行为准则和规范，主要有圣火传递仪式、奥运会开幕式、闭幕式及颁奖仪式等。作为人类最大的体育盛会，奥运会长期积淀下来的一整套独特的仪式体系是现代奥运会最具魅力和特色的部分，这些仪式集中体现了奥林匹克的崇高追求，其影响力甚至超过了奥运会竞技比赛的本身。

在奥林匹克诸多活动体系中，奥林匹克仪式浓缩和凝聚了奥林匹克运动文化的核心价值观，产生着巨大的社会影响，现代奥林匹克运动最重要的精神实质和人文理念就是通过奥林匹克独特的仪式而有效地展现出来的。

一、圣火传递仪式

自 1936 年柏林奥运会圣火传递活动正式问世以来，奥林匹克圣火已伴随奥林匹克运动的发展度过了 80 余年的光辉历程，在全世界树立了和平、休战、团结、友爱的奥林匹克精神之风，成为整个奥林匹克运动中最令人期待、最具有影响力的仪式之一。每届奥运会都会在古奥林匹亚遗址的赫拉神庙遗址前举行圣火采集仪式，用凹透镜采集火种。圣火成功采集后，按照当届奥运会圣火传递的路线和方案逐一传递，奥运会开幕前一天到达主办城市，并在次日大会开幕时，传递到奥运会主会场，点燃主火炬，奥运会正式开始，圣火燃烧到大会闭幕时止。

作为奥运会前奏的千万人参与的圣火传递活动，是奥林匹克诸多文化活动中独具特色和魅力的重要组成部分，它是主办城市和主办城市之外那些没有机会直接参与奥运会的人参与奥运会的重要途径。在圣火传递的过程中，大量的文字和图片影像资料成为珍贵的历史遗产，使得奥林匹克精神及奥运会主办国、主办城市、途经地区和城市的人文精神在圣火传递及奥运会结束之后继续得到继承和发扬。

2008 年北京奥运会的成功举办，将人们的目光带向中国，带向北京，在面临前所未有的机遇与挑战的同时，以“和谐奥运”为主题，“点燃激情，传递梦想”为口号，古代“丝绸之路”为主线的北京奥运会圣火传递活动以崭新的面貌在全世界传扬奥运理念，为奥林匹克运动的宝贵遗产再添精彩的一笔。

二、开幕式

《奥林匹克宪章》规定，开幕式和闭幕式必须依照国际奥委会决定的礼仪举行。其详细计划应由奥林匹克运动会组委会做出，并提交国际奥委会执行委员会批准。

开幕式是奥运会最隆重的仪式，也是奥林匹克运动奉献给全世界的最绚丽的文明之花，是体育与艺术最完美的结合，有极强的艺术魅力。开幕式不仅对奥运会，而且对奥林匹克运动都有极其重要的意义。庄严、隆重、充满激情、令人振奋，有极大号召力的奥运会开幕式有一种非凡的感人力量。作为一届奥运会的破题之笔，开幕式通过综合运用多种艺术手段，将体育、音乐、文化等多种元素融为一体，塑造一种庄严、隆重、充满激情的景象，为即将开始的奥运会定下基调，制造浓烈适宜的氛围。“开幕式成功了，奥运会也就成功了一半。”可见其在整个奥林匹克文化活动中开幕式堪称重中之重。

（一）程序性仪式

《奥林匹克宪章》对奥运会开幕式做了明确的说明和规定，必须遵守一定的仪式规范。在开幕式中，程序性仪式主要是指一系列礼仪性的程序，如运动员入场、奥运会组委会主席致辞、国际奥委会主席致辞、演奏会歌、升会旗等，这些仪式向来都是开幕式的既定程序，在《奥林匹克宪章》中都有详细的说明，每届奥运会都沿袭相关传统。

最初的5届奥运会和1920年安特卫普奥运会的开幕式为《奥林匹克宪章》做好了实践方面的准备。首届奥运会确定了以国家为单位、国家元首宣布开幕和宗教仪式等程序，大合唱的表演形式也由此确立，成为现代奥林匹克运动历史上历时最久的动态标识。1906年“届间运动会”的礼仪极为得体，富有古典文化和皇家典礼的特色，首次出现了入场式，并被之后的1908年伦敦奥运会借鉴，成为后来历届奥运会开幕式程序的重要组成部分。1912年斯德哥尔摩奥运会以祈祷来开幕，加上瑞典传统的合唱，得到了顾拜旦的赞赏。战后的1920年安特卫普奥运会更是出现了奥林匹克会旗、奥林匹克宣誓、和平鸽，红衣大主教的布道也充满了国际性。同时，各种仪式表明典礼的时间安排完全符合既定并被遵守的礼仪规格。安特卫普奥运会已经显示了奥林匹克概念的持续性，1920 年和 1921 年这两年的特点就是大量的组织活动。这些理念和历史背景为 1921 年《奥林匹克宪章》加入开幕式的相关规定打下了良好基础。

一般奥运会开幕式流程如下

①贵宾入场：国际奥委会主席和奥运会组委会主席在运动场入口迎接东道国国家元首，并引导他们到专席就座。入场后升主办国国旗、奏国歌。

②文艺表演：形式有团体操或其他文艺表演。这是历届奥运会开幕式工作量最大、准备时间最长、花费资金最多的项目。东道国往往提前一两年即开始准备，并挖空心思，以期能以恢弘的气势、独特的民族精神吸引来宾。开幕式的成败与否，很大程度上取决于团体操和表演的效果。“二战”前的表演通常是乐队演奏或合唱，“二战”后发展成运动员入场后的文艺表演，80 年代后演变成专门的文艺表演，持续时间从 1 小时发展到当前的 2~3 小时。

③运动员入场：用时比较长，20 世纪 80 年代之前基本在 1 小时之内，20 世纪 80 年代后控制在 1 至 1 个半小时左右。各代表团按主办国语言的字母顺序列队入场，但希腊和东道国代表团例外，希腊代表团最先入场，东道国最后。每个代表团出场时播放的音乐都不同，并且有现场 DJ 的伴奏，譬如 1984 年洛杉矶奥运会中国出场的音乐。

④升奥林匹克会旗，奏圣歌（1984 年前还有交接会旗）：奏《奥林匹克圣歌》，同时奥林匹克会旗以水平展开形式进入运动会场，并从赛场的旗杆上升起。

⑤主办国致辞，奥委会主席致辞：奥运会组委会主席讲话，国际奥委会主席讲话，东道国国家元首宣布奥运会开幕。

⑥运动员、裁判员宣誓（1968 年墨西哥城奥运会增加）、教练员宣誓（2012 年伦敦奥运会增加）：各代表团的旗子绕讲台形成半圆形，主办国的一名运动员登上讲台。他左手执奥林匹克旗的一角，举右手，宣读以下誓言：“我以全体运动员的名义，保证为了体育的光荣和我们运动队的荣誉，以真正的体育道德精神参加本届奥林匹克运动会，尊重并遵守指导运动会的各项规则。”

紧接着，主办国的一名裁判员登上讲台，以同样的方式宣读以下誓言：“我以全体裁判员和官员的名义，保证以真正的体育道德精神，完全公开地执行本届奥林匹克运动会的职务，尊重并遵守指导运动会的各项规则。”

2010 年国际奥委会决定在 2012 年的因斯布鲁克青年冬季奥运会首次举行教练员宣誓活动，并从 2014 年索契冬奥会开始，正式在奥运会开幕式时举行这一仪式。

⑦点燃火炬：奥林匹克火炬接力跑进入运动场，最后一名接力运动员绕场一周后，点燃奥林匹克圣火，然后放飞鸽子（1988 年“汉城烤乳鸽事件”后，该项取消）。

⑧歌舞文艺、燃放烟火表演：在开幕式后半程的表演通常是以歌曲、合唱为主。主办国名家歌手登台献艺，最后是五彩缤纷的烟火表演。

（二）圣火点燃仪式

在奥运会开幕式中，点燃圣火是最隆重、最富有感染力的仪式，体现了体育与艺术、体育与科技、体育与想象力和创造力的完美结合，成为最具魅力、最能调动亿万人激情的华彩乐章，而点火仪式则是停留在人们内心深处的那份最深刻的记忆，已成为开幕式典礼的高潮所在。主办国为了展现自身的文化风貌，往往会在点燃方式上大费周章，煞费苦心，因而百花齐放，尽展风采。

1984 年洛杉矶奥运会一改传统的火炬手直接点火的模式，利用串烧的“导火索”引燃主火炬；汉城奥运会另辟蹊径，采用的是升降台；巴塞罗那奥运会别出心裁，以射箭的方式点燃圣火；悉尼奥运会则将瀑布搬到了台上，在水中点燃了圣火；雅典奥运会更是以人不动火炬动的逆向思维赢得了大家的一致称赞。

2008 北京奥运会，由体操王子李宁变身“空中飞人”，举着火炬腾空而起，在体育场上空的“空中跑道”上奔跑。与此同时，一幅中国式画卷沿“空中跑道”徐徐展开，“祥云”背景的画卷上呈现出奥运圣火在各地传递的动态影像。画卷完全展开之时，高高的火炬塔出现了。在空中奔跑的李宁来到主火炬塔旁，用手中的火炬缓缓照亮“祥云画卷”，将奥运圣火在世界角落传递的感人瞬间一一重现，而人类的奥运之梦也随之展开……可以肯定的是，创新的思维理念、科技手段的使用、鲜明的主题思想再加上独特的文化展示，已成为奥运会圣火点燃创意的集中体现。

三、闭幕式

奥运会闭幕式一般议程：

①各代表团的旗手按开幕式的顺序呈若干列纵队进场，在他们后面是不分国籍的运动员队伍，旗手在讲台后形成半圆形。

②国际奥委会主席和当届奥运会组委会主席及主办城市市长登上讲台，希腊国旗从升冠军国旗的中央旗杆右侧的旗杆升起，主办国国旗从中央旗杆升起。

③奥运会组委会主席登上讲台致辞。

④国际奥委会主席致辞。

⑤交接会旗。下届奥运会主办国国旗从左侧旗杆升起。《奥林匹克圣歌》响起，奥林匹克会旗徐徐降下，主办城市市长把会旗交给国际奥委会主席，再由国际奥委会主席把旗交给下届奥运会主办城市市长。

⑥下届奥运会主办城市接旗，进行约8分钟文艺表演。

⑦各代表团退场。文艺表演，圣火熄灭。

开幕式给了奥运会一个辉煌的开始，闭幕式是奥运会欢乐的音符，一场成功的闭幕式则可以把所有奥运会参与者及全世界观众的喜庆推向高潮。

与开幕式庄严而隆重的仪式不同，闭幕式营造的是轻松欢乐的气氛。这些仪式不仅给奥运会以浓烈的节日气氛，还大大提高了奥运会的境界，使其庄严、神圣，具有强烈的感染力，以此净化人们的心灵，弘扬奥林匹克崇高的理想。

四、颁奖仪式

（一）程序性仪式

颁奖仪式的主要步骤有登领奖台、授牌仪式、升旗仪式、向观众致意。

①颁奖仪式时，获得前三名的运动员应身着颁奖服装，擦净脸上的汗水，简单整理自己的仪容仪表，并尽快到大会指定地点等候。在步入领奖台时，应从容自然，精神饱满，队伍整齐。面对观众的掌声，要报以微笑，并招手致谢。

②仪式开始后，大会主席会依次按照季军、亚军和冠军的顺序宣布获奖运动员的名单，运动员听到自己的名字后，要与其他获奖的运动员握手，并表示感谢，同时向观众致意，最后姿态端正地走向领奖台。集体项目运动员上台领奖时，一定要保持全队整齐，最好事先进行排练，或按队长的指令行事。在万众瞩目的领奖台上，切忌说笑或左顾右盼。

③授牌仪式中，运动员一定要彬彬有礼、面带微笑。授牌时，颁奖者会把奖牌戴到运动员的脖子上，运动员一定要欠身以方便颁奖者给自己戴奖牌，同时握手致谢。接受奖牌后，运动员要举起奖牌向观众致意，并留给记者一定的照相时间。

④当运动员接受奖牌后，现场将升起获得前三名运动员所在国的国旗，同时奏响冠军所在国的国歌。冠军代表团的旗帜应从中央旗杆升起，第二名和第三名代表团的旗帜分别从紧靠中央旗杆右侧和左侧的旗杆升起。

⑤当五星红旗升起时，我国运动员要将身体转向国旗的方向，庄严肃立，随着国歌的奏响，目视国旗徐徐升起，如果运动员手中有花，应该左手持花，右手自然垂放，直至国歌奏毕。国外运动员有时采取右手抚胸等特别的姿势，我国运动员不宜盲目模仿。即使升起的是他国国旗，奏响的是他国国歌，我国运动员也要给予同样的尊重。

奥运会颁奖仪式是最激动人心的仪式，奖章和奖状由奥运会组委会提供给国际奥委会颁发，其属于国际奥委会。颁奖仪式的举行必须根据国际奥委会规定的礼仪：在奥运会期间，奖章应由国际奥委会主席（或由他选定的委员）在有关的国际单项体育联合会主席（或其代表）陪同下颁发。如果可能，在每项比赛结束后，立即在举行比赛的场地颁奖。

（二）颁奖礼仪服装

奥运会颁奖礼仪服装是奥运会颁奖礼仪上礼仪人员的着装，其与奥运会举办国、奥委会工作人员、官员及裁判员礼仪服装一样是奥运会礼仪服装的一部分。颁奖仪式还是历届奥运会主办国展示民族文化、民族服饰、民族时代风貌和奥运文明礼仪的重要展台。

北京2008年奥运会、残奥会分别举行了302场、472场颁奖仪式。北京奥运会全套颁奖礼仪服装包括鲜花及奖牌托盘、礼仪人员服装（女装）、嘉宾引导员服装（女装）、运动员引导员服装（女装）和升旗手服装（男装）四类。

礼服的款式与色彩注重与北京奥运会形象景观相协调，与颁奖仪式环境相协调，在材质和表现手法上突出了“中国元素、民族特色、时代特征”，使之成为弘扬奥林匹克精神、传播中国文化、传达北京奥运会理念的载体，为奥林匹克运动留下了宝贵遗产。

2008年北京奥运会颁奖礼仪服装共16款，其中男装一款作为升旗手制服。女装15款分为5个系列，每一系列分别按照嘉宾引导员、运动员引导员和托盘人员的不同职能设计了3个不同款式。在奥运会和残奥会的颁奖仪式上，这5个系列的礼服分别出现在不同的场馆及比赛中。

“青花瓷”系列：设计灵感取自世界闻名的中国青花瓷器。此系列使用在了国家游泳中心“水立方”、顺义水上公园和青岛等所有水上项目的颁奖仪式中。

宝蓝系列：采用温润典雅的宝蓝色作为礼服主色，腰间饰有采用传统盘金绣饰制作的腰封，图案选用最具中国传统文化审美意趣和美好愿望的吉祥纹样——江山海牙纹、牡丹花纹，凸显了鲜明的中国特色和民族风格。此系列使用在了体操、室内球类比赛和击剑等项目的颁奖现场。

“国槐绿”系列：丝缎礼服寓意朝气蓬勃的生命和郁郁葱葱的环境，体现了与自然和谐发展的美好愿望及坚守“绿色奥运”的决心。此系列使用在了自行车、射击、现代五项等项目的颁奖现场。

“玉脂白”系列：巧妙地呼应了奥运奖牌金镶玉的理念，彩绣腰封和玉佩的设计，既是中国玉文化的完美再现又是对传统旗袍设计的一次创新。此系列出现在了国家体育场、所有的室外球类比赛及香港马术比赛中。

粉红色系列：以传统盘金绣饰工艺制作的宝相花图案腰饰，分割出完美的人体比例。领部的设计突出了颈部的优美线条。此系列服装主要出现在了拳击、举重、摔跤等力量型比赛中。

升旗手服装：与“青花瓷”礼服遥相呼应的升旗手服装，在体现中国传统文化的同时又不失阳刚之气，出现在了所有的奥运会和残奥会比赛场馆中。

所有的奥运礼服和升旗手制服都绣有“Beijing 2008”字样。

(三) 颁奖礼仪花束

2007 年 11 月 8 日北京奥组委执委会确定采用“红红火火”作为北京奥运会和残奥会颁奖花束方案。花束整体呈尖塔状，高 40 厘米，胸径 25 厘米，由主花材月季和火龙珠、假龙头、书带草、玉簪叶和芒叶等配花配叶制作而成。象征中华民族自强不息、团结一心的民族精神和不断追求友谊、团结、公平竞争的奥林匹克运动精神。

月季是我国十大名花之一，起源于中国又盛行于中国，被北京等国内 50 余个城市选定为市花。月季色彩艳丽，千姿百态，深受国人的喜爱。不仅如此，月季也是国际上最为流行的花卉之一，是欧美一些国家的国花。在全世界范围内，月季花是用来表达人们关爱、友谊、欢庆与祝贺的最通用的花卉。“中国红”月季无论是名称还是颜色都最具中国特色，符合奥运用花的标准。充满着生机与活力的红色，是中国人最喜欢的颜色，象征着吉祥如意、幸福与欢乐，同时也象征着向上的活力，故选择“中国红”月季为奥运颁奖花束的主花材。

每束颁奖花束由 9 支“中国红”月季组成。中国传统中数字 9 被誉为至尊，代表着凝聚力与生生不息，同时数字 9 还有长长久久之意。选用 6 支火龙珠、6 支假龙头、6 片芒叶、6 片玉簪叶、6 片书带草为配花配叶，而每种花材又由 6 支（片）组成，取一帆风顺之意。

奥运颁奖用花的蝴蝶结以中国丝绸为材，采用传统中国结的样式制作而成，丝带上面印有北京奥运会会徽。花束的手柄采用金色丝带捆扎而成，美观、牢固，而花束的保鲜处理也都是在手柄处完成的。

第三节 奥运会其他仪式礼仪

《奥林匹克宪章》对奥运会之外的其他活动，譬如圣火采集、火炬传递等，都有明确的礼仪规定，了解并且遵守这些规定，是办好相关活动必须做到的。

一、座次礼仪

在整个奥运会期间，国际奥委会唯一有权决定在奥运会组委会负责的所有比赛场馆适用的礼仪。奥运会期间，在一切奥林匹克集会上，座次为：国际奥委会委员和名誉委员按资历顺序在前，主席、副主席最前，随后依次为奥运会组委会委员、各国际单项体育联合会主席和各国家或地区奥委会主席。

二、仪式程序

全部仪式的一切程序细节最迟应在奥运会前 6 个月提交国际奥委会执行委员会批准。文化活动的安排细节应同时呈报国际奥委会执行委员会。

三、圣火采集及火炬接力礼仪

火炬接力起源于希腊的奥林匹亚，古希腊人崇敬力量和圣火，而奥运会圣火来自太阳神阿波罗的赐予。

只能有“一个圣火、一条传递路线、一个传递活动”是奥林匹克火炬接力的重要礼仪和特征。其体现了现代奥林匹克运动与古代奥运会之间的关系，从而显示出奥运会具有的历史传统和精神内涵，强调了奥林匹克圣火的唯一性，体现了火炬接力的庄严和神圣感，并在宣传上创造万众追随圣火的足迹来到奥运会开幕式主会场的情感效果。这是奥林匹克火炬接力不同于其他火炬接力的独特之处。这一规定由国际奥委会和希腊政府以协约形式确定下来，成为奥运会火炬接力的传统。

女祭司在赫拉神庙前的圣火点燃仪式是一种古老的传统。古希腊人在奥林匹亚的赫拉神庙前朗诵歌颂太阳神的颂词，由主持取火仪式的祭司用一个类似凹凸镜的容器将太阳光线聚焦引燃圣火，点燃圣庙前的火炬塔。圣火在固定的时间内传遍整个希腊，号召人们放下武器，停止战争，来参加奥运会。在古代奥运会期间，圣火一直在奥林匹亚赫斯提女神（希腊神话中的女灶神）祭坛前的城市公共会堂中静静地燃烧，作为纯洁、理性与和平的标志。今天奥运会火炬接力的取火仪式依然按照古代的传统进行延续。

火炬接力仪式主要包括以下三个步骤：圣火采集仪式、圣火的跨国和跨洲传递仪式、点燃圣火仪式。奥运会前，由女演员们扮演祭司在奥林匹亚赫拉神庙遗址前点燃奥林匹克圣火。她们在取火仪式上表演的舞蹈和身着的服饰均源于希腊悠久深厚的历史文化。圣火采集方式遵循古希腊的传统，通过将太阳光集中在凹面镜的中央，产生高温采集奥林匹克圣火。首席女祭司负责采集火种，然后点燃第一名火炬手手中的火炬。这是采集奥林匹克圣火的唯一方式，火种采集的方式是圣火纯洁度的重要保证。

奥林匹克圣火是经国际奥委会授权在希腊奥林匹亚点燃的火焰。奥林匹克火炬是经国际奥委会批准的、用于奥林匹克圣火燃烧的、可手持的火炬。

奥林匹克圣火以接力的方式被传递至当届奥运会主会场。

奥运会开幕式最为精彩的时刻之一就是奥林匹克圣火被带入主体育场。最后一位火炬手（通常是本届奥运会主办国的公民）的身份通常直到最后一刻才会被公开。这位火炬手一般是体育界的名人或者是一位代表着未来、象征着希望的年轻人。最后一位火炬手在用奥林匹克圣火点燃主火炬之前先手持火炬绕场一周。伴随着放飞的和平鸽，奥运会在一片祥和的气氛中正式开始。圣火在奥运会期间将一直燃烧着，直到在闭幕式上徐徐熄灭。

由奥运会主办城市市长与国际奥委会主席在奥运会举办前7年签订的《主办城市合同》中规定，所有与奥运会火炬接力相关的活动，包括火炬接力主题、传递路线、传递时间和传递范围，火炬手数量、选拔标准和分配比例，火炬设计、生产数量、火炬接力景观、火炬手与护跑手及工作人员的服装设计都严格遵照国际奥委会的相关规定，与火炬接力相关的活动及火炬接力市场开发和财务预算都要事先以书面形式提交国际奥委会，并征得书面的批准。国际奥委会协调委员会是每届奥运会火炬接力最终的负责机构。

奥林匹克火炬接力是奥运会的前奏，是古代奥运会和现代奥林匹克运动之间强有力的连接，是世界上仅次于奥运会的重要传播工具，拥有无与伦比的美好形象与价值。奥林匹克火炬接力所代表的价值观被全世界人民普遍接受和赞美，人们认为世界上没有任何一种力量能像奥林匹克火炬接力那样将世界联结在一起。火炬接力传递着充满希望的信息，人们用和平、团结、友谊、和谐、理解、希望、平等、庄严、神圣、纯洁、光荣、古典、光明、积极、欢乐、热情、喜悦等词汇形容奥林匹克火炬接力对世界的影响。

第四节　奥运会志愿者礼仪

奥运会志愿者是指在奥运会、残奥会筹备和举办的全过程中以自愿为原则，以志愿服务为基本形式，在奥运会志愿者行动项目体系内，服务他人、服务社会、服务奥运的各界人士。通常一届奥运会需要大量的志愿者，2008 年北京奥运会共有来自全球各国的 10 万名志愿者。

一、志愿者妆容设计

2008 北京奥运颁奖礼仪志愿者妆容以轻松淡雅的淡妆为主，升旗手的妆容以凸显男性的健美阳刚为目标，采用粉底颜色较深，以衬托出男性运动、健康的风采。女性颁奖礼仪志愿者的两种妆容在粉底、眼影、腮红、唇彩等细节方面均有所差异：一种颜色相对较浅，显得比较亮丽；另一种相对较深，显得更加健康活泼。

二、志愿者培训内容

（一）通用培训

通用培训的内容包括奥林匹克基本知识、当届奥运会和残奥会概况、主办国家历史及传统文化、主办城市历史及文化生活、残疾人服务知识和技能、礼仪规范、医学常识及急救技能等。通用培训将针对赛会志愿者申请人广泛开展。

（二）专业培训

专业培训的内容包括按志愿服务岗位的专业要求所应掌握的相关专业知识和技能。

（三）场馆培训

场馆培训的内容包括场馆功能、场馆内比赛相关知识、内部设施、组织结构、规章制度等。

（四）岗位培训

岗位培训的内容包括岗位职责、工作任务、业务流程、操作规范等。

志愿者培训还包括形体、礼仪、形象、现场正确坐姿、站姿、走姿和优雅的仪态等。另外，还有文明用语、文明举止等。在礼仪方面，有与人交往守则及与人沟通的礼节，要求做到尊敬他人，不卑不亢，宽容理解，以诚待人。发型、妆型、衣着等整体形象也是培训内容之一。

三、志愿者培训方式

远程培训：远程培训主要包括网络培训、广电媒体培训和函授培训。

面授：现场集中组织面对面培训。

实践培训：实践培训主要包括公益实践活动、专题活动和参加测试赛。

四、志愿者服务领域

志愿者主要在场馆（含竞赛场馆、训练场馆和非竞赛场馆）内进行志愿服务。根据奥运会、残奥会运行的实际需要，部分赛会志愿者的工作岗位具有流动性，不在固定场馆进行志愿服务。

赛会志愿者的服务领域主要包括礼宾接待、语言翻译、交通服务、安全保卫、医疗卫生、观众服务、沟通联络、竞赛组织支持、场馆运行支持、新闻运行支持和文化活动组织支持，及其他北京奥组委指定的领域。

五、志愿者的保障和激励

工作保障：制发身份注册卡；提供工作制服装备；提供工作期间的餐饮；提供市内特定区间的免费公共交通服务；提供工作期间的人身意外伤害保险。

表彰激励：颁发奥运会、残奥会志愿服务证书和证章；评选优秀赛会志愿者个人、团队和工作机构，授予荣誉称号；根据服务时间和服务效果，赛会志愿者可以获得奥运会、残奥会纪念品；奥运会、残奥会结束后，建立志愿者纪念设施。

思考题

1. 奥运会主要的礼仪和仪式有哪些？
2. 礼仪与仪式在奥林匹克运动全球化进程中具有怎样的地位和作用？
3. 你从奥林匹克运动礼仪中得到了哪些启示？

第五章
CHAPTER 05

中国民族传统体育项目礼仪

中华文化博大精深，中华文明源远流长，而武术、赛马、舞狮等我国民族传统体育项目，都具有中华文化和民俗文化之内涵，其一招一式都体现了东方文化的神秘色彩，为世人所瞩目，其博大精深的文化意蕴深入民心，为世界各国人民所喜爱。

第一节　武术礼仪

中国传统武术在数千年的发展中，融合了儒、释、道等诸家文化形成了独具特色的、璀璨浩瀚的武术文化。而武术中的“礼”文化就是武术文化的代表，我们常说的“武德”的重要内容就体现在武术的“礼”之上。

一、武术的起源

武术在我国有着悠久的历史，它起源于我国远古祖先的生产劳动。人们在狩猎生产活动中，逐渐积累了劈、砍、刺等技能。这些原始形态的攻防技能是武术技术形成的基础。武术作为独立的社会文化现象，是与中华民族文明的产生同步的。

武术萌芽于原始社会时期，成形于奴隶社会时期。夏朝时，武术进一步向实用化、规范化发展。商代出现了武术训练的重要手段——田猎，商周利用“武舞”来训练士兵，鼓舞士气。在周时期出现了一部中国武术史上重要的著作

《周易》，亦称《易经》，这本书含有丰富的哲学思想，对我国养生学的发展影响极为深远，其“易有太极，是生两仪，两仪生四象，四象生八卦”产生了太极学说，从此奠定了中国武术体系。

进入春秋战国以后，诸侯争霸，各国都很重视武术在战场的运用。在这一时期，剑的制造及剑道得到了空前的发展。

武术发展于封建社会时期。秦汉以后，盛行角力、击剑。随着“宴乐兴舞”的习俗，手持器械的舞蹈时常在乐饮酒酣时出现。唐朝开始实行武举制，对武术的发展起了促进作用，武术作为一种文化形式已具有相当影响。

宋元时期，以民间结社的武艺组织为主体的民间练武活动蓬勃兴起，由于商业经济活跃，出现了浪迹江湖，习武卖艺为生的“路歧人”。

明清时期是武术大发展的时期，流派林立，拳种纷显。拳术有长拳、猴拳、少林拳、内家拳等几十家之多，同时形成了太极拳、形意拳、八卦拳等主要的拳种体系。

到了近代，武术适应时代的变化，逐步成为中国近代体育的有机组成部分。民国时期，民间出现了许多拳社、武士会等武术组织。

新中国成立后，武术得到了蓬勃发展，武术在国际上的影响进一步扩大。

武术礼仪是习武者应该共同遵守的最基本的道德行为规范，是习武之人文明礼貌的一种体现。

二、武术礼仪文化

（一）徒手礼仪

①抱拳礼：并步站立，右手成拳，左手四指并拢伸直成掌，拇指屈拢，左掌心掩贴右拳面（左指根线与右拳棱相齐），左指尖与下颏平齐，右拳眼斜对胸窝，置于胸前屈臂成圆，肘尖略下垂，拳掌与胸相距 20~30 厘米。头正、身直、目视受礼者，面容举止大方。

抱拳礼

抱拳礼的左掌表示德、智、体、美“四育”齐备，屈拇指表示不自大，右拳表示勇武顽强，左掌掩右拳，表示“勇不滋事”“武不犯禁”；左掌右拳拢屈，两臂环抱成圆，表示五湖四海，天下武林是一家，以武会友；左掌为文，右拳为武，表示文武兼备。抱拳礼在武术竞赛、表演、训练活动中应用。

②注目礼：并步站立，目视受礼者或向前平视，表示对受礼者的恭敬、尊重，勿低头弯腰。若表示对行礼者答诺或聆听指教受益时，可微点头示意。

（二）持械礼仪

此礼是练习武术器械时行施的礼节，礼仪内涵同“抱拳礼”。

①抱刀礼：左手抱刀，屈臂使刀横于胸前，刀身斜向下，刀背贴附于小臂上，刀刃向上；右手拇指屈拢成斜侧立掌，以掌根附在左腕内侧；两腕部与锁骨窝同高，两臂外撑，肘略低于手；目视受礼者。

②持剑礼：左手持剑，屈臂使剑身贴小臂外侧，斜横于胸前，剑刃朝上下；右手拇指屈拢成侧立掌，以掌根附于左腕内侧；两腕部与锁骨窝同高，两臂外撑，肘略低于手；目视受礼者。

③持棍礼：右手握棍把段（靠棍把 1/3 处），屈臂于胸前，棍身直立，棍梢向上；左手拇指屈拢成侧立掌，掌指向上，掌心与右手指根节指面相贴；两臂外撑，肘略低于手，两手与锁骨窝同高；目视受礼者。

④持枪礼：右手握枪把端，屈臂于胸前，枪身直立，枪尖向上；左手拇指屈拢成侧立掌，掌指向上，掌心与右手指根节指面相贴，两臂外撑，肘略低于手，两手与锁骨窝同高；目视受礼者。

（三）递器械礼

①递刀礼：并步直立，左手托护手盘，右手托刀前身，使刀平横于胸前，刀刃向里；目视接刀者。

②递剑礼：并步直立，左手托护手盘，右手托剑前身，使剑横于胸前，剑尖朝右；目视接剑者。

③递棍礼：双手靠近握棍于把段（靠近棍把段约棍身 1/3），左手在上，两臂屈圆，使棍竖于体前，棍梢端朝上；目视接棍者。

④递枪礼：双手握枪于把段处，左手在上，两臂屈圆，使枪垂直于体前，枪尖朝上；目视接枪者。

（四）接器械礼

①接刀礼：开步站立，左手掌心朝上，托刀于递刀者两手之间，右手手心朝下接握刀柄；目视右手接刀。

②接剑礼：并步直立，左手掌心朝上，托剑于递剑者两手之间，右手手心朝下接握剑柄；目视右手接剑。

③接棍礼：并步直立，两手虎口朝上，上下靠拢，左手在上，靠近递棍者手下部接握；目视双手接棍。

④接枪礼：并步直立，两手虎口朝上，上下靠拢，左手在上，靠近递枪者手下部接握；目视双手接枪。

（五）竞赛礼仪

①开幕式礼仪：比赛开幕式上，当主持人宣布大会开幕时，全体人员起立面向国旗方向肃穆站立，升国旗、奏国歌。闭幕式举行降旗仪式时，全体人员唱国歌。

②运动员礼仪：套路运动员听到上场比赛的点名时，应向裁判长行“抱拳礼”。然后走到裁判长的右侧半场完成相同方向的起势和收势。听到宣布最后得分时，也应向裁判员行“抱拳礼”，以示答谢。当散打运动员上场被介绍时，先面向裁判长原地行“鞠躬礼”，再转向观众行鞠躬礼。场上裁判员检查护具完毕，双方运动员面对互行“鞠躬礼”。比赛结束，双方运动员上场，当听到宣布最后胜负时，应先向裁判长行“鞠躬礼”，然后转向观众行“鞠躬礼”，再面向

对手行“鞠躬礼”。

③裁判员礼仪：裁判员穿着统一的服装，佩带统一的裁判标志。比赛开始，广播员介绍技术监督委员会成员时，被介绍着起立行“抱拳礼”；介绍仲裁委员会时，被介绍者原地行“抱拳礼”；当介绍总裁判长、裁判员时，被介绍者左脚向前一步，右脚跟上并步站立，行“抱拳礼”。礼毕，右脚后退一步，左脚向后与右脚并步站立。

在比赛开始或结束时，当运动员向裁判长行“抱拳礼”或“鞠躬礼”时，裁判长应点头示意，以示还礼。

（六）表演礼仪

表演者在表演开始前，应向主席台的贵宾和现场观众行“抱拳礼”或“鞠躬礼”，表演结束后行“鞠躬礼”。武术活动中，被人介绍时，应行“抱拳礼”或“鞠躬礼”。递接器械是武术外在形象的一个重要方面。向对方递交器械时，刀尖、剑尖向下，切忌刀尖或剑尖指向对方。枪、棍垂直离地约 20 厘米递给对方，切忌枪尖朝向对方，以失礼节。

第二节　舞狮礼仪

舞狮是我国优秀的民间艺术。每逢佳节或集会庆典，民间都以舞狮来助兴，舞狮有南北之分，南方以广东的舞狮表演最为有名，此外，还有文狮、武狮之分。舞狮根据不同场合和用场，是非常讲究礼仪和习俗的。

一、舞狮的起源

关于我国舞狮的起源，说法不一，有远古起源说、汉代起源说、北魏起源说、唐代起源等，至今尚未有定论。在舞狮的传统习俗中，各门各派虽有自己的规矩和礼节，但有些技法要求是一致的，如举首、提足、敬礼、叩拜等动作必须先左后右；采青时，要有探青、试青、戏青、食青、吐青的步骤。所以，无论参神、迎宾、巡游，都有一定的程序和规定，由于这些礼仪和道德规范的约束，使同道之间形成一种相互尊重，相互礼让，团结友好的气氛，共同承传这项中华民族的传统技艺。

二、舞狮礼仪文化

①起舞的礼仪：未起舞之前狮子平放地上，舞狮头者站于狮子右边，舞狮尾者站于狮尾左边；预备时击鼓者先打三下鼓边做准备，然后擂鼓行礼，继续下去就是舞狮头者跳过狮头左边，拿起狮头进入狮头内，舞狮尾者也同时跳过右边拿起狮尾进入狮尾内，狮举高走急密步，走前行三次礼：第一次向中间起礼，第二次向右边起礼，第三次向左边起礼，然后正式起鼓舞狮（有的地方是先向左边行礼，第二次向右边起礼，第三次向中间起礼；原因是左为祖先，右为师傅，中是大神）。

②所经道路有神位、桥、水井、武馆的规矩：遇到神位，狮子先到神位前参拜三次，然后起平音鼓点，舞动狮头由右边进前（用三星鼓），到神台前用七星鼓或震音鼓，狮子咬台边左右，完成后起平音鼓点再参拜三次，狮子由左边退出礼成。舞狮经过桥、水井或同道武馆时，狮子必须行礼、行路、饮水思源，对同道武馆起礼表示互相尊敬，此为学武者应有的礼貌和道德。

③入庙、入屋、退出的规矩：首先，狮子未入庙前先行参拜，然后探路由右边进前，须探门、咬门边、擦门、缠柱、先右后左，方可入庙参拜神位（狮头先入），在庙内狮子绕舞一周，然后参拜神位三次辞退，狮尾先退出，须由左边退，礼成。之后，狮子至屋前先行参拜三次，然后探路进前，试探门路、两边、然后咬门边及擦门柱，而后入屋参拜，绕一周后参拜辞退，狮尾由左边退出，礼成。

④会狮及龙狮会的规则及应避免的动作：第一，两狮见面先行双方跪步前进（蹲底前行）三拜礼，然后打大头佛鼓点，由笑佛带引绕行一周（由右上左下），然后用狮口交换见面礼柬或握手，完成后互相行礼参拜辞退；两狮相遇时有七禁：一禁眨眼；二禁捋须；三禁起脚；四禁狮头高举；五禁兜后绕圈；六禁张口咬尾；七禁伏身昂头。第二，龙狮会各种程序大约和会狮略同，但只有行礼参拜，不能握手。其禁忌相同，龙狮会时龙不能将狮子围住，如狮子被围住时就必须向龙尾方向走去寻求脱身，伺机滚地或由龙身较低处跳跃出外而脱困，礼柬则由领队在见面时，预先参礼交换。

⑤舞狮迎宾：舞狮队伍不论有多少头狮子，皆分两队平行站立，一边一队，由鼓点指挥狮子原地舞动为主，在适当情况下还可以进行队形变换表演，如遇剪彩或奠基仪式，狮子应排成一字形或半月形站在嘉宾后高狮舞动，烘托喜庆

场面。

⑥开张志庆：舞狮队伍两边站立，一般开张常设有门青、地青和高青，狮子按采青顺序采青，当狮子采到青时，其他队员齐呼："生意兴隆、开张（开门）大吉！"以此烘托气氛。最后吐青给老板，还可以吐出字幅或砌成字样在地上，如"大吉、大利、发财、发达"等均可。

⑦家居乔迁：在新居内、外摆设青，大多是盆青（内有利是、水果、米、烟、酒、生菜等），按采青顺序舞法采青，最后狮子舔厅房四角，喷酒、喷水或撒米，每喷一处同时诵念有关兴旺发达、出入平安等祝福吉祥词语，向主人递送橘子（念："幸福吉祥、大吉在利"）、柑（念："生活甘甜、甜甜蜜蜜"）、苹果（念："平平安安、频频结果"）、椰子（念："老爷子安康或年轻新人早生贵子"）、米（念："五谷丰收"）、酒（兴旺发达、天长地久）、生菜（生财到手、生意兴隆、生生猛猛）、盆（赚到盆满钵满）。用米、酒或筷子等物砌成吉祥或迎合主人需要的字样。然后狮子向主人行礼三次，退出屋外，礼毕。

⑧贺福贺寿：狮子入屋参拜，如设有青，则按采青程序采青，通常以象征长寿之物如扁柏、榕树叶、龙眼叶、松树枝、对联等为青。狮子向寿星拜礼或送礼物时均用跪步，寿星接受礼物后给狮子和舞狮者派送利是，全体舞狮者高呼："祝寿星福如东海、寿比南山、福寿双全……"狮子拜谢后退出屋外，高举狮子，欢呼跳跃，鸣放鞭炮，渲染祝福热闹的气氛。

⑨迎亲喜闹：迎亲，有的是狮子开路，新郎、伴郎队伍在后；有的是新郎、伴郎在前，狮子压后助庆；狮子闹洞房（设盆青放置在厅或房间里），除按采青顺序采青外，狮子必须舔盆和床，同时念道："早生贵子、百年好合、添丁发财……"达到喜庆、热闹的气氛。

⑩出殡送葬：狮子先向灵堂门口拜礼三次，再向先人参拜三次，后向主人（家属）行礼三次退出。狮子的颜色以白、蓝（沉淡）色为宜，有的还在狮子角上系上黑纱带，舞动时摆动幅度小，轻而沉重，以中、低架和半蹲或跪马步为主的舞法，吻合悲哀、阴沉、敬仰等情景。不高狮、不跳跃、不扬被、不摆尾、不穿彩服、不带彩旗、不摇旗，不舞威猛高兴的动态；鼓点以单和低沉的音律为宜，尽量不敲击鼓边。

⑪狮头换人时进入的规矩：舞南狮时，因体力问题，一出狮剧中途需要换人。换人入狮头时，必须由狮头的左颈项后侧入，等狮头高举时方可进入接替。昔日舞狮闹出踢盘等事者，皆因由正面或右边入夺去狮头，故此这种举动一向被

认为是不尊敬和被当作不速之客来看待。

⑫狮子开光仪式：凡新开设武馆、新购买狮头，必定有开光及点睛的仪式，这种仪式是表示一路顺利吉祥的意思；另一种意思就是新狮子经过开光点睛后，才会有灵气，驱邪、除疾患，趋吉避凶；再有一种意思是新狮子经点睛开光后，不会被人认为是舞盲狮。点睛配备：新毛笔一支、雄鸡一只、朱砂少许；朱砂用水调匀，亦可用雄鸡寇血及白米酒来调朱砂。点睛通常做法是选上一个吉日，请一些德高望重的长者、社会名流来主持。先给狮头扎上红头结，簪上金花，称为簪花挂红。点睛顺序：先用毛笔蘸上雄鸡寇血点狮舌头，再点狮两只牙，意思为有吃有喝；接着用朱砂点狮子左眼而后右眼为合，表示日月光明；点耳朵意为听八方；点狮头额前印堂的星镜，是赋予狮子智慧和力量，能驱邪避恶；最后一笔点狮尾，意为从头到尾灵气全身贯通。在点晴过程中，还可以每点一下，念一词；如一点雄狮风调雨顺，二点雄狮国泰民安，三、四、五点等吉祥词语；点完后敲锣打鼓，鸣放鞭炮，狮子起舞，向主持和长者及观众行礼，仪式完成。

第三节 赛马礼仪

在我国众多的少数民族中，许多民族都有自己传统的赛马节。赛马节或为欢庆丰收，或为男女恋爱，或为展示竞技，或为祭祀天神、怀念先贤，赛马节体现的是一种人与马的和谐，也是一种共享节日祥和气氛的文化活动。

一、赛马的起源

赛马是我国众多民族喜爱的传统体育项目，在内蒙古、新疆、西藏、青海、甘肃、云南、贵州、四川等地区尤为盛行。在素有“马背民族”美称的蒙古族中，爱马和善骑是传统；由于爱马，蒙古草原上还形成了一些关于马的节日，如马奶节、打马鬃节等。赛马是蒙古族在游牧生活中形成的传统体育项目，世代流传至今，在丰美的草原上，每逢喜庆节日，牧民们便举行赛马比赛。

由于各地民族的习俗不同，赛马项目与形式也各有千秋。在我国民族运动会上，马上项目设速度赛马、走马、跑马射击、跑马射箭和跑马拾哈达 5 个项目。按照规定，比赛所用马匹必须是赛前经过调教，在中国出生的非英纯血马和非阿拉伯马。

二、赛马的礼仪文化

①要求运动员必须戴安全帽、穿马靴，服装整洁，不准带马刺。是否带马鞭自便，但马鞭长度不超过 70 厘米（为皮制或纤维制品）。严禁使用任何伤害马体的装备。

②参赛距离 1600 米以下的马匹必须年满 3 周岁，纯血马匹实际年龄应满 2 周岁。参赛距离 1600 米以上、5000 米以下的马匹必须年满 4 周岁。参赛距离 5000 米及以上的参赛马必须年满 5 周岁。

③参赛马匹性别不限，但公马不得扰乱比赛正常进行，否则裁判长有权现场取消其参赛资格。

④参赛马匹必须装钉蹄铁。

⑤参赛马匹必须经过调教，保证不扰乱赛场正常秩序，否则取消该马比赛资格。

⑥参赛马匹必须仪容整洁，严禁鬃尾过长，马体肮脏，浅毛色马及有白章马匹尤需注意，以免影响观瞻。

⑦马匹参赛时，不允许无鞍具骑乘。鞍具包括：鞍、勒、鞍垫、肚带、镫及镫革。鞍勒种类及样式不限。马体佩戴其他装备，如胸带、兜尾、安全肚带（保险带）、低头革及其他饰物自便，以不妨碍马匹视线、呼吸和运动为原则。

⑧严禁虐待马匹，如猛烈或粗暴地使用马刺和水勒。

⑨严禁给明显疲劳的马、跛瘸的马或受伤的马备鞍。

⑩严禁在赛场内、外粗暴地打马。

⑪严禁用刺激仪器或器具，刺激马体任何部位。

⑫严禁不给马饲料、饮水，不调训、活动马匹。

第四节　摔跤礼仪

摔跤作为我国少数民族传统体育运动，历史悠久，民族特色浓郁。民族式摔跤来源于生活，具有鲜明的民族特色和广泛的群众基础，其不仅是我国体育事业的重要组成部分，也是中华民族优秀传统文化的瑰宝。

一、摔跤的起源

摔跤是中国最古老的体育项目之一。根据文字记载和传说，早在四千年前的黄帝时代就有了摔跤活动，当时人们为了生存，在与自然界进行的斗争中，在部落之间的冲突中，利用自己的力量、技巧取得食物和进行自卫，从而产生了古代的摔跤。

古代称摔跤为角力、角抵、相扑、争跤等，清代设有“善扑营”，专门训练青年人摔跤。

中国式摔跤有动作漂亮、技术含量高、点到为止、安全文明等优点，是集礼仪、优雅、对抗性为一体的具有中国民族特色的运动项目。

二、摔跤的礼仪文化

①摔跤规则繁复，而且较之其他运动项目更注重选手间的礼仪。开赛前双方选手要互相致礼，比赛过程中也要严格遵守场上的规则。高手过招点到为止，决不能伤害对方身体。

②力量不等于野蛮，摔跤选手的获胜不单胜在技巧，更要有让对手尊重的职业品质。

③比赛时不得抓对方衣服，不允许进攻对方的下肢，不许使用反关节、窒息动作。

④倒地的选手未必就是输家，进攻猛烈的一方未必就占上风。比赛结束，要相互致意，以示尊重。

第五节　射箭礼仪

中国的射箭历史悠久，早在旧石器时代晚期就发明了弓箭，弓箭一直是人们狩猎和军队打仗的重要武器，随着时代的发展和全民健身意识的提高，民族传统射箭逐渐为大众所熟知和喜爱的一项体育运动。

一、射箭的起源

射箭作为我国传统的体育项目有着悠久的历史，“射”为六艺之一，承载着“礼”的人文教化重任，以达到统治者以“礼”治天下的目的。

新中国成立后，随着全民健身的普及，越来越多的人喜欢上了射箭运动。以蒙古族为代表的北方游牧民族有着射箭的历史传统。元代后蒙古族射箭运动主要以“那达慕”大会为主要载体开展，“那达慕”大会以摔跤、赛马、射箭三项竞技为核心内容，在蒙古族发展的各个历史时期都发挥着重要的功用，并充满活力地传承至今，已经被国务院批准列入第一批国家级非物质文化遗产名录。

二、射箭的礼仪文化

①传统射箭文化的精神内核：立德树人。射箭的发展深受古代社会伦理思想的影响，在周王朝时期，“以天为宗，以德为本”的伦理思想受到统治者的大力推崇，“尊礼”成为一切道德规范的核心，“射”作为六艺之一，自然承载起扬“礼”的人文教化重任。今天的射礼不再是统治者统治的工具，而是升华到一种社会正气，是一种成大事者的根基。

“射者，仁之道”，在中国五千年的历史长河中，弓箭不仅作为武器和礼器在上层社会中占据着重要位置，射也是周礼的一个组成部分，“桑弧蓬矢六，射天地四方”，凡男子必须完成射的教育，不能射是失礼和缺少才能的表现。在当今社会，根据国家大政方针，新时期的教育提出要以德为本，而射箭礼仪自古就具有的文化内涵被时代赋予了新的意义。射礼作为一种具有体育和德育双重功能的礼仪活动，也在客观上对今天的民众起到强健体魄、修养道德的作用。在射礼过程中除了要“进退周还必中礼”，还要“内志正，外体直，然后持弓矢审固，然后可以言中”。由此可见，射箭时一个人的姿态动作和精神状态都需要达到健康积极的心态，才能有精准的表现。

满族是渔猎民族，后来以弓马得天下，因此重视射术，无论男女都会射箭。入关后，清廷把射术上升到祖宗家法的高度，皇室子弟平常都要练习射箭。早期的皇帝，如康熙、乾隆等都是善射之人。对于满人官员来说，射术是日常考核的一部分，满人官员必须习射合格才能得到提拔。

②现代射箭运动也有着一定的礼仪约束：第一，进入射箭场应该注意各项规

定及守则，并保持环境卫生。第二，每一位射手、教练员、裁判员都是朋友，在射箭场上应谦恭有礼，互相尊重。第三，别人的弓、箭和装备，绝对不可以擅自跨越、触摸或动用。第四，练习及比赛中，射手应保持肃静，不可扰乱他人射箭。第五，注意服装仪容整洁，并合乎规定。第六，酒后绝对不准射箭，射箭场内不允许抽烟。第七，比赛进行中关闭手机及随身音响。第八，绝对服从射场指挥、裁判员和教练员的指挥。

第六节　中国象棋礼仪

象棋是我国古代文化的结晶，为我国民间最时尚而普遍流行的娱乐游戏。象棋陶情怡性，久列上品。“棋虽小道，品德最尊。”下象棋是一种高雅的艺术和竞技运动。

一、中国象棋的起源

中国象棋为起源于中国的一种棋戏，属于二人对抗性游戏，在中国有着悠久的历史，是中国棋文化也是中华民族的文化瑰宝。由于用具简单，基本规则简明易懂，趣味性强，成为流行极为广泛的棋艺活动，千百年来长盛不衰。

二、中国象棋的礼仪文化

象棋是我国传统文化的精粹，同时也是非常注重礼仪的一项竞技运动。裁判员与棋手、竞赛组织接触密切，对参赛运动员来说，在遵循比赛规章制度、努力提高自己象棋水平的同时，也要注重礼仪修养。象棋礼仪包括入座、欠身、开赛前握手、正确地按钟、优雅地走子、复盘等。

双方对弈中礼仪包括：对方思考时，不要随意离座、走动、观看他人对局；对弈者如果一方离开座位的话，要先同对方打招呼；对局时，对方因故离席返回座位时，尽可能主动告诉对方棋下到的位置。

再比如，中国象棋“当头炮”也叫“中宫炮”或者“中炮”，是一种象棋开局的走法。通常都有“当头炮，马来跳”的下棋口诀，意思就是对方如果先手炮２平五，打对方的中心卒，就跳两边的马来保护，这是一种应对“当头炮”的有效方式。但是“当头炮”可不能乱走，其关乎中国象棋数千年来形成的下棋礼仪。中国象棋“当头炮”是一种主动进攻的布局，对方要么以炮对炮，要么以马防守，因此有人把“当头炮”都当作是武局，而其他走法，如“仙人指路”等当作文局。武局决生死，文局交流切磋。所以，在日常生活中，和老人或者前辈下棋，通常都是避免先手走“当头炮”，因为在象棋中那是很没有礼貌的行为。

学习中国象棋的礼仪包括：

①习棋先习品。学员要尊师重道、爱护棋具，同学间相互礼让、谦虚待人、以棋会友。

②学棋、练棋要自觉，不需长辈监督；上课需准时，作业要按时、按量、按规范完成。

③上课专心听讲、不做小动作。对老师的“摆棋、跟棋、做题、复盘”等要求要积极。

④做题时必须独立思考。能心算就心算，但遇到难题时也要摆棋演变思考，不得偷懒；书写棋谱记录要规范、整齐。

⑤老师提问时不能跟风回答，自己的想法要有理由支撑。回答问题时养成“先举手，经老师同意后再回答”的良好习惯，不能脱口而出自己的答案甚至大声宣扬。

⑥下棋坐姿要端正，与初相识的对手或比赛选手对弈时应礼貌握手。下棋过程中不能敲棋、玩棋子、棋盒等东西及东张西望，也不能催促对方，更不能说话贬损对手。棋具掉落地上应立刻捡起，对弈结束后规范收拾棋具，摆好桌椅。

⑦练棋时可通过猜先决定先后手，但礼貌上理应让对方选择先后手；另外，对弈结束后再续弈时，赢棋方应主动让对手拿红方，输棋方也应礼貌接受。

⑧遵守棋规，摸子走子、落子无悔；若要摆正棋子，要在摸子前跟对方说“摆棋”。

⑨做一个文明的下棋者和观棋者。看棋时不能说话，更不能给别人支招，做到观棋不语。

思考题

1. 武术礼仪分为哪几项？
2. 如何理解“要习武，先学礼”？
3. 我国民族传统体育项目礼仪是如何体现其文化内涵的？

第六章
CHAPTER 06

体能类快速力量性、速度性、耐力性项目运动员礼仪

竞技体育以其特有的魅力已成为现代世界文化与艺术宝库中的一方瑰宝。竞技体育共有的特征是竞争性、规范性、公平性、公开性、不确定性和娱乐性，体能类项目运动员礼仪是由其项目特征决定的。

第一节　快速力量性项目运动员礼仪

快速力量性运动项目包括投掷、跳跃和举重等，在体育运动中快速力量性运动项目占有相当大的比重。快速力量性运动项目是在各个运动器官缺氧的条件下完成极限强度的非周期性运动，要求选手能够在最短的时间内掷得最远、跳得最高和举得最重，因此，运动员要想取得优异成绩，除了要有良好的身体素质、合理使用专项技术能力外，还必须具备较强的心理素质。

礼仪要求：

快速力量项目对运动员在比赛中的一切言行都有规定。如在田径投掷和跳跃比赛中，当裁判员发出试跳、试投指令后，运动员应该在规定的时间内完成试跳、试投动作，不得故意拖延。运动员在比赛最后一掷一跳完成后，应向观众挥手或鞠躬致意等。

一、举重的起源和运动员礼仪

（一）举重的起源

举重是一项古老的运动。古希腊人用石头来锻炼和测试人们的体力；古罗马人在棍子的两端扎石头锻炼体力，训练士兵；中国的举重活动早在两千多年前的汉代就有记录了（举大刀、石担、石锁等）。

现代举重运动始于18世纪的欧洲，英国伦敦的马戏班常有举重表演。19世纪初，英国成立举重俱乐部。最初杠铃两端是金属球，重量不能调整，比赛以次数决胜负。后来，意大利的阿蒂拉（Luis Atila）将金属球掏空，通过往球内添加铁或铅块调整重量。1910年伯格（Casper Berg）将金属球改成重量不同、大小不一的金属片。1891年在伦敦皮卡迪里广场举行了首届世界举重锦标赛。1896年在雅典举行的第1届现代奥运会上，举重被列为正式比赛项目。

（二）举重运动员礼仪

①充分做好赛前准备，让自己的思想、体能、技战术和心理等方面适应比赛气氛、场地环境和器械等要求，力求在比赛时最大限度地调动身体机能，充分发挥出训练水平。

②按照比赛规定，准备好自己的服装和护具。

③不得服用违禁药品，不弄虚作假，尊重对手，尊重观众，服从裁判。

④上、下场时向观众挥手致意，礼貌对待观众；落落大方，赛出风格和水平。

二、投掷运动员礼仪

①运动员应本着友谊、平等的原则参加体育运动。

②在训练和比赛过程中应遵守职业道德和各级体育组织的规定，不得服用、注射兴奋剂等违规药物。

③运动员要通晓并且自觉遵守竞赛规则，如可以在比赛期间离开比赛区域，但必须由裁判员许可并由裁判陪伴。再如，比赛进行过程中，运动员不能接受协助，除非是经过裁判允许的医疗检查；也不能与赛场外的人交谈或者通讯。

④标枪运动员不能在投掷后转身完全背对他投出的标枪。完成投掷后，链

球、铁饼和铅球运动员必须从投掷圈后面退出。

三、跳跃运动员礼仪

①运动员应本着友谊、平等的原则参加体育运动。

②在训练和比赛过程中应遵守职业道德和各级体育组织的规定，不得服用、注射兴奋剂等违规药物。

③运动员要通晓并且自觉遵守竞赛规则，如运动员在跳远比赛时不能用身体的任何一个部位去触碰起跳线之前的地面，也不能触碰到起跳线与落地区之内的地面，否则就会直接被视为犯规。在起跳的时候，必须要在起跳板的前面进行起跳，如果是在起跳板的两端之外的地方进行起跳，那么不管是不是超过了起跳线都是无效的。在落地的过程中不能触及到落地区之外的地方。

④运动员在进行助跑和跳跃的时候不能采用空翻姿势，任何空翻都不可以。运动员试跳之前要接到裁判员允许才可以进行，无故错过试跳顺序，也被视为犯规。

⑤运动员跳进沙坑，离开沙坑的时候，不能向后走，只能向前或者向沙坑的两侧走，否则被视为成绩无效。在比赛的时候，运动员不能无故拖延比赛时间。

第二节　速度性项目运动员礼仪

速度性项目包括短距离跑、短距离游泳、短距离速滑等，此类项目特征为速度快、距离短、竞争激烈和观赏性较强，要求运动员反应迅速、思维敏捷、行动果断，有顽强的意志品质和高度集中注意力的能力。

礼仪要求：

参加短跑比赛，运动员可以赤脚或穿鞋进行比赛，运动鞋不能有任何助力装置。号码布佩戴于胸前、后背或短裤侧前方，要规整、清晰。

参加游泳比赛，运动员要遵照规则要求，穿游泳衣、戴游泳帽和游泳镜。

参加速滑比赛，运动员要遵照规则要求着装，全连服是帽子、上衣、裤子、袜子、手套连成一体的。安全头盔应符合相关标准，护踝、护腿板等器具都必须符合规定。

在短跑、游泳、速滑等速度性项目比赛开始前，听到介绍自己名字时，运动员要起身向观众举手，或点头示意，表现出良好的精神风貌。

一、短跑起源和运动员礼仪

（一）短跑的起源

短距离跑（简称短跑）是田径运动径赛项目中距离最短、速度最快，人体运动器官和内脏器官在大量缺氧情况下完成的极限强度的周期性运动项目。短跑是一项有着悠久历史的竞赛项目。早在公元前776年举行的第1届古代奥运会上，就设有短跑竞赛项目。当时的比赛规则很简单，不计时间也不排名次，谁第一个到达终点谁就获胜。

1896年，第1届现代奥运会设有男子100米和400米比赛项目，美国运动员布克分别以12秒和54秒2获得两项冠军。前5届奥运会的400米比赛是不分道的，鉴于容易引起犯规的原因，在第5届奥运会的400米决赛中，第一次开始分道比赛。第2届奥运会开始才有男子200米比赛，刚开始是在直道上进行比赛，直到20世纪60年代才被淘汰。女子100米、200米、400米比赛项目分别在1928年第9届、1948年第14届和1964年第18届奥运会上成为正式比赛项目。

在短跑技术中，起跑是重要的组成部分。最初的起跑是运动员出发时用一只手抓住绳子，站着起跑，并利用后蹬巨石的力量冲出起跑线；到18世纪末，运动员是站在起跑点上，由裁判员喊一声“跑”，比赛就算开始；随后，出现了各种起跑方法，如“分手起跑法”“双方同意起跑法”“卧倒起跑法”等。

大约在1887年，美国田径教练玛尔菲受到袋鼠跳跃之前后腿弯曲姿势的启发，发明了“蹲踞式”起跑姿势，并于1888年被大学生西里西首先使用。在1896年第1届现代奥运会上，5名运动员采用了5种起跑方法，美国运动员布克采用的“蹲踞式”起跑技术随后在全世界得以推广。起跑器于1927年开始出现，到1929年，美国选手辛普逊首先使用了可调节的起跑器，并以9.4秒的成绩跑完了100码，但当时起跑器不被允许，所以他的成绩没有被承认为世界纪录。直到1936年第11届奥运会后两年，起跑器才取得“合法”地位。

在短跑技术和成绩的发展过程中，器械、场地的发展变化起到了积极的作用。煤渣跑道的出现、钉鞋的出现、起跑器的使用和塑胶跑道的使用，使短跑技术和成绩产生了飞跃。现代短跑技术更加强调大腿前摆较高，送髋积极，脚掌“扒地”动作轻快柔和，后蹬角度小且蹬伸有力，蹬摆配合协调而富有弹性，摆臂幅度大而向前性好。

（二）短跑运动员礼仪

①运动员要自觉遵守规则，服从裁判，尊重对手，尊重观众。

②在比赛中，运动员要讲究体育道德，不得使用不文明的动作、不文明的语言干扰其他运动员的比赛，或干扰裁判员的工作。

③比赛过程中，运动员不得使用规则不允许的电子设备、电子器材，包括报话机、对讲机、手机、摄像机等。

④比赛过程中，运动员如对裁判员的判罚存在异议，应该通过规则规定的渠道进行反映。

⑤比赛结束后，运动员应向观众挥手或鞠躬致意，和比赛对手握手或通过友好的方式表达敬意。要以恰当的方式向裁判员表示敬意。

⑥比赛结束，运动员要按照规定的路线退场，不要影响或干扰其他场地选手的比赛。

⑦比赛结束后，运动员要按照规定的时间、要求和程序，按时参加颁奖仪式。颁奖中，要积极配合颁奖官员，讲文明、讲礼仪。

二、游泳的起源和运动员礼仪

（一）游泳的起源

游泳，是人在水的浮力作用下向上漂浮，凭借浮力通过肢体有规律的运动，使身体在水中有规律运动的技能。游泳运动可分为竞技游泳和实用游泳，竞技游泳是奥林匹克运动会中的第二大项目，包括蝶泳、仰泳、蛙泳和自由泳四种泳姿的竞速项目，以及花样游泳等。

竞技游泳起源于英国及澳大利亚，后来传入其他国家，19 世纪中期至 20 世纪初，世界各国的游泳竞赛活动普遍开展起来，游泳总会亦相继成立。

（二）游泳运动员礼仪

①遵守赛会规程，认真检查自己的比赛服装和装备。

②出场参赛落落大方，听到介绍及时向观众挥手致意。

③比赛过程中，运动员要遵守比赛规则，不得有干扰其他运动员比赛的行为。

④比赛结束后，运动员应站在各自的位置上，向观众行礼致意。

⑤做到尊重对手、尊重观众、尊重裁判。

⑥无论比赛成绩如何，都要做到礼貌对待新闻媒体采访。

⑦按照规定的时间、要求和程序，按时参加颁奖仪式。颁奖中，要积极配合颁奖官员，讲文明、讲礼仪。

三、速滑的起源和运动员礼仪

（一）速滑的起源

19世纪80年代，加拿大修建室内冰球场，一些速度滑冰爱好者经常到室内冰球场练习。19世纪90年代中期，加拿大的蒙特利尔、魁北克、温尼伯等城市相继出现室内速度滑冰比赛。1905年加拿大首次举行全国短道速滑（Short track speed skating）锦标赛，后逐渐在欧美国家广泛开展。1969年加拿大在第33届国际滑冰联盟代表大会上，向与会代表散发了《短跑道速度滑冰规则》，1975年国际滑冰联盟成立了短跑道速度滑冰技术委员会。1976年首次在美国伊利诺伊州的尚佩恩举行国际短道速滑赛。1981年起举办世界短道速滑锦标赛。

（二）速滑运动员礼仪

①比赛过程中，运动员要高度集中注意力，认真思考与队友之间的战术配合。

②在比赛过程中，运动员可随时超越对手，但不能故意偷跑、滑出跑道、推挤其他运动员。

③比赛终点冲刺时不可有刀尖向上抬起等危险动作。

④放松心态，对比赛中出现的各种意外都要冷静对待，坚持到比赛结束。

⑤如对裁判员的判罚存在异议，应该通过规则规定的渠道进行反映。

第三节 耐力性项目运动员礼仪

耐力性项目包括竞走、中长距离跑、越野滑雪等。耐力性项目具有比赛时间较长、距离较长和竞争激烈的特征，运动员要拥有良好的有氧及有氧和无氧混合的供能能力。因此，要求运动员具有良好的意志品质、耐受能力和高度集中注意力的能力。

礼仪要求：

参加耐力性项目比赛，运动员应严格按照竞赛规则和赛会组委会规定和要求，认真准备参赛事宜，包括参赛服装、装备、器具、号码布等。

参加越野滑雪比赛，运动员比赛前要熟知规则，特别是参加重大国际比赛，不但要熟知参赛的报名、抽签、场地线路设施和比赛日程，还要认真全面地学习国际竞赛规则，尤其要注意参赛项目日程安排；对使用滑行器材和服装的要求及规定（其中包括广告的使用要求等）；在接力、集体出发和追逐比赛项目中有关出发、滑行线路和使用交接棒的方法等；比赛出发前的入口、雪板标记，比赛结束后的器材、运动员号码检验程序等；赛前血检和赛后兴奋剂检测的有关程序和要求。

一、竞走起源和运动员礼仪

（一）竞走的起源

竞走起源于英国，1867 年，英国举行了第一次竞走锦标赛。到了 19 世纪 90 年代，这项运动在德国盛行起来。1893 年举行的维也纳到柏林的竞走比赛，全程长达 578 公里。1908 年，奥运会正式将竞走列为比赛项目。当时的距离是 3500 米和 10 英里。此后几届奥运会比赛距离有所不同，有过 3000 米、10 公里等，从 1956 年奥运会起定为 20 公里（1956 年列入）、50 公里（1932 年列入）。

竞走，是在日常行走的基础上发展而出来的运动，规则规定支撑腿必须伸直，从单脚支撑过渡到双脚支撑，在摆动腿的脚跟接触地面前，后蹬腿的脚尖不得离开地面，以确保没有出现“腾空”的现象，而这也是竞走与跑步的主要分别。

（二）竞走运动员礼仪

①在比赛中，运动员要牢记技术动作要领，自觉遵守比赛规定，维护比赛秩序。

②运动员要充分尊重裁判员，如被取消比赛资格，应立即离开比赛路线。

二、越野滑雪起源和运动员礼仪

（一）越野滑雪的起源

越野滑雪，是借助滑雪用具，运用登山、滑降、转弯、滑行等基本技术，滑行于山丘雪原的运动项目。其起源于北欧，又称北欧滑雪，是世界运动史上最古老的运动项目之一。

最初，滑雪只有一种方式，采用传统的滑雪技术。大约 30 年前，出现了一种新型的采用滑冰技术的越野滑雪，即自由式滑雪技术。

19 世纪 50 年代，当使用两根滑雪杆的传统滑雪方式真正确立后，随着顶尖选手成绩的突飞猛进，这项运动比其他耐力训练（如跑步或游泳）得到了更快的发展。在 19 世纪 60 年代，出现了专门铺设滑道的机器。此前，一直由军队负责为比赛压实和准备赛道。因为只有两条准备好的沟槽可供滑雪，滑雪选手只能保证两条腿平行，两条腿轮流推动，其他什么也做不了。不过，就在此时，芬兰的一个警察泡利斯通开始试验只留一条腿在沟槽中，另一条腿用于推动。然而，一条腿很快会疲劳，不得不换腿。这种方法称为“斯通步”或“半滑冰”。使用新型的铺设滑雪道的机器压实滑道后，滑雪者开始在这样的滑道上试验这些新技术时，他们发现，两条腿轮流推动可以前进得更快，最多可以快 10%，于是产生了滑冰式滑雪运动。

（二）越野滑雪运动员礼仪

①竞赛规则是越野滑雪运动员参加比赛所必须遵守的法定要求。

②做好赛前准备工作。熟悉相关信息，包括：比赛开始的时间；比赛顺序和日程安排；比赛场地的气候条件、风向、日照情况、气温和空气湿度等；全程线路状况、雪质和海拔高度；下坡可能产生的危险地段和弯道。此外，运动员应适应比赛场地，包括滑行线路、线路标牌、场地风向、日照等情况；训练危险的下坡和弯道；练习通过特别陡的上坡方法；选择各个地段最有效的滑行技术运用；试用雪板和雪蜡等。

思考题

1. 举重运动员礼仪对促进举重运动发展有何作用？
2. 熟知速度性项目礼仪规范。
3. 游泳运动员应该遵守哪些礼仪？

第七章 CHAPTER 07 技能类难美性、准确性项目运动员礼仪

难和美在竞技体育中有特殊的表现，也是竞技体育的魅力所在；没有了难和美，竞技体育就失去了发展动力，魅力就无从谈起。难和美有着辩证的关联，竞技体育的“难”造就了运动员顽强的意志品质，从而影响了其精神美和心灵美；竞技体育的美还表现为体型美、姿态美、技术美、战术美和风格美等。

竞技体育又是讲究科学、讲究效率、讲究方法的，其中准确性是评价运动员运动技术动作质量和效果的重要因素之一，例如，我们熟悉的射击、射箭、弓弩等，除了准确性，协调性、力量性、经济性和柔韧性，也是评价运动员运动技术动作的因素。

难美性运动包括体操、健美操、体育舞蹈等多个项目，其共同的外在表现特征为：难度动作、艺术表现和成套创编，这对运动员的柔韧性、协调性和艺术修养是一个极大挑战，要求运动员具有较高的稳定性、自我控制力和表演发挥的能力。

第一节　难美性项目运动员礼仪

礼仪要求：

在体操比赛中，女运动员应穿紧身连体服装；在鞍马、吊环、双杠、单杠 4 项比赛中，男运动员应穿背心、长体操裤、体操鞋（或袜子）。教练员或保护人员应穿长袖运动服和体操鞋。女运动员适当化妆，并将头发定型或扎起束于脑

后。男女运动员比赛时不可佩戴首饰及手表，可以缠绷带、戴护掌等符合规则规定的比赛护具。比赛开始前，裁判员要认真检查比赛设施，确保比赛正常、安全地进行。介绍运动员时，运动员应该向观众挥手示意；上场比赛时，运动员应向裁判员举手示意。

健美操各个年龄段表演者出场，发型应有所不同。青年健美操表演者发型以跳动型为主，显出自然和活泼。男子表演者以竖直短发型为主；女子表演者或高扎“马尾辫”或“高盘发”，运动起来不碍事。在后脑勺梳一个光溜的马尾，高度最好在双耳上尖连线与头正中的交叉点上。将马尾分成四缕，然后左右各两缕交叉编结，编成四股辫，绑至发尾固定。在发际线稍靠前的位置戴上发箍，或用素雅的绸带装饰，可以凸显运动者的青春活力，给人一种朝气蓬勃、奋发向上的青春风貌。少儿健美操表演者，头上可扎“羊角辫”或“高盘鬏”，并用彩色绸带装饰，则更显活泼可爱。中老年健美操表演者，发型要短而向上，露出脖颈，则更显精神。

体育舞蹈对着装有严格要求。如果是家里举办的小型生日派对等活动，要选择与舞会氛围协调一致的服装，女士最好穿便于舞动的裙装或穿旗袍，搭配色彩协调的高跟皮鞋。如果是大型正规的舞会，或者有外宾参加，请柬会注明：请穿礼服。女士在正式的场合要穿晚礼服，也可以穿旗袍改良的晚礼服，既有中国的民族特色，又端庄典雅，适合中国女性的气质。

棋类运动，如围棋、国际象棋等，在世界都具有较高知名度，也是我国目前列入体育运动项目的几种棋类，它们具有一个共同的特点，即严谨性和公平性。棋类运动是高度的脑力劳动，一盘棋所呈现出来的竞技状态及此项运动本身的魅力，就在于它的构思严谨，以及变化无穷。此外，棋类运动又有着较高的礼仪要求，在长期的发展中形成了完备的对弈规则体系。弈前、入座、落子，以及对局结束各个环节，对运动员都有严格的礼仪规定，所谓“棋虽小道，品德最尊”。

高尔夫球更是一项高贵优雅的绅士运动，对运动员的着装、言语、行为都有严格的要求。因此，讲究礼仪是高尔夫球的一大特点。

一、体操的起源和运动员礼仪

（一）体操的起源

广义的“体操”是对所有体操项目的总称。现代奥运会体操项目设有竞技体操、艺术体操和蹦床 3 个大项，除此以外还有竞技健美操、技巧运动等非奥运会项目。

狭义的体操是“竞技体操”，它是体操的一个分支，简称为体操，是一项在规定的器械上，完成复杂、协调的动作，并根据动作的分值或动作的难度、编排与完成情况等给予评分的运动。

现代体操运动传入中国是在 1840 年鸦片战争以后，当时中国的体操运动十分落后，没有群众性的体操活动。晚清末年，在“洋学堂”中，在维新派改革发展的学校及民国时期资产阶级改革的教育课程标准中设立有体操课，可以说是今天体育课的前身。但是，几十年间只在 1924 年第 3 届全运会上举行过一次项目不全的全国性体操表演。体操成为专门的体育比赛活动，特别是成为竞技性体操，经历了一段发展与完善的过程。以奥运会体操比赛记载为例，1896 年第 1 届雅典奥运会，设立了鞍马、吊环、跳马、双杠和单杠项目，还有爬绳，但没有自由体操项目，也只有男子体操比赛。

（二）体操运动员礼仪

①比赛没有正式开始前，运动员们在各个项目上做赛前练习，时间是每个人 30 秒（双杠和高低杠准备活动时间为每人 50 秒）。每个队有 5 个人，共 2 分 30 秒。

②比赛开始后，项目裁判长高举绿旗或打开绿灯，这是给准备比赛的运动员一个信号。如果信号发出后 30 秒钟，运动员还未上器械，就算弃权，判为 0 分。

③运动员上器械前，要面向裁判长举起右手示意，这既是对裁判的尊重，也是提醒裁判员注意：我要开始做动作了。

④当运动员完成一套动作之后，也要向裁判长立正、示意，表示动作完毕。

⑤如果一个队 5 名运动员都比赛完毕，那么在器械上就要挂上一面红旗或打开红灯，这标志着该项目比赛已经完毕。若所有的项目都挂出红旗或打开红灯，广播员就会通知运动员轮换项目。如此循环，直至 6 个项目比赛全部结束。

⑥国际体操评分规则规定，在所有团体比赛中，运动员要穿统一的服装，服装上必须有国家或协会标志、徽章，要佩戴比赛号码。

⑦比赛结束，运动员要按照规定的路线退场，不要影响或干扰其他场地选手的比赛。

⑧比赛结束后，运动员要按照规定的时间、要求和程序，按时参加颁奖仪

式。颁奖中，要积极配合颁奖官员，讲文明、讲礼仪。

二、健美操的起源和运动员礼仪

（一）健美操的起源

健美操的起源可追溯到两千多年前，古希腊人对人体美的崇尚举世闻名。他们认为在世界万物之中，只有人体的健美才是最匀称、最和谐、最庄重、最有生气和最完美的。古希腊人喜爱采用跑跳、投掷、柔软体操和健美舞蹈等各种体育项目进行人体美的锻炼，提出了“体操锻炼身体，音乐陶冶精神”的主张。

健美操的英文原名为 Aerobics，意为有氧运动、有氧健美操。有氧健美操早在 19 世纪末、20 世纪初就已经由肯尼斯·古柏博士在美国推广了。有氧健美操最初只是强调有氧运动的重要性，同时把训练心肺功能当作主要目的。刚开始的时候只是有氧的跑步健身，随着时间的推进，有氧运动逐渐发展，直至 20 世纪 70 年代末，有氧健美操受到大众的广泛欢迎。到了 20 世纪 80 年代初，在健身热的影响下，健美操已遍布全世界，风靡全球。其中，对世界健美操影响最大的国家就是美国，作为主要代表人物的美国影视明星简·方达，撰写了《简·方达健美术》一书，该书出版于 1981 年，书中所讲都是其自身的健美体会与经验，以其自身的经历、体验为例向大家说明，该书引起全球的轰动，得到大众的关注，使健美操在全世界范围内得到推广。

（二）健美操运动员礼仪

①运动员在听到裁判员的进场通知后，应该注意力集中，精神饱满，面带笑容，整齐入场。

②在集体项目比赛中，当出现动作失误时，运动员应保持良好心态继续完成比赛。比赛结束后，应给予队员安慰和鼓励。

③比赛中，运动员听从裁判员号令，服从裁判员判决。当出现误判、错判时，运动员要保持冷静，按照程序提出申诉。

三、围棋的起源和运动员礼仪

（一）围棋的起源

围棋，一种策略性两人棋类游戏；中国古时称“弈”，西方名称“Go”，流行于东亚国家（中、日、韩、朝），属琴棋书画四艺之一。围棋起源于中国，传为帝尧所作，春秋战国时期即有记载。隋唐时经朝鲜传入日本，流传到欧美各国。围棋蕴含着中华文化的丰富内涵，是中国文化与文明的体现。

（二）围棋运动员礼仪

①守礼：双方遵守礼节乃互相尊重之表示，使对局气氛和谐优雅，提高棋士气质与修养。

②仪态：对局时应凝神端坐，不偏不倚，全神贯注，决定着点后，方可取子着下，不得预抓一把棋子握于掌中，甚至反复左右换手。

③风度：取子、着子、提子之动作，应缓急适度而有优雅之韵律感。不得妨碍对方视线或干扰对方思考，保持宁静。离座应征得裁判或对方同意。

④置子：对局中除棋枰上有活子死子，棋盒中有剩子外，其他任何处所不得有棋子。

⑤填满：实行填满计点规则时，双方应严格遵守相关规定，以达到计算绝对无误。

⑥查子：对局开始前，双方必先检查棋盒中所置棋子是否齐全，如有缺少，补足后对局。

⑦收子：填满计点完毕后，应各自将棋子收回棋盒中，证明填满计点时，所填子数各为180颗，胜负点数始可确认。

⑧虚手：国际棋赛日增，言语不通已为常事，围棋俗称手谈，无须对话。无权争点或无点可争之单方虚手应放一子于棋枰外侧右下方，表示虚手。

⑨认输：对局中途一方因目数明显不够，经再三研究，绝无反败为胜的机会，应放两子于棋枰外侧右下方表示认输，着手终止前对方不计胜。

⑩对局前下手应主动整理棋具。在日本的大比赛，甚至挑战赛前，晚辈、下手方和挑战者都主动用白布擦拭棋盘，以示敬意和学习的态度。

⑪猜先礼仪。对局前猜先时，下手方应请上手方抓白子，自己则取1枚（或

者 2 枚）黑子放在棋盘中以示猜单或双，猜中执黑棋，猜错则执白棋；比赛时的猜先，应由卫冕者、高段者、年长者来抓子。

⑫黑方的第一手应该下在右上角，称为“敬手”。此礼仪来源于日本，黑棋的第一手棋如果是占角的话，则应下在右上角，把距离对方右手近的左上角让给对方，方便了对方，表示对对方的尊敬。

⑬对局前双方应握手，或点头致意，以表尊重。如果是网络对弈时，可选用“很高兴认识您，请多多指教”等礼貌用语。

⑭对局结束时，下手方要说“多谢指导”，并主动整理好棋具。网络对弈可说：“谢谢指教，您下得很好，欣赏了一盘好棋”等礼貌用语。

（三）学习围棋的礼仪要求

①静坐：端正地坐在座位上，双手扶腰轻轻揉，帮助腰背放松并挺直；保持端正坐好，双手朝下平放在膝盖上；轻轻闭上眼睛和嘴唇，用鼻子轻轻吸气，慢慢呼出，保持微笑。

②鞠躬：在对方面前 2~3 米的地方立正站好，面带微笑，注视对方；以腰部为轴，上身前倾约 30°，随着上身下弯呼气，头也随着低下去约 45°，眼睛看着地面心里默念“1、2、3”；念完数字，一边吸气一边慢慢直腰、抬头，恢复身体站立姿式。

鞠躬礼这样用：见到老师，鞠躬问好；上课前，全体起立，师生互相行鞠躬礼；得到别人的帮助行鞠躬礼表示感谢；犯了错误，行鞠躬礼同时说声“对不起”，表示道歉，并努力改正；领奖时，要向颁奖者及全体人员鞠躬行礼。

鞠躬礼要注意：行礼时要脱掉帽子；行礼时手不能放在口袋里；行鞠躬礼一次就可以了，不能连续、重复地行鞠躬礼。

③欠身礼：欠身的礼节自古至今一直在使用，是通过降低自己的体位来表示对他人恭敬的礼节。端坐在座位上，上身自然挺直，双手放在膝盖上，面带微笑注视对方；以腰为轴，上身前倾 15°；慢慢直起腰，还原成端坐的姿式。

欠身礼这样用：对弈前，向对方行欠身礼并说“请多指教”；对弈结束，向对方行欠身礼并说“谢谢”。

④正确的坐姿：轻轻地坐下，身体要坐满椅子的三分之二；上身挺直，双膝自然并拢，两脚自然着地，两手自然放在膝盖上。女生穿裙子时，膝盖要并拢；思考时，双手放在膝盖；下棋时，一只手下棋，另一只手仍然放在膝盖上。

⑤入座礼仪：轻轻地把座椅向后拉开；从座椅的左侧进入；身体在桌子和座椅之间站直；轻轻地坐下，身体要坐满椅子的三分之二；起身离座时要从座椅的左侧离开，动作要轻缓，不要弄响座椅。

应该这样入座：放置黑棋的一方称为“下座”，放置白棋的一方称为“上座”，入座时“上座”应留给老师或年长者；与老师、比自己年长者或与女孩对局时，应主动帮他们拉开椅子并协助他们先坐下，然后自己再入座；女孩子入座时应注意姿态端正并整理裙装；对局期间如要离开座位，应该先向对方说明原因，然后再起身离开；对局结束后，应等年长者先离座后再起身离座。

⑥优雅落子：使用食指和中指指尖夹住棋子（食指在下），在棋盘上方垂直落在棋盘交点上，落子无悔，不能移动。

⑦对局前礼仪：入座时让年长者坐在上座（放置白棋一方），幼者要替年长者拉开座椅；坐在下座（放置黑棋一方）的初学者应该主动用白布擦拭棋盘，表示尊重和学习的态度；对局双方如不认识，坐在下座的初学者应主动先作自我介绍；坐在下座的初学者主动行欠身礼并说“请多指教”。

⑧猜先礼仪：坐在上座的初学者抓取少量白棋，用手握住放在棋盘中央；坐在下座的初学者取出 1 子（猜单数）或 2 子（猜双数），整齐地放在棋盘中间；坐在上座的初学者打开手掌，将白子每两颗排成一列，最后如剩下一子则代表单数，否则为双数；猜对一方可选择执黑先下或执白后下，如需调换棋盒，应双手捧棋盒互相交换。

四、国际象棋的起源和运动员礼仪

（一）国际象棋的起源

国际象棋又称西洋棋，是一种二人对弈的棋类游戏。国际象棋是世界上一个古老的棋种。据现有史料记载，国际象棋的发展历史已将近两千年。关于它的起源有多种不同的说法，诸如起源于古印度、中国、阿拉伯国家等。

（二）国际象棋运动员礼仪

①尊重对手。国际象棋是一项高雅的运动项目。对弈前双方棋手摆好棋具，握手或点头致意，互道“向您学习”“请多指教”。比赛开始，由黑方开动棋钟，然后白方行棋。

②认真仔细。专心下好每一步棋，这既是对对手的尊重，也是对自己的尊重。平时训练时以互相切磋、共同进步为主要目标，尽量减少争执，不必斤斤计较。

③保持安静。静下心来，思维才能敏捷而周密。不得干扰对手思考，对手行棋速度较慢时不得催促，行棋时轻拿轻放，不可摔砸棋子，这是对他人最基本的尊重。遇到有争议的着法应及时告知教练或者裁判员，不应与对手私下争论，以免扰乱赛场秩序，影响周围棋手。

④遵守规则。严格执行“摸子走子、落子无悔”等行棋规则，养成良好的对弈习惯。如果需要调整棋子的位置，在轮到自己走棋时，说“扶正”或“摆棋”（最好不要在对方走棋时摆正棋子，以免影响对手），向对方示意后再动棋子。

⑤正确对待输赢。一盘棋下完后，不论输赢都应保持君子风度。不能因为输棋而生气，甚至有过激行为。赢棋者不可得意忘形，甚至说话讥讽对手。一方在认输时应主动与对手握手致意，胜方应礼貌回应，双方共同整理好棋具。

⑥对弈之前，双方摆好棋具，握手或点头致意，这是对对手最基本的礼貌。

五、瑜伽的起源和运动员礼仪

（一）瑜伽的起源

瑜伽是一个汉语词汇，最早是从印度梵语“yug”或“yuj”而来，其含意为“一致”“结合”或“和谐”。瑜伽源于古印度，是古印度六大哲学派别中的一系，探寻“梵我合一”的道理与方法。而现代人所称的瑜伽则主要是一系列的修身养心方法。

大约在公元前300年，印度的大圣哲瑜伽之祖帕坦伽利创作了《瑜伽经》，印度瑜伽在其基础上才真正成形，瑜伽行法被正式定为完整的八支体系。瑜伽是一个通过提升意识，帮助人类充分发挥潜能的体系。

瑜伽姿势运用古老而易于掌握的技巧，改善人们生理、心理、情感和精神方面的能力，是一种身体、心灵与精神达到和谐统一的运动方式，包括调身的体位法、调息的呼吸法、调心的冥想法等，以达至身心的合一。

瑜伽分为两大类：一个是古典瑜伽，一个是现代瑜伽，现在还包括了正位瑜伽。

（二）瑜伽运动员礼仪

①时间礼节。当你在上课前 10~15 分钟到达时，实际上会显示出良好的瑜伽礼仪。

②鞋礼仪。正常情况下，在前门附近有指定的地方，在上课时要脱下鞋子。瑜伽是赤脚练习。

③手机礼仪。如果你的头脑想知道谁在课堂上给你打电话或给你发消息，那么你很难集中精神。避免这种情况的最简单的方法就是在课堂上关闭它。它会释放你的头脑专注于你面前的课程。

④垫子礼节。瑜伽垫对于良好的练习是必不可少的。请务必定期清洁自己的垫子。如果正在使用工作室垫子，请务必在上课后将其擦干净并放在需要的地方。当你在房间里走动时，不要踩在别人的垫子上，因为这是他们的空间。

⑤空间礼仪。瑜伽馆的设计通常会让所有的参与者都有足够的空间进入他们的姿势，而不会侵犯他人的区域。为更多的人提供足够的空间，因为他们需要它。

⑥噪声礼仪。当你进入课堂时，应把噪声水平降到最低。聊天和随意移动对于那些已经在那里的人是不尊重的。一些姿势是困难的，可以引起叹息或低声的呻吟，但哼哼或痛苦地呻吟大喊是没有必要的。如果你有那么多的痛苦，这是你的身体告诉你要退缩或调整你的姿势。

⑦个人礼节。练习瑜伽时，你处在与他人非常接近的空间里。气味（好与坏）很容易快速传播。任何类型的强烈气味都会让班上其他人分心。一定要去除任何与你的身体相关的强烈气味，无论是汗水还是香水。清洁脚也是一件好事。

⑧礼服礼仪。在课堂上表现出的尊重涉及适当的穿着。当你穿着可以让你完成姿势而不必担心调整衣服时，会显示出良好的瑜伽礼仪。

⑨老师礼节。瑜伽教练已经花了很多时间来完善他们的练习，以便他们可以与你分享他们的知识。他们的技艺非常熟练。尊重他们的知识是良好的瑜伽礼仪，应按照他们设计的方式进行课堂练习。

六、高尔夫球的起源和运动员礼仪

（一）高尔夫球的起源

高尔夫球的起源有苏格兰说、荷兰说，还有中国的“捶丸”说等，但多数人认为高尔夫球起源于苏格兰。

“高尔夫”是英语“golf”的译音。在英语中“golf”一词是由“绿（green）”“氧气（oxygen）”“阳光（light）”和“友谊（friendship）”这四个单词的打头字母组成。

传说在很久以前，苏格兰牧羊人偶然用牧羊棍的把手将一颗圆石子击入兔子洞中，由此得到启发，发明了高尔夫球。据考证，“高尔夫”最早出现在 1457 年的苏格兰议会文件中，当时高尔夫球盛行，将许多年轻人从射箭运动吸引了过来，因此政府下令禁止。

早在苏格兰打高尔夫球之前，中国和古罗马都曾流行过类似高尔夫球的以杆击球的游戏。公元前二三百年时，中国有种被称为“捶丸”的游戏，而公元前 27 年至公元 395 年的古罗马有一种以木杆击打羽毛充塞而制成的球的游戏。

高尔夫球运动员礼仪

（二）高尔夫球运动员礼仪

①开球时间切勿迟到。遵守开赛时间是打高尔夫球的先决条件，迟到 5 分钟以内，必须在第一洞加罚 2 杆，但若对其他同伴造成困扰，便自动失去参赛资格。最好在赛前 1 小时到达，保证有充裕的时间练习。

②确认球上的号码或标记。球赛时无法回答自己所使用的球的品牌，将被视为遗失球加罚 1 杆；若打到别人的球，会被判为错误球加罚 2 杆。打出第一杆球之前必须先确认自己球上的标志。

③发球区必须遵守的事项。高尔夫球需要注意力相当集中，别人在准备挥杆时，除了球员外，其他人不得进入发球区内。不可站在挥杆者的正后方。球员挥杆时，不得在一旁喧哗或到处走动。

④击球前请勿必确认前方的安全。高尔夫球质硬，易伤人，打球时安全为重，切勿打到前组人员。球场拥挤时，一定要等候服务人员表示“OK”的指示后再挥杆，千万不能抱有侥幸心理。

⑤谨记快打、快走原则。高尔夫球是四人一组的比赛，一人出现问题就会影响到同伴，并对后组人员造成不便。要多带几支球杆以备球打到树林中；延迟时应设法用小跑步或快走的方式弥补。此外，找球时间以 5 分钟为限，否则应让后组人员先通过。

⑥果岭上需遵守的事项。穿钉鞋在草地上拖行容易造成果岭伤痕累累。进洞之前处理草皮算犯规，应该在该洞结束后将被破坏的草皮恢复原状。若有同伴准备挥杆时不得站在推杆线上，不得到处走动及在一旁喧哗。

⑦进洞后，应立即离开果岭。当全组人员进洞后，将旗杆插直后迅速离开果岭，并举手向后组人员示意，避免对后组人员造成困扰。

⑧会员制俱乐部要求球员上身穿有领、带袖子的 T 恤，不允许穿圆领汗衫、吊带背心、牛仔系列服装、超短裙、短裤等过于休闲的服装。为了保护草坪，在球场上只能穿特制的胶钉球鞋；严禁球员、观众等穿高跟鞋进入球场。

⑨不要对着有人的地方击球或练习空挥杆，这样不礼貌、不安全。练习场内，在打位和休息区之间有黄线标示，请非打球人员远离黄线，切勿奔走或靠近黄线区域，避免产生危险。

⑩在练习场时最好戴上防滑手套，避免产生球杆滑落而造成危险。初次体验高尔夫球者，应聘请驻场教练人员指导或由有经验的球友带领，避免身体受伤。

⑪在场上讲话时必须压低嗓音。即使你的同组球员不介意，也要照顾附近其他组打球的客人。切忌在球场上跑动以引起其他球员分心和烦躁，还会损害草皮。必要时应尽量轻步快走。记住每次击球之前只做一次挥杆练习，然后马上击球。

⑫练习果岭对于练习场和球友来说非常珍贵。初次来到球场的朋友，看到地

毯一样的草坪非常兴奋，在上面跑动、蹦跳、躺卧等，这样对草地伤害很大。

⑬走向果岭时，观察好下一洞发球台方位，然后将球杆摆放（或球车停放）在果岭距离下一发球台较近的一侧，这样打完该洞后可以少走弯路，既节省体力又不会耽误时间。

⑭大部分练习场都没有练习果岭、练习沙坑，如需要使用可询问场地管理人员，但必需穿着规定的高尔夫球鞋方可上果岭。始终检查你的标记和球号，避免比赛期间发生混乱。

⑮不要带宠物进入练习场。除饮料外，如需要用餐请到练习场餐厅用餐。

⑯任何时候都要服从俱乐部出发台的安排，如果有意见可以通过正当途径向俱乐部投诉，任何时候都不能干扰俱乐部的管理和其他会员的打球次序。

⑰球场上关闭移动电话。若在其他球员挥杆时你的手机铃声大作，是十分失礼的行为。

⑱会所都设有更衣室和更衣柜，即便只是换双鞋也请到更衣室。球员在停车场、会所大堂、出发站甚至是一号发球台当众换鞋脱袜是不礼貌的。

⑲高尔夫球运动一般情况下没有裁判员，诚实自律是对球员修养和人品的起码要求，绝不亚于杆数。

⑳严禁在球场乱扔烟蒂和垃圾及随地吐痰等严重破坏高尔夫球场环境的行为。

㉑如果没有规则要求，应让准备好的球员先打，有助于加快打球速度。但击球之前必须确定同组所有人都知道你将要击球，同时你也要知晓其他人当时所在的位置，避免球击到在场的任何人，避免和同组球友同时挥杆。

㉒如果前面没有其他组球员打球，更应注意自己的打球速度。如确实无法加快速度，应礼让其他组球员先行通过。得到先行通过准许后，后组球员应表示感谢并尽快完成击球。

㉓无论球技好坏，“快走慢打”要时刻记住。球打出后紧走两步，所有人都会很感激你。

㉔假如你每次前往俱乐部都有司机或其他工作人员跟随，请提前关照随行人员遵守俱乐部规章。多数球会有专门的区域供司机休息和用餐。此外，若你需要随行人员陪你一起下场，即使不打球，他们也必须按照俱乐部的规定着装。

第二节 准确性项目运动员礼仪

准确性项目包括射击、射箭等，这些是属于高精度、柔和用力的静力性、准确性运动项目，对人视觉的极限是一种极大挑战，要求运动员具有较好的心理素质、自我控制力、克服焦虑情绪和稳定发挥的能力。

礼仪要求：

射击运动员必须遵照相关规定进行着装。如步枪项目的运动员穿射击上衣、射击裤、射击鞋，戴射击帽、射击眼镜、射击手套，使用耳套或耳塞，束射击皮带，佩戴好号码布。在比赛开始前，听到介绍自己名字时，应举手向裁判员和观众示意。

射箭运动员在比赛前要穿运动服、运动鞋，可戴遮阳帽；准备好包括弓、箭、箭筒、瞄准器等在内的装备。准备好相应的护具，如持弓手护指套、护臂、护胸衣和射箭眼镜等。佩戴好号码牌，直到比赛结束。听到介绍自己名字时，应向观众挥手示意。

一、射击的起源和运动员礼仪

（一）射击的起源

射击运动起源于狩猎和军事活动。15 世纪，瑞士就曾经举办过火绳枪射击比赛。500 多年前，斯堪的纳维亚半岛就兴起了跑鹿射击游戏活动。1896 年第 1 届现代奥林匹克运动会之前，欧洲不少国家已经成立了射击协会等组织，并相继举行过射击比赛。1897 年举行了首届世界射击锦标赛。

射击项目是 1896 年首届现代奥运会 9 个大项之一。除了 1904 年第 3 届和 1928 年第 8 届奥运会外，射击在其余各届奥运会中都是正式比赛项目。

（二）射击运动员礼仪

①比赛期间，运动员在每次放下枪支之前，都必须退出枪膛内的子弹或弹夹；在气枪放下之前都必须打开闭锁装置，保证枪支处于安全状态。

②比赛中，未经裁判员允许，运动员的枪支不可携离射击位置。

③当运动员射完最后一发子弹，离开射击位置之前，必须报请裁判员检查枪

支和弹夹，以确保安全。

二、射箭的起源和运动员礼仪

（一）射箭的起源

射箭是人类历史上一个很古老的运动，所谓射箭（Archery），就是借助弓的弹力将箭射出，在一定的距离内，比赛看谁准确性高的一种体育运动。早在一万年前的中古石器时代，人类就发明了弓箭用来狩猎和捕鱼，后来演变成战争的武器之一，使用了很长的一段时间；而现代的弓箭则被当成一种体育项目而保存。

弓箭记录了历史、文化。最早出现的弓，记录在西班牙美索利西克洞穴的壁画上，直到公元3世纪，箭术才发展健全，英国是领导箭术风行的国家。

1676年英国皇家箭术社成为苏格兰王的御用箭队。英国举办了第1届射箭锦标赛并成立了全国射箭协会。之后，以英、法两国为主，成立了国际射箭联合会（FITA），并于波兰的里沃夫举行了第1届世界射箭锦标赛。1900年射箭被列入奥运会的比赛项目。

（二）射箭运动员礼仪

①使用射箭器材前应认真阅读说明书，要在遵守规则的前提下正确使用。

②在射箭时，选手必须要配戴护指、护臂、护胸等护具。

③放箭时不得对着人、门窗、动物等。未成年人要在家长的监护下使用弓箭。

④使用反曲弓等射箭器材之前，一定确保所有部件均已安装妥当、牢固，否则容易造成人员、弓具的安全隐患。

⑤切忌持弓嬉戏、打闹，射箭时也要到无人、没有视线遮挡的地方。

⑥上弓时要用上弓绳，尽量不要用腿式上弓法，那样会使弓片扭曲。

⑦严禁不搭箭空放弓弦，空放会导致弓片损坏，搭箭时也要检查箭尾是否卡好在弦上，否则也容易造成空放。

⑧不能用其他的物品来代替箭进行射击，因为射箭是一定要卡在箭尾处的，其他物品在未经测试的情况下随意使用，会对弓造成损伤。

⑨无论选择用什么型号、什么尺寸、什么牌子或什么类型的箭，在每次射箭前都必须检查每支箭的箭杆、箭头、箭尾，如果有掉落的、松动的，就要做适当

的维护，不能等射完再修，那样会使损伤的箭更为严重。在箭的损伤上，箭杆是最重要的，如果箭杆头尾部有损坏，还可以截箭处理，如果中部裂了，就一定不要用了，否则很不安全。

⑩射击时，不要掉以轻心。操作和射箭时要带上安全眼镜。用刀片式箭头时注意要绕过弓弦和弓缆。割断弓弦和弓缆会对弓造成极其严重的损害，而且也有可能伤到射手或他人。不要超过弓的峰值拉力。

思考题

1. 如何理解难美性、准确性项目礼仪规范？
2. 强化礼仪规范对难美性项目普及与发展有何影响？
3. 学习高尔夫球运动员礼仪，你有哪些启示？

第八章
CHAPTER 08

技能类隔网对抗性、同场对抗性项目运动员礼仪

对抗，是竞技体育最显著的特征，也是竞技体育充满魅力的根本原因所在。对抗在竞技体育中表现为体力对抗、智力对抗、心理对抗、技能对抗等方面的潜力；如果进一步深究，竞技体育中的对抗，还是一个国家和民族的文化礼仪、经济实力和科技发展水平的具体反映。通过竞技体育中的对抗，人们发现自我、完善自我，对运动员如此，对国家和民族，亦是如此。

同场对抗性项目包括足球、篮球等，其项目特点为身体接触多、身体对抗性强、比赛激烈程度高，加之裁判员、观众、队员之间及其他多种因素的影响，该项群运动员的情绪易受波动，一些失礼、无礼的言语和肢体动作可能会在赛场上出现。礼仪之美生于心，表于形。越是激烈的竞赛，越要求运动员的内在情操与外在形式必须达到和谐统一，这样礼仪便有了温度和表情，也有了美感。

第一节　隔网对抗性项目运动员礼仪

隔网对抗性项目包括排球、乒乓球、羽毛球、网球等，其项目特点是具有高度的技巧性、灵活的思维性、技术的全面性、激烈的对抗性和攻防的两重性等。

礼仪要求：

参加排球比赛前，运动员应该严格按照竞赛规则和赛会组委会规定，认真准备各项参赛事宜，包括参赛服装、护腕、护膝、胶带等。

参加乒乓球比赛，运动员要穿统一规定的比赛服，短袖运动衫、短裤或短裙，穿运动鞋袜，服装颜色应与比赛用球的颜色有明显区别。

参加羽毛球比赛，男运动员穿带领子的半袖运动T恤衫和羽毛球短裤，女运动员穿中袖或无袖上衣及短裙或连衣短裙。羽毛球服饰通常以白底色为主，适当配以花色图案。要穿专用羽毛球鞋入场，赤脚穿鞋入场不安全，也是不雅观的。

网球服饰通常以白色为主，男运动员穿带领子的半袖运动T恤衫和网球短裤，女运动员穿中袖或无袖上衣及短裙或连衣短裙。要穿专用网球鞋入场，赤脚穿鞋入场同样是不雅观的。

此外，排球作为一个集体运动项目，对入场程序有着严格的规范。网球、羽毛球等项目亦有各自的入场程序，运动员应该根据赛事级别、赛事惯例、赛事规模等因素，认真组织。

一、排球的起源和运动员礼仪

（一）排球的起源

1895年，美国一位叫威廉斯·盖·摩尔根的体育工作人员，想把当时已广为流行的网球搬到室内，在篮球场上用手来打，但室内篮球场面积较小，网球容易出界，于是他做了某些改进：一是把网球允许球落地后再回击的规则改为不许落地；二是把网球的体积扩大，用篮球球胆充气来打。第二年，有位博士将此球命名为“华利波”，意为“空中飞球”，排球由此诞生。

在1964年东京举行的第18届奥运会上，首次进行了排球比赛。如今排球已成为遍及世界五大洲，为广大爱好者所喜闻乐见的体育运动项目之一。

排球是一项文明的集体项目，或许是因为场地的限制，两边运动员基本谁也碰不到谁，所以排球场上基本没有暴力事件发生。但也正是由于排球的文明程度高，排球在文明礼仪上的要求也较多。

（二）排球比赛入场仪式

大型排球赛事，在开赛前4分钟，双方运动员在裁判员带领下，在边线处站好，等待入场。第一和第二裁判员分别站在A场区和B场区，位置在中央球网的两侧，面向记录台。每队12名队员，队长在前，自由防守队员跟随其后，队员由高到矮列横队站在裁判员两侧（不超过3米线），面向记录台。此时，广播员宣布比赛名称，奏国歌。国歌完毕后，第一裁判员鸣哨，双方运动员在球网两侧握手致意。裁判员返回到记录台前，告知双方 7 名上场队员在替补席就坐，替补队员站在准备活动区内。

两分半钟时，第一裁判员站在记录台左侧 A 场区边线处，第二裁判员站在记录台右侧 B 场区边线处，伴随音乐入场后，两名裁判员分别站在球网两侧，面向记录台，当广播员介绍裁判员后，第一裁判员登上裁判台，第二裁判员返回记录台。

再次奏乐后，广播员介绍运动员上场，从小号、大号、自由防守队员至教练员，依次介绍后双方运动员在场上站好位置。

第二裁判员把两个比赛球交给 1 号、5 号位捡球员，然后核对双方场上队员位置，核对完毕，记录员举双手示意后，将比赛球交给发球队员，再举双手向第一裁判员示意，一切准备就绪。

第一裁判员看到第二裁判员示意后，鸣哨发球，比赛开始。

（三）排球运动员礼仪

①在比赛过程中球员不得面向球网叫喊，因为球网对面是对方球员，面向球网叫喊被视为挑衅或羞辱对方。

②比赛中给对方送球时必须从球网下将球送过，最好是贴地面滚过去，在采用一球制比赛的时候这是一条可以罚分的规则，只要把球从网上抛过去就被罚一分。采用三球制比赛之后，场上的死球只能向后抛给场外的工作人员。

③比赛中任何时候都严禁大脚踢球，以前的规则严禁髋部以下身体触球，现在允许用脚接球了，但是因为排球是薄羊皮缝制的，很容易受外力变形，所以不要大脚踢球。

④比赛暂停时，教练员讲话的时候运动员都要主动围拢来听，训练的时候也一样。

⑤发球队员作好发球准备后要向裁判员行注目礼，既告诉裁判员你做好了发球准备，同时也是尊重裁判员。

二、乒乓球的起源和运动员礼仪

（一）乒乓球的起源

乒乓球起源于英国。19 世纪末，欧洲盛行网球运动，但由于受到场地和天气的限制，英国有些大学生便把网球移到室内，以餐桌为球台，书作球网，用羊皮纸做球拍，在餐桌上打来打去。1890 年，几位驻守印度的英国海军军官偶然发现在一张不大的台子上玩网球颇为刺激。后来，他们改用实心橡胶代替弹性不大的实心球，后又改为空心的塑料球，并用木板代替了网拍，在桌子上进行这种新颖的“网球赛”，这就是“Table tennis”得名的由来。

（二）乒乓球运动员礼仪

①遵守比赛时间，按照规定提前到场，不要拖拖拉拉。

②对手、裁判员未发现的擦网、擦边，应该主动提出。

③比赛过程中要认真，不要让人感觉自己心不在焉。谁都不喜欢观赏这样的赛事，即便你水平很高，观众也会讨厌的。

④比赛过程中不要故意大喊大叫，或说一些有伤和气或不文明的语言。

⑤不要赤裸上身、穿秋裤、穿拖鞋打球。饮酒后不打球。

⑥如自己打出擦边、擦网的运气球得分，应举起不执拍手，表示歉意，而不是狂喜不已。

⑦当选手失误后，无论对手处于场区中的什么位置，都应该主动将落在己方的球捡起来，轻轻交给对方。自己失误，球在自己这边，不去捡球或利用捡球，明显超出限度地拖延比赛进程，试图恢复体力或是打乱对方节奏的行为，都是不礼貌的。

⑧对手打出好球，要给以肯定和赞扬。

⑨发球时，先看一看对方是否已经做好了接球准备。看都不看对手，就将球发出去，这是对对手的不尊重。

⑩对方失误时撕心裂肺的吼叫，自己打出好球后，面向对方挑衅式的吼叫并挥舞拳头都是不礼貌的。

⑪当击球时击中对方的身体时，应及时向对方致歉。

⑫在比赛中，举手阻碍对手发球是屡见不鲜的战术，但再三这么做只能令人

不齿，这种战术使用过多，还很容易招致裁判的黄牌警告。

⑬输球后踢、打、摔东西，意图泄愤，都是不文明的举止。

⑭双打输了，不责怪同伴；如果赢了，功劳归于同伴。对于同伴的失误一定要鼓励，比赛的时候切忌埋怨。

⑮比赛结束后，不论胜负，应及时和对方（双打搭档）握手，然后和发球裁判及主裁判握手，以示感谢。

三、羽毛球的起源和运动员礼仪

（一）羽毛球的起源

相传羽毛球最早出现于14~15世纪时的日本，球拍是木制的，球用樱桃核插上羽毛制成。这种球由于球托是樱桃核，分量太重，球飞行速度太快，使球的羽毛极易损坏，加之球的造价太高，所以该项运动时兴一阵子就慢慢消失了。大约18世纪时，印度的普那出现了一种与早年日本羽毛球极相似的游戏，球用直径约6厘米的圆形硬纸板，中间插羽毛制成（类似我国的毽子），板是木质的，玩法是两人相对而站，手执木板来回击球。

现代羽毛球运动诞生于英国，大约在1800年左右，由网球派生而来，现在的羽毛球场地和网球场地仍非常相似。1870年，出现了用羽毛、软木做的球和穿线的球拍。1873年，英国公爵鲍弗特在格拉斯哥郡伯明顿镇的庄园里进行了一次羽毛球游戏表演。从此，羽毛球运动逐渐发展起来，“伯明顿”成了羽毛球的名字，英文的写法是“Badminton”。那时的场地是葫芦形，两头宽、中间窄，窄处挂网，直至1901年才改作长方形。

（二）羽毛球运动员礼仪

①初学打球时会出现满场找球的场面，当你的球落入邻场而邻场球员正在练球时，请耐心等待别人击球结束；若贸然入场捡球会影响别人。别人帮你捡球，要说声“谢谢”。

②当球落地时，一般情况下由球所在场地一方捡球。球触网落在中间时，双方都应该主动上前捡球，不要因为是对方打下网的，就站在原地动都不动。

③发球时，先看一看对方是否已经做好接球准备，最好将球举起来示意一下。不要连看都不看就将球发出去，这样别人很可能接不到球，这也是对对手的

不尊重。

④任何时候都不要触压球网，即使你在和对方进行语言交流。

⑤一般交流性赛事，当对方的回球靠近底线时，应主动告诉对方球是“in”（界内）、“out”（界外），还是压线。

⑥若多人同时使用一个场地时，场上球手要注意相互礼让。

⑦赛场上应该相信裁判员，服从裁判员的判决。羽毛球因球速快，线上的球很容易因角度、灯光、位置等影响，出现不同判断。即使是国际比赛，专业司线员也会出现误判。业余比赛中，若无裁判员，应相信离球最近的人的判断。

⑧如果打出一记幸运球——球擦网后，球改变方向和速度，落在对方场内，要说声“sorry”（对不起）或举拍示意。

⑨不留神把球扣在拍框上，球落入对手场内，大可不必得意忘形，应向职业选手那样，将球拍面向对手以表示歉意。

⑩比赛开始和结束，要与对手及裁判员握手；如隔着球网，要从球网上面握手而不是球网下面。

⑪丢分的一方要主动捡球，要从球网上方打给对手，不能打到对面没人的位置，也不能从球网下面随意拨给对手；任何球网下方的交流都被认为是不礼貌的。

⑫对滚网得分的运气球、假动作欺骗对手得分的球、打中对方身体的球，都应该举手示意，表示道歉。

⑬双打中偷发对方后场的得分球，最好也举手示意表示歉意。

⑭换球时要征求对手的意见，从裁判员处拿到球时，要说“谢谢”。

⑮出现争议，可以向裁判员据理力争，但要适可而止。即便最后裁判员坚持误判，你也要表示尊重和服从。

⑯男球员请记住：即使你拥有魔鬼般的身材，也不要赤膊上阵。

⑰记清楚自己比赛的时间、场地和场序，按时交换名单和报到；延误时间会被视为不尊重对手和不礼貌的行为。

⑱比赛进场时，携带好自己的比赛物品并按要求放在规定的地方。

⑲双打的时候，对于同伴的失误一定要鼓励，“没事”“没关系”“别着急”“慢慢来”应该经常挂在嘴边。而对于自己的失误，则要说“sorry”（对不起）“我的”，把责任揽到自己身上。

⑳要求擦汗、喝水、系鞋带、插发簪、拖地板等都要向裁判员举手示意，征

得裁判员同意。这是对裁判员的尊重。

㉑在正式比赛中，如遇对方击来很明显的界外球，不可以故作还击，这是捉弄对方的举动。

㉒经过任何球场时，应与场地边线保持一步以上距离。不仅保护自身安全，也是对比赛者的尊重。

四、网球的起源和运动员礼仪

（一）网球的起源

网球运动最初被称为室内网球（Real tennis）。这一运动最早起源于12世纪，是法国北部传教士在教堂回廊里用手掌击球的一种游戏。

现代网球运动是从1873年的英国开始的，英国人沃尔特·克洛普顿·温菲尔德将早期的网球打法加以改进，使之成为夏天在草坪上进行的一种体育活动，并取名“草地网球”。

（二）网球运动员礼仪

①训练中，当你的球滚入邻近球场时，请耐心等待别人击球结束。同时尽量避免在球员视线范围内随意走动，否则不仅不安全、不礼貌，而且还会被认为是“意外阻碍”，从而影响比赛的正常进行；可以先站一边观看，等球成“死球”时再快步入场捡球，或请他人帮忙将球传出来。别人帮你捡了球，不要忘记说一声“谢谢”。

②发球前先看一看对方是否已做好了接球准备，最好将球举起来示意一下。不要连看都不看就将球发出，这是对对手的不尊重，也极有可能导致“误击事件”。

③不要从球网上面跨过，亦不要触压球网。

④练球时，当对方的回球靠近底线时，应主动告诉对方球是“in”（界内）、“out”（界外），还是压线。

⑤练球时当你击球出界或还击下网时，尽管不是有意，也应该向对方说一声“sorry”（对不起）。

⑥如果练球的人多，请不要抢占场地而要按顺序依次上场，对老人、儿童、妇女应谦让；对同伴和对手应热情、有礼貌，不可歧视水平差的对手，对初学者一定要有耐心，不断地给予鼓励。

⑦不可穿过正在打球的场地，应从网球场的周围绕过。当和同伴练球时要对双方负责，要主动捡球，不要抢打同伴的球，当对手打出好球要给予鼓励。

⑧比赛结束后，无论胜负如何，都要双目注视对方，主动到网前和对方握手，以示友好。

⑨练习者不要从球网上面跨过或者将身体压在上面去捡对面场地上的球，否则网绳很容易因经受不住压力而断掉。

⑩在比赛中，当对手打出漂亮的得分球时，尽管有些懊丧与遗憾，也应如职业高手们那样，用手轻拍球拍，潇洒地表达为对手高兴的心情。

⑪在双打时应相互鼓励，积极配合，信任和尊重同伴。比赛结束后先和同伴握手致意，再一起和对手握手表示感谢。

⑫当在比赛中出现有歧义的判罚时，应有礼貌地向裁判员提出，一旦判决，要绝对服从。

⑬比赛结束时，可以把比赛用球抛给观众以示感谢，但不要将球拍扔向观众，以免砸伤观众。

⑭如果打出一记幸运球，要说一声“sorry”（对不起），或举拍示意。

⑮“尊重网球场上的一切人与物”，这是网球球员最起码的行为准则，包括尊重对手、裁判员、观众、工作人员、球童等。

⑯夏天打球，天气闷热，但还是不要赤裸上身，特别是不要在球场故意展示性感或是狂野。

第二节　同场对抗性项目运动员礼仪

同场对抗性项目比赛激烈、运动员情绪容易波动，所以良好的礼仪显得尤为重要。

礼仪要求：

参加足球、篮球、橄榄球比赛的运动员，应该严格按照竞赛规则和赛会组委会规定的要求，认真准备包括服装、护腕、护膝、牙套等在内的一切用品。

足球、篮球等都有严格的入场程序。因此，运动员应该根据赛事级别、赛事惯例、赛事规模等，严格听从组委会和裁判员安排，保持良好的精神风貌。

一、足球的起源和运动员礼仪

（一）足球的起源

足球运动是一项古老的体育活动。足球最早起源于我国古代的一种球类游戏“蹴鞠”，后来经过阿拉伯人传到欧洲，发展成现代足球。所以说，足球的故乡是中国。现代足球运动起源于英国，从英国走向欧洲，从欧洲走向世界。现代足球已经成为世界上最受欢迎的体育项目之一，成为世界第一运动。

足球礼仪是足球文化内涵的重要组成部分。可以说，足球因尚礼而兴盛。足球礼仪的实质是足球运动参与者对自我与他人的尊重。足球礼仪既代表了一个国家、一个地区足球运动发展的成熟程度，也代表了足球运动参与者的素质水平。足球的礼仪之美生于心，表于形。心中有对自己的尊重，有对观众的爱，有对足球的情，再以恰当的形式表现出来才能有礼仪之美。

（二）足球比赛入场仪式

以中国足球超级联赛入场程序为例：

①开赛前 10 分钟裁判员于入场处检查球队装备后向竞赛组织者给出检查完毕可以进场的信号，中超会旗手、公平竞赛旗手、两俱乐部队旗手、竞赛官员、裁判员、比赛队运动员（主队在右、客队在左）在规定位置集合；裁判员 4 人一字排开，双方运动员排成两列纵队。4 名裁判员入场时，由左到右分别为第二助理裁判员、第四官员、裁判员、第一助理裁判员。

②开赛前 5 分钟，赛区主持人宣布“中超联赛第××轮××队对××队比赛开始，裁判员、运动员入场。”播放进行曲。中超会旗、公平竞赛旗、两俱乐部旗引导，竞赛官员率裁判员、运动员随国际足联的公平竞赛音乐入场。

③竞赛官员行至赛场边线处向右让开立定，以右手手势示意，请裁判员、运动员带领球童继续入场。

④中超会旗行至中圈远端停止，公平竞赛旗行至中圈内停止，两俱乐部旗行至距离边线 15 米处停止，所有旗帜前低后高，面向主席台展示；裁判员、运动员行至距离边线 8 米处停止，面向主席台横列排开；竞赛官员面向主席台站立。进行曲停止。

⑤主持人宣布“全体起立”，场上竞赛官员、裁判员、运动员、旗手面向国

旗立正；主持人宣布“升国旗，奏国歌”；主持人宣布“礼毕，请坐”。

⑥客队运动员在队长带领下与主队运动员依次握手，然后依次回到原位；如事先安排，可合影留念；旗手退场（注：赛后为主队先走向裁判、客队握手，然后客队与裁判握手）。

⑦比赛双方队长在裁判员主持下挑球挑边。

⑧竞赛官员、裁判员、比赛双方运动员各就各位，准备开始比赛。

（三）足球运动员礼仪

①准备。参赛各队应该严格按照足球竞赛规则和赛会组委会规定的要求，准备各项参赛事宜及参赛服装。

②握手。在很多赛事上一贯保留着双方球员轮流握手，并与裁判员握手这一礼仪。有的队员会在这短暂握手中相互问候，表示友谊第一，这是对球员最基本的尊重。

赛前握手可讲“加油”“多多指教”“少赢一点”等客气话。

③球员在全力以赴的比赛中，要保持应有的理智，避免过激行为。

④鼓劲。比赛开始前、进行中的某些时候，如进场前、开赛前等，球员们要站在一起相互鼓劲加油，具体方式及口号由队长根据当时的具体情况决定。一种方式是所有球员侧身围成一个圆圈，每人依次伸出一只手上下相叠，高呼加油的口号。

⑤进球庆祝。球员进球后可以做个性化的庆祝动作，但不能延误比赛时间，建议一定要感谢助攻的队友并且和队友一起分享。浪费了队友创造的进球机会，一定要向队友表示歉意。

⑥换人。比赛中途换人时，上场的球员离开座位后，应避免从主教练前面穿过，站在场边等候。退场球员到达场边时，首先与队友击掌（或以其他方式）示意，鼓励其在场上好好表现；再立正分别向两面的观众挥手（或以其他方式）示意，感谢大家的支持；然后走回替补席与主教练握手（或以其他方式），表示尊重和服从他的决定。

⑦犯规。无意中犯规，在裁判员吹哨后，犯规队员应举手示意，表示接受判罚，并采取适当的动作向对手队员表示歉意，如将倒地队员扶起，或拍拍对方肩膀等。认为裁判员判罚有误时，应通过队长、教练员或领队与裁判协调，不要在场上形成群起攻击的对峙局面，也不应采取谩骂等过激的行为。

⑧球员受伤。当一方球员受伤时，另一方应主动放弃进攻机会，把球踢出界，形成死球，并让医生进场为伤者检查。当比赛继续进行时，受伤球员一方将主动把球踢回对方，而观众应予以掌声。

⑨禁忌。比赛中球员不能有侮辱、指责或死球时用身体任何部位接触对方球员、官员、工作人员以及观众的行为。球员应积极比赛，不应采取延误时间等不正当行为。比如，佯装受伤；踢任意球时故意将球放在错误地点执行；准备执行界外球时突然将球递给同伴队员来执行；裁判员停止比赛后将球踢走或用手抱走；裁判员判罚任意球后，防守队员为使同伴有时间组织人墙而站在球前；过长的延误执行掷界外球和任意球时间；换人时，场上队员延缓下场时间以及守门员为使本队获得时间而采取的拖延策略。

⑩交换球服。当遇到有纪念意义的、精彩的比赛，或者难得遇到的明星队员、即将退役球员时，有时球队双方会交换队服，留作纪念。交换球衣代表着“你有让我尊重的实力”，同时也代表着“感谢你的全力以赴”。

⑪致谢。比赛结束后，全体队员包括替补队员一起手拉手走向裁判席齐声谢谢裁判员；走向对方教练齐声谢谢教练；走向对手齐声谢谢对手；走向球迷区集体向观众鞠躬致意。

致谢和致意时态度要端正认真，动作到位，不能敷衍了事。

⑫颁奖仪式。领奖时一定要穿整洁的入场服。修整仪表步入领奖台时，要做到精神饱满，从容自然，礼貌含蓄。和其他选手同台领奖时要真诚地向其他获奖者表示祝贺，同时向观众招手致意。集体项目无须人人握手，由队长代表，其他人应保持友好的姿态。当别人为你颁奖，你接受奖杯或奖章时，无论何人为你颁奖，都应彬彬有礼。应主动向授奖人鞠躬、握手或拥抱表示谢意。当你面对握手或亲吻礼时应愉快接受，并致谢意。集体领奖时，领奖的队长或代表可主动将奖杯传递给其他队员，让全体一起分享获奖的欢乐和喜悦。接受奖杯或奖章后，应举起手向观众致意。

二、篮球的起源和运动员礼仪

（一）篮球的起源

篮球是1891年由美国马萨诸塞州斯普林菲尔德市基督教青年会训练学校体育教师J. 奈史密斯博士创造的，起初他将两只竹篮子钉在健身房看台的栏杆上，篮子上沿距离地面3.04米，用足球作为比赛工具向篮子投掷。投球入篮子得1分，按得分多少决定胜负。每次投球进篮子后，要爬梯子将球取出再重新开始比赛。以后逐步将篮子改为活底的铁篮，再改为铁圈下面挂网。1892年，奈史密斯制定了13条比赛规则，主要规定是不准持球跑，不准有粗野动作，不准用拳击球，否则即判犯规，连续3次犯规判负1分；比赛时间规定为上、下半时各15分钟；对场地大小也作了规定。上场比赛人数逐步缩减为每队10人、9人、7人，1893年定为每队上场5人。

1904年在第3届奥林匹克运动会上首次进行了篮球表演赛。1908年美国制定了全国统一的篮球规则，并有多种文字出版，发行于全世界，这样篮球运动逐渐传遍美洲、欧洲和亚洲，成为世界性运动项目。

（二）篮球比赛入场仪式

以中国篮球职业联赛入场程序为例：

①赛前6分30秒宣布：请双方运动员停止练球，准备入场。

②赛前6分钟宣告：×××年至×××年中国男子篮球职业联赛××赛区××队对××队的比赛现在开始。介绍双方运动员、教练员。××队（先客队）运动员×号×××（依号码顺序），身高××米。教练员×××，助理教练员×××（主队相同）。

③请全体起立，奏中华人民共和国国歌！请坐。请双方运动员相互致意。请双方运动员向观众致意。

④赛前3分钟宣告：距离比赛开始还有3分钟。担任本场比赛的主裁判×××，××级；第一副裁判×××，××级；第二副裁判×××，××级。

（三）篮球运动员礼仪

①参赛各队应该严格按照篮球竞赛规则和赛会组委会规定的要求，准备各项参赛事宜及参赛服装。

②比赛过程中要做到尊重裁判、尊重对手、尊重同伴、尊重观众。

③比赛过程中因失误等情况造成攻守转换时，不可互相埋怨、互相推诿、扯皮。

④服从裁判员的判罚，如对判罚有异议应按照规则或裁判法规定的程序提出。

⑤比赛中要有保护对手身体不受伤害的意识；场上严禁打架、谩骂及一切不

礼貌的行为和举止。

⑥比赛开始和结束时，如裁判员示意双方队员握手时，要积极主动与对方握手。队员向观众示意致谢，双方队长向裁判员示意致谢。

思考题

1. 如何理解隔网对抗性、同场对抗性项目礼仪规范？
2. 强化礼仪规范对同场对抗性项目普及与发展有何影响？
3. 简述网球运动员礼仪。
4. 简述足球运动员礼仪。

第九章
CHAPTER 09

技能类格斗对抗性、轮换攻防对抗性项目运动员礼仪

格斗对抗性项目速度快、距离短，特点表现为较长时间内高速度、快节奏、短间歇、多组数；格斗对抗性项目缠斗性强，观赏性强，要求运动员具有反应快、抗击打、意志坚、心理素质强等能力。

轮换攻防对抗性项目包括棒球、台球、冰壶等。以棒球为例，棒球运动是一种以棒打球为主要特点，集体性、对抗性很强的球类运动项目，被誉为“竞技与智慧的结合”，是一项集智慧与勇敢、趣味与协作于一体的集体运动项目。它动静结合、分工明确、责任清晰，又必须主动配合、相互服务，必要时为顾全大局，个人要甘于牺牲自我。

第一节　格斗对抗性项目运动员礼仪

格斗对抗性项目包括柔道、跆拳道、相扑、击剑等。

礼仪要求：

柔道是一项非常讲究礼仪的项目。运动员进入柔道场地时，都必须身穿蓝色或白色、整洁的柔道服，按照要求标准系好道带，光脚或穿着柔道鞋。进入道场时，要先向国旗和教练行鞠躬礼，以此来表示对祖国的热爱、对国旗的尊重和对教练的尊敬；见到队友时也应该行礼问好，以表示友好。

柔韧是跆拳道的基础，速度是跆拳道的根本，技术是跆拳道的灵魂，耐力是

跆拳道的保证，礼仪是跆拳道精神的体现。例如，跆拳道要求运动员的道服、腰带一定要整洁，腰带系得要两边一样长，如果运动以后，道服乱了，在整理道服时，一定要背对着教练，背对着国旗。

击剑是非常讲究礼仪的运动，实战前行礼是必须的。穿好击剑服后，左手拿护面，右手拿剑，与对手同时举剑，向对方行礼。在行礼时，应右手握剑，左手把护罩抱在齐腰处，剑头指向天空。单独练习时，不管出于何种理由，剑不能指向周围的任何人，尤其是没有佩戴护具的人。练习结束后，首先应回到原位，脱下护罩，等待裁判员，然后双方握手。击剑中的礼仪，不仅仅是指对人的尊重，也包括对场地和器材的尊重。剑不许碰到剑道，不能砍、刺、劈剑道。

一、柔道的起源和运动员礼仪

（一）柔道的起源

柔道是一种以摔法和地面技为主的格斗术，日本素有“柔道之国”的称号。柔道是日本武术中特有的一科，是由柔术演变发展而来的。在日语中是“柔之道”的意思，就是“温柔的方式”。

柔道部分起源于一种古代日本武士空手搏斗的技术——柔术。

柔道起源的历史非常古老，要了解它是一件复杂的事。在柔道各流派的著作中有各种各样的说法。一种传说是，在垂仁天皇时期（公元前29年继位），野见宿弥和当麻蹴速二人进行了一次有名的格斗。他们的格斗是用拳脚和角力相结合的方法进行的。此后，一些人吸取了其中角力的技术，发展成为相扑运动；另一些人总结了格斗中搏击方面的经验，发展成为柔术，进而演变成为柔道这种体育运动形式。据记载，最早的流派是天文元年（1532年）六月创始的竹内流派；接着在丰臣末期（约1590年）兴起了荒木流派；德川家光时代（1623年）以后，又出现了梦想流派、制刚流派、吉同流派、直心流派、良移心当流派、天神真杨流派、起倒流派、涉川流派等。

柔道通过把对手摔倒在地而赢得比赛，它是奥运会比赛中唯一的允许使用窒息或扭脱关节等手段来制服对手的项目。柔道是一种对抗性很强的竞技运动，它强调选手对技巧掌握的娴熟程度，而非力量的对比。1964年柔道成为奥运会比赛项目，而1992年柔道再次被纳入奥运会项目，目前奥运会共计设立了14块柔道金牌，是仅次于摔跤的奥运会格斗项目。

（二）柔道运动员礼仪

①立礼：两脚跟靠拢，膝关节伸直，两臂下垂成自然直立姿，两眼注视对方。上体自然前倾约30度，两手移至体前向下，指尖触及膝盖上缘。稍停顿，再自然伸直上体，恢复原来的姿势。这个动作呼吸一次的时间为大概4秒。双方运动员入场后，分别站在相距4米的红、白标志线上成立正姿势，与主裁判位置形成三角形，双方两目相对即自行行礼。

注意背伸直，下颌回收，头端正，两臂伸直，五指并拢放松贴于体侧，要稳重而又谦恭地行礼。不要形成低头、驼背、屈膝和两脚分开等错误动作。

②立姿转跪坐：从立姿开始，左脚向后撤一脚半。屈左膝，膝盖压在与右脚尖平行的位置上。右脚向后撤，两膝并拢成跪姿（此时应两脚竖立脚尖着地）。放平两脚，并使两脚的拇指重叠，然后坐下成跪姿。

跪坐时注意，两手手指自然并拢，指尖向内放在两大腿根部的内侧。两膝分开，间隔约两拳。重叠两脚的拇趾，右拇趾在上，左拇趾在下。上体伸直，收下颌，轻闭口，两眼平视前方。不要形成两脚叠在一起、驼背、横肘、端肩、扬下颌等错误动作。

③座礼：从跪坐开始，两膝不动，手指自然相对放在两膝前约两拳距离的位置，两手指相距6厘米。稳重地前倾上体至前额在两手上方约30厘米处止。稍停，礼毕。抬起上体，恢复跪坐姿势。

注意上体前倾时，背要伸直，脚后跟与臂部之间不留空隙。低头时，不要让对方看到头后脑部，不要扬下颌，不要向上看，两手之间的距离不要过大。

④跪坐转立姿：按立姿成跪坐时相反的顺序，首先挺直腰，再竖起两脚，脚尖着地。抬起右膝，将右脚放在与左膝盖相平的位置上。将身体重心移至右脚上，起立。左脚向前移动，两脚跟并拢，恢复立姿。

注意态度要镇静、稳重，起立或跪下时身体不要摇晃，眼睛不要东张西望。

⑤柔道的敬礼要求：第一，身体面向对方，并步直立，两臂自然置于身体两侧，上体前倾近90度，目视地面稍停后，还原成直立姿势，行礼完毕。第二，训练课中应时刻保持道服的干净与整洁，每次需要整理服装时要先向教练行鞠躬礼，然后背对国旗、教练及队友整理服装，整理完毕后转身面向教练员行鞠躬礼，以表示抱歉，其目的是要求练习者养成干净整洁的习惯；训练中如果出现气势不够、注意力不集中、动作不到位、没有全力以赴等情况，在教练示意后应立

即行礼以表示抱歉，为的是让练习者在训练过程中注意力集中，刻苦训练，减少不必要的伤害。第三，队友之间应相互帮助，在训练和模拟实战等需要两个人配合的训练中，两个人应以相互敬礼为开始与结束，必须认真负责地帮助队友做好每一个动作并及时地纠正错误，两个人在交换任何训练用品时都需用双手接送，同时行鞠躬礼，这样可以培养队友间的团队精神和相互尊重的良好情感。第四，训练过程中，练习者应严格按照教练的要求进行练习，教练讲话时练习者需跨立站好或盘坐或跪坐，目视教练认真听讲，不得随意打断教练讲话，如要提问需行礼鞠躬，得到许可后才可以提出问题，得到解答后行礼鞠躬并说声“谢谢”。第五，在比赛开始前，首先要向教练员敬礼，然后向裁判员敬礼，在每局比赛的开始还要求向对方敬礼，以表示尊重；在比赛中，如果本方使用了犯规行为攻击对方，当裁判员对本方作出判决时，本方必须服从接受并向裁判员行礼以表示歉意。第六，在比赛结束时，应再次向对方行礼，并向对方的教练员敬礼、握手，以此表示感谢。第七，在比赛过程中即使出现了误判，也要等该场比赛结束后，有礼貌地向裁判员提出问题并要求改正。

二、跆拳道的起源和运动员礼仪

（一）跆拳道的起源

跆拳道起源于朝鲜半岛，早期是由朝鲜三国时代的跆跟、花郎道演化而来的。1955年以前，韩国是没有“跆拳道”一词的，韩国的武术也以空手道、唐手道和民间少数的跆跟等为主，日治时期大量韩国青年学生赴日留学，在日本接受了系统的松涛馆空手道训练，回国后他们开始创立道馆教授学生。日本战败后，韩国获得民族独立，大批空手道、唐手道道馆兴起，韩国早期空手道传播者们将民族传统武术跆跟与空手道相结合，称为唐手道，并出现了最早的一批韩国道馆，这就是后来的九大道馆。

“跆拳道”一词，是1955年由韩国的崔泓熙将军命名。崔泓熙将军早年留学日本，学习了日本松涛馆流空手道，并将其与韩国传统武技跆跟、手搏等技术融入到跆拳道中去。

跆拳道是经过东亚文化发展的一项韩国武术，以“始于礼，终于礼”的武道精神为基础，其脚法占70%。跆拳道的套路共有25套；另外还有兵器、擒拿、摔锁、对拆自卫术及10余种基本功夫。

（二）跆拳道运动员礼仪

① 鞠躬：是尊重、是礼貌、是友谊、是谦逊、是感谢、是表达内心思想的一种外在方式。鞠躬对象：国旗——它是代表国家，尊重国家、爱护国家，国家的利益高于一切。教练员——付出的艰辛多，明白跆拳道的内涵与技术。家长及长辈——因为家长及长辈给予了最无私的爱和最真诚的关怀。队友——相互团结，互相帮助，同甘共苦。

②学员行为要求：第一，每次进出训练馆时需向国旗行注目礼、鞠躬礼。这是对国旗的尊重和爱国的表现。第二，遇到教练、老师、家长（长辈）及队友时，先说声“你好”，同时行鞠躬礼表示尊重。第三，在得到教练、老师、家长、队友等的帮助后，先说“谢谢”，同时行鞠躬礼表示感谢。第四，向教练员、队友等请教问题前先行鞠躬礼，当得到解答后再次行鞠躬礼表示感谢。第五，在教练员、教师、家长等辛苦一天时，先说声“辛苦了”，同时行鞠躬礼，表示感谢。第六，当做错事或技术动作有错时，被家长、教练员批评或纠正后，应行鞠躬礼同时说声“对不起”，表示道歉，并努力改正。第七，当教练员进入训练馆时，所有学员必须马上立正行鞠躬礼并问候，等教练员示意后方可进行其他活动，以表示尊重。第八，当你在教室、房间及任何场所坐着或躺着，在教练员、家长、老师等长辈进来时，需要立即起立行鞠躬礼并让座，如教练员等没有坐下或没有示意你坐，你不能自己坐下。第九，训练级别低的学员必须向级别高的学员主动行鞠躬礼，级别高的学员同时还礼，培养良好的等级观，表示对学长的尊重，因为他付出的汗水与艰辛比你多，这不代表训练水平的高低。

③训练中的要求及惩罚：第一，学员要养成良好的守时习惯。迟到的学员，进馆时向教练行鞠躬礼，然后在场地边上自觉做 20 个俯卧撑（女学员做深蹲），起立后向教练员、队员行鞠躬礼（表示道歉），得到教练员许可后再次行鞠躬礼，快速换好道服，方可上垫子进行训练。第二，练习者进入场地时，首先向老师敬礼。练习前双方应相互敬礼，练习后再次相互敬礼。第三，要养成干净整齐的习惯。训练中时刻保持道服干净整齐，每次整理服装前，先向教练员行鞠躬礼，然后背向国旗整理服装，整理完毕后转身面向教练员行鞠躬礼，以表歉意。第四，训练时要注意力集中、刻苦训练。第五，队友间要团结友爱，互相尊重，如在踢靶训练、实战等需要两个人配合的训练中，两个人要相互行鞠躬礼开始、行鞠躬礼结束。训练中必须认真负责，帮助队友做好每个动作。两人在交换脚靶

或任何训练用品时要双手接送并同时行鞠躬礼。第六，训练馆内一切训练设施未经教练同意不得擅自使用。爱护一切训练设施，主动帮助整理训练设施，打扫卫生，保持馆内干净整洁。

④赛前礼节：运动员依照主裁判“立正”“敬礼”口令，立正向陪审席行标准礼，标准礼为鞠躬的自然姿势，腰部前倾15度，头部下倾45度，两手握拳贴于双腿两侧。运动员依主裁判“向左向右转”的口令，内转相对，立正站好，再依“敬礼”的口令，相互敬礼。

⑤赛后礼节：比赛结束时，运动员在各自的位置相对站立。运动员依主裁判“立正”“敬礼”的口令，相互敬礼。运动员依主裁判“向左向右转”及“敬礼”的口令转向监督官，向监督官行标准礼。

三、击剑的起源和运动员礼仪

（一）击剑的起源

击剑，又称西洋剑，是以剑一对一进行攻击和防御的运动技术，其发源地为中世纪的欧洲。当时，只有皇室、贵族或御林军才能接受剑术的训练，而一般英雄侠客亦以自己的剑术高超而自豪。到了18世纪，剑术更成为欧洲上流社会教育的重要一环，与骑术、箭术、音乐及舞蹈并行。

中世纪的欧洲盛行决斗。决斗前双方选定助手、证人，组成仲裁团，并由他们商定决斗时间、地点、武器，处理善后事宜。如果用剑决斗，交锋前双方要举剑于眉间向对方敬礼致意，意思是“准备好了，开始吧！”生死之争，亦不失骑士风度，这些礼仪一直沿用下来。

随着科学技术的发展以及现代武器的使用，击剑逐渐失去了军事价值，越来越向强身健体、表演比赛的方向发展，变成了一种运动项目。

1750年，法国剑手发明了面罩，为击剑技术的健康发展创造了条件。随着电动裁判器的发明，击剑运动从室外转入室内进行。至19世纪，击剑运动不再是欧洲上流社会的专利品，击剑开始普及并成为一项大众化的体育活动，进而发展并演变出花剑、重剑和佩剑三种。

击剑运动使用的剑看似危险，实际上一般不会对身体造成伤害。现代击剑剑不开刃，剑尖为直径5毫米～8.8毫米的圆，即使刺劈到身上一般也不会发生伤害事故。专业运动员的金属衣甚至能达到防弹效果，再加上护面和手套，层层保护，相当安全。

（二）击剑运动员礼仪

①第一次敬礼是在比赛开始前。敬礼秩序：平时训练先向对手敬礼，然后向裁判员敬礼；比赛时先向对手敬礼，再向裁判员敬礼，最后向观众敬礼。敬礼要求：双方站在开始线前，脚成丁字步，脸朝向对手，双眼平视对手（或裁判员），表情轻松，面带微笑，收腹挺胸，非执剑手拿住护面，执剑手臂按照击剑敬礼要求敬礼。

②敬礼后双方运动员试剑。刺向对手有效部位，以检测器材是否合格，切记，试剑时不能用力刺对手，须轻轻刺。

各剑种试剑部位如下。

花剑：金属衣前胸稍朝下位置。切记，如觉得对手某些部位有可能亮白灯必须先向主裁判员示意后方可再次试剑。

重剑：轻刺对方护手盘，以不亮灯为准。切记，试剑结束后再刺一下剑道外确认自己的剑亮灯。

佩剑：双方非持剑手拿着护面，另一只手持剑轻劈对手护面，以亮彩灯为准。

③第二次敬礼是在比赛结束后。最后一剑打完，裁判员宣布比赛结果后，双方运动员退到开始线再次敬礼。敬礼后双方运动员走近握手并同时说“谢谢”。

④双方运动员在互相敬礼以后也要向裁判员敬礼；如果有观众亦要向观众敬礼。敬礼顺序是对手—裁判员—观众。

⑤刺中对手无效部位或刺（劈）痛对手应走到对手面前说“对不起”。

⑥比赛中对裁判员判罚有争议时，应先向裁判员敬礼并得到同意后摘下护面，走到裁判员面前有礼貌地询问该剑的判罚。切记，如没得到裁判同意摘下护面将被处黄牌警告。听完裁判员解释后礼貌感谢，迅速调整心态，以积极的态度对待后面的比赛。

⑦比赛过程中有任何需求，例如擦汗、矫正剑、更换器材、系鞋带等均须先向裁判员敬礼示意，得到允许后方能摘下护面做这些事。

⑧团体赛赛前双方运动员并排站在剑道上互相握手，比赛结束后双方运动员再次并排站在剑道上互相握手并说“谢谢”；同时双方教练员握手，双方运动员和教练员均要与裁判员握手并致谢。

第二节　轮换攻防对抗性项目运动员礼仪

礼仪要求：

棒球开赛前运动员要准备好比赛服及必备的专业物品，如各位置专用手套等，职业比赛必须穿棒球鞋、戴棒球帽等。双方列队时要脱帽，表示尊敬和友好，赛前握手致意可互祝好运或说“多多指教”等。

台球运动员入场要同裁判员握手致意，介绍自己时，运动员要招手致意。练球时，应穿着干净、整洁的服装。决不赤裸半身或穿着奇装异服。不允许敞胸露怀、赤脚、穿拖鞋等不文明行为。正式比赛需穿衬衫、马甲、西裤、皮鞋，并佩戴领结。

冰壶运动员按照规则规定可穿个性化运动服，但必须穿冰壶运动鞋。比赛前，双方运动员要互相握手，自我介绍，互致问候，表示尊重。

一、棒球的起源和运动员礼仪

（一）棒球的起源

棒球被称为“绿茵场上的国际象棋”，是一项集智慧、勇敢、趣味、协作于一体的集体运动项目。

近代棒球据说是由英国人移民至美国时引入的板球（cricket）游戏和波士顿地区常玩的跑圈子（rounders）游戏综合演变而成的。在经历了数次演变及许多不同的称呼之后，直到公元1839年在美国纽约州柯柏斯镇（现今“棒球名人堂”的所在地）的戴伯特修订了原先的游戏规则，同时将这项运动定名为“Baseball”（棒球），并开始推行，逐步成为美国最风行运动之一。1839年美国陆军军官道布尔戴在纽约州的库珀斯敦举办了首次棒球比赛。

（二）棒球运动员礼仪

①棒球的脱帽礼使用：比赛中，教练员或指导者说话的时候要脱帽；向长辈请教时要脱帽表示尊敬；比赛中向裁判员申诉或抗议时要脱帽；比赛、训练中，出现失误要脱帽表示歉意；比赛中每局防守开始前，投手或者捕手号召场上统一呐喊时，要脱帽。赛后鞠躬感谢对方球队、观众、裁判员、己方教练员和观众时

要脱帽。

②进入打击区应行举手礼。在踏入打击区前应行举手礼，一方面显示对裁判员的尊敬，另一方面也可以显示谦谦君子的风度。

③比赛前后相互敬礼。在开赛前与比赛后应列队于本垒板两侧，并依主审裁判员手势或宣告，脱帽行礼，同时相互趋前握手致意。

④球具离手轻轻放。常常见到球员或学生将球棒、手套、头盔等器材任意抛扔，如此动作极易损坏器材并缩短器材使用年限，更会养成不爱惜器材的不良习性。

⑤爱护球具。球具诸如手套、球棒、头盔、捕手护具等，无论私有或公物都应爱惜，不应将其坐垫和践踏。

⑥服装仪容要整洁。穿着棒球服装应力求整齐、干净，上衣不外露，以显示运动员活力四射、进退有序的气质和形象。

⑦队友失误少责备多鼓励。比赛有所失误在所难免，应以宽容、扶持的心胸面对，多鼓励少责备。棒球比赛强调团队合作，每个人都是主角，缺一不可。团队中有瑕疵，内心虽有不快，亦应抑制，不可行之于外，免得因小失大，得不偿失。

二、台球的起源和运动员礼仪

（一）台球的起源

台球运动至今已有很长的历史，究其起源，有说古希腊，有说法国，有说英国，亦有说是意大利和西班牙等，但是，台球起源于西欧是无可争辩的事实。

在公元14世纪英国的维多利亚女王时代，台球活动非常受人们的重视，在一些富豪家庭里，不仅有豪华讲究的台球间，而且在进行打球活动时，还有严格的活动礼节，有的规定至今仍在沿用。

（二）台球运动员礼仪

①除了击球的时候，球杆都应该是竖着拿的。

②俯身击球前要回头确认身后没人。

③大喊大叫对台球运动来说是绝对不允许的。

④不要在球台附近喧哗追跑，不要在击球的过程中吸烟。

⑤在俱乐部内，经常出现邻桌两个人需要站在同样的位置击球，这时应当注意礼让，避免与邻桌发生冲突。在遇到其他可能发生冲突的时候，应当充分表现自己的风度，礼让对方。

⑥台球是一项极为需要风度的运动。在对手打出好球的时候，可以轻叩台边表示赞美，如果不方便走到台边，可以轻轻敲击自己的腿部，表示赞扬。在对手结束一杆的击打后，不要马上走去台边，而是应当在对手离开台边后，再去继续击打。

⑦对手在趴下瞄准的时候，不要站在对方瞄准的方向，能站在他视野范围以外是最好的。

⑧不要玩手机，不要和别人说话，等到别人击打完毕之后才能走动。

⑨当该你击球时，击球动作是从擦巧粉开始的。首先左手捏住球杆的上端，右手拿住巧粉轻轻地在皮头上滑动几下，放下巧粉一定要粉头向上，以免弄脏桌子。而且，擦巧粉的时候，眼睛要看着球台，脑子里思考怎么打。

⑩打进一个难度球不要表现出很兴奋，失误一个简单球也不要叹气。进了运气球，一定要示意这是运气。

⑪如果对方没有或者忘带冲球杆，可以主动邀请对方试试自己的杆。

⑫对待低手和高手，礼仪标准都是一样的；不要看不起低手，任何高手都是从低手走出来的。

⑬当对手击球时不要站在对手的正前方、正后方或者两侧离对手很近的位置，最好坐在椅子上。

⑭打球时不能双脚离地，至少要有一个脚尖接触地面。不要坐卧球台，故意损坏球具。

⑮打球时，除球杆外，球员的手、衣服、领带等其他一切东西都不能触球，如果不注意碰到了球，就算犯规。

⑯比赛中要等到台面所有的球静止后才能击球。不要在台边放置任何物品，更不能做瞄准记号。

⑰当比赛仍在进行时，不要随意对对手的运气进行评论，亦不能对比赛形势表达不满。

⑱当你的对手在台面击球时，要避免咳嗽出声。

⑲在某盘或某场比赛中，当你击失一杆或你的对手仍在台面击球时，不能认输。等到你的对手击完球后，方可认输。

⑳如你的状态很差也不要乱打，乱打是对对手的不尊重。

㉑球童摆放球慢的时候，不要加以责怪。

三、冰壶的起源和运动员礼仪

（一）冰壶的起源

冰壶（curling），又称掷冰壶、冰上溜石，是以队为单位在冰上进行的一种投掷性竞赛项目。冰上溜石起源于14世纪的苏格兰，当时流行在冰上进行一种类似地滚球的游戏。16世纪，开始出现了冰上溜石比赛。

冰壶为圆壶状，由不含云母的苏格兰天然花岗岩制成，且世界上所有的制造优质冰壶用的天然花岗岩均产自苏格兰近海的一个小岛，也只有苏格兰人掌握着制作世界顶尖水平冰壶的技术。

冰壶周长约为91.44厘米，高（从壶的底部到顶部）11.43厘米，重量（包括壶柄和壶栓）最大为19.96公斤。刷冰是为了减小冰壶与冰面间摩擦。有人把冰壶称作“冰上国际象棋”，这一比喻很好地诠释了冰壶的神秘与高雅。

高雅快乐的冰壶运动使参与者具备了更高的素质：平日交往时温文尔雅、彬彬有礼，具有绅士风度；赛场竞技时出手果敢、诚信大器，又具有骑士风范。发展至今，这项既古老又现代的运动凝聚了深厚的文化底蕴，也积淀了其特有的礼仪。

（二）冰壶运动员礼仪

①比赛中不要故意干扰对手，也不要妨碍对方发挥最佳水平。

②除非故意犯规，任何一名冰壶运动员都不应该违反比赛规则。

③如果比分相差太大，则应该主动认输，以免耗费双方的体力。

④绝对诚信，不要小聪明，不搞小动作。

⑤尽量不用裁判员直接介入，如果双方发生争议，场上绝对不可大声喧哗，只能用手势请裁判员入场。

⑥对本方运动员的出色表现，可以相互击掌鼓励。

⑦比赛结束，胜方要向负方致谢，负方要向胜方祝贺；胜方不得放任自己的快乐情绪，以免影响对方。

思考题

1. 格斗对抗性和轮换攻防对抗性项目比赛注意事项有哪些？
2. 击剑运动员应该遵守哪些礼仪？
3. 棒球运动员应该遵守哪些礼仪？

第十章 CHAPTER 10 体育比赛观众礼仪

无论是社会大众体育，还是竞技体育，都少不了观众的参与。观众不仅是体育比赛的观赏者，更是体育比赛事业发展的推动者、监督者和秩序维护者。没有观众的参与，体育比赛就失去了本质的意义。作为一名优秀观众，不但要为选手提供良好的竞技环境，还要通过适当的语言、举止或声响激发选手斗志，鼓舞士气。而缺乏相关素养的观众则会打扰、阻碍选手的正常发挥，甚至可能使整个比赛无法进行。因此，观众在观赛时的言行举止不仅代表着观众的文明修养，更是代表着一个群体、一座城市乃至一个国家的形象。

第一节 体能类快速力量性、速度性、耐力性项目观众礼仪

一、快速力量性项目

（一）举重比赛观众礼仪

举重历来是体育竞技赛场上最引人注目的项目之一。这项纯粹的力量型运动，仅是一个举起动作，就展示了人类最原始、最本真的运动美学。力量，就是一切。这也是体育最根本的意义所在。

①观众应提前入场，并尽快坐到观众席上等待比赛开始，不要大声喧哗。在比赛中，如组织啦啦队，可统一着装，并指定专人统一指挥，以确保赛场秩序。

②观看举重比赛首先要注意举重台侧面或背面的大型显示屏，显示屏清楚地

显示了运动员国籍、姓名、体重、试举次数、重量，以及奥运会纪录和世界纪录等，这样就能很快地融合到运动员的比赛情绪当中。

③裁判员点到运动员名字后，可以鼓掌加油，并欢呼运动员的名字，以提高运动员的兴奋性。

④在运动员走上举重台握住杠铃后要保持全场安静，不要大声呼唤及鼓掌加油，以免影响运动员的正常发挥，因为这时是运动员调整呼吸及准备试举前注意力最集中的时候。

⑤观看比赛应对比赛运动员一视同仁，持公正态度。国际比赛中，要注意国际影响和民族尊严，要在其他国家和民族的运动员面前表现出中华民族的自尊、自爱和宽容大度。要能接受各种可能的比赛结果，为双方运动员鼓掌助兴，不做有损国格的事情。

⑥应礼貌地对待运动员的比赛，对偶尔失误的运动员要谅解，鼓励他们。不可当场扔东西，出言不逊，发泄自己的不满，以免损伤运动员的自尊心和自信心。

⑦要支持裁判员的工作。瞬息万变的体育竞技，难免出现判断失误，不应对裁判员的工作起哄。

⑧要维护场内公共卫生，不要随地吐痰，乱扔果皮、果核和包装袋。

⑨场馆内禁止吸烟，手机要关机或设置在振动、静音状态。

（二）投掷比赛观众礼仪

① 铁饼、铅球和标枪等投掷类比赛，运动员螺旋式的旋转，器材的平稳飞行，构成了一幅美丽的图画；铅球运动员迅猛的滑步、标枪运动员出手前身体的满弓，也是很有观赏价值的。提前了解和熟悉相关竞赛规则，对提高你的欣赏能力大有帮助。

②看投掷类比赛，不仅需要为运动员鼓掌、欢呼、叫好，更要学会配合运动员的比赛适时地进行有节奏的助威。比如跳跃项目的运动员在助跑的时候，观众的鼓掌是有节奏的，是配合运动员的步点的，而投掷类项目，运动员或旋转，或助跑，观众的鼓掌助威方式是不一样的。

（三）跳跃比赛观众礼仪

①跳远、三级跳远和跳高等跳跃类的比赛，因其节奏鲜明的助跑、迅速有力

的起跳和完美的空中姿势，很受观众的喜爱。观众可以提前了解和熟悉相关规则，以便于更好地欣赏。

②在观看跳高、跳远等跳跃类比赛时，起跳之前，观众的掌声会调动运动员的积极性，使运动员比赛中的兴奋点达到更高，当运动员出现失误时，不可给以嘘声。

二、速度性项目

（一）田径比赛观众礼仪

田径比赛很多项目是在可容纳数万人的大型体育场里举行。田径爱好者应将观看比赛当作是感受运动之美、感受生命魅力的行为。观众在观看比赛时要遵守基本的观赛礼仪。在重点观看某人某项比赛时，要根据相关项目的竞赛特点和规则要求做到文明观赛。

①观摩比赛应提前入座，这样既尊重运动员，也不影响他人观看比赛。

②颁奖升国旗、奏国歌时，应肃静起立，不要谈笑或做其他事情，以示尊重。

③运动员出场时，观众应该给予鼓励和掌声，不只给予本国的和自己喜欢的运动员，还应包括其他的运动员。

④当运动员开始跳跃、投掷项目助跑时，观众可以根据运动员的助跑节奏鼓掌，注意不要在看台上随意走动。

⑤在高度项目比赛中，即使运动员水平再高，最终都要以自己所不能逾越的高度而告终。所以当运动员成功越过某一高度时，应该向运动员表示祝贺。但是，当运动员最终未能越过更高高度的横杆而结束比赛时，观众也应该向运动员报以热烈的掌声。

⑥在进行短距离径赛项目时，当运动员站在起跑线后，宣告员开始介绍每位运动员时，观众应报以热烈的掌声和欢呼声，以表示对运动员的喜爱和支持。当裁判员发出“各就位”口令后，即运动员俯身准备起跑时，赛场应保持绝对的安静，观众不要鼓掌呐喊，而应该在心里默默地为运动员加油，以免使场上运动员由于场外因素而分神。当发令枪响后，观众就可以完全释放出自己的活力和激情为自己的偶像呐喊助威了。

⑦在一些长距离项目如马拉松等比赛中，当远远落后的运动员坚持到终点时，观众应该把最热烈的掌声送给他们，为其重在参与的精神鼓掌。

⑧比赛结束时，获胜运动员为答谢观众一般还会绕场一周，大家一定要用掌声和欢呼声向其精彩表现表示欣赏和鼓励。

⑨把赛场当作自己的家去爱护。赛场内禁止吸烟，手机要关机或设置在振动、静音状态。

⑩观看马拉松和竞走比赛时，要服从现场工作人员的指挥，自觉在安全线外观看比赛。运动员跑过身边时，严禁横穿比赛路线、严禁擅自给运动员递送物品、严禁翻越护栏等道路安全设施。

（二）游泳比赛观众礼仪

游泳比赛是技巧性、艺术性、观赏性超高的运动项目。

①游泳馆内严禁吸烟，防止烟气融入水中被运动员吸入体内；不可使用闪光灯，以免刺激运动员的眼睛。

②裁判员发令时，不可鼓掌欢呼或发出噪音，以便运动员听清发令声。

③游泳馆内一般温度较高，可以穿得单薄些，但不要赤裸身体。

④观赏游泳比赛，观众应掌握一些有关的游泳比赛知识。如果观众的加油助威声能与运动员的频率结合在一起，按照比赛节奏进行，对运动员来说，是一种很有效的辅助作用。

⑤对于仰泳选手来说，最怕的可能就是热情观众手里的闪光灯了。强烈的闪光会刺激到选手，从而对比赛造成莫大的干扰。

⑥比赛期间运动员需要足够的休息时间来养足体力，粉丝们尽量不要到休息场所打扰运动员的休息。

⑦作为女子项目的花样游泳，由游泳、技巧、舞蹈和音乐编排而成，是一个艺术性很强的项目，有“水中芭蕾”之称。观赛时，观众可以将其作为艺术表演来欣赏。当运动员完成一个漂亮的动作时，可以鼓掌欢呼，表示赞赏，不必担心叫好声会盖过音乐声，干扰运动员的正常发挥。因为即使运动员潜入水中，也可以通过水下的扬声器听到音乐。

三、耐力性项目

（一）自行车比赛观众礼仪

自行车项目是一项富于挑战性的运动，比赛的激烈程度、现场的刺激画面足以使观众欢呼、沸腾。观众为运动员加油助威可以更好地激发运动员的挑战精神与顽强意志。

①根据自行车项目的特点，观众可以近距离地观看比赛。

②在自行车比赛开始（集体出发项目例外）时，运动员需要根据倒计时电子提示音发令出发。运动员出发时会全神贯注地聆听出发信号，这时现场的观众应保持安静，以免干扰或影响运动员的比赛出发。

③对于沿途观赛的观众来说，要选择一个安全的位置观看比赛。在赛道中经常有一些危险地段或是急转弯地形，以及运动员竞争比较激烈的地段。运动员在激烈的竞争中存在着一定的危险性，如果运动员在高速状态下发生侧滑、摔倒等事故，势必威胁周边观众的安全。所以，观众在沿途观赛时一定不要超越隔离区，以保证自身的安全。

④观看自行车比赛过程中一定要听从赛场人员的指挥，不要随意冲入场内或赛道。因为公路自行车赛道上不仅有高速行驶的自行车，还有保障竞赛的各种机动车车辆，如裁判车、器材车、新闻车等。这些车辆在比赛中行驶速度非常快。特别是在公路个人计时赛中，运动员是间隔时间进行出发的，这就意味着整个赛道都会有投入比赛的运动员。所以，观众突然冲进或穿越赛道的做法是十分危险的。一旦发生阻挡运动员或队车的事故，轻则影响运动员的比赛成绩；重则造成严重的人身伤害事故。

⑤在为运动员加油助威时，不能打出任何标语、横幅，以免影响运动员的注意力。

⑥在观看山地车比赛时，观众不能接触或帮助运动员，更不能向运动员的身上和车上喷水。因为规则规定参赛运动员在比赛中不得接受外界帮助。

⑦自行车运动很容易调动观众的情绪，每到激烈之处，观众都禁不住会呐喊助威。随着激烈程度不断升高，观众情绪高涨是很容易理解的，观众文明加油的方式都是允许的，只是，要注意应为所有参赛运动员理智地加油，体现观众的文明素养和对自行车运动的理解。

⑧室外观赛时，应注意天气变化，做好防晒、防雨等各项准备工作。

（二）皮划艇比赛观众礼仪

皮划艇是一项能够给人带来很大美感和愉悦享受的运动，它既有激烈的对抗和竞争，也有运动员完美发挥技术时展现的运动之美和韵律之美。观看比赛的时候，观众能欣赏到运动员矫健的体形、有力的动作及漂亮的舟艇在激流中划过的轨迹。再加上人体所必需的阳光、空气、水三大要素，这无不给人以美的享受。

①观赛时，应注意欣赏激流中人与自然搏斗、战胜复杂多变环境的精神和场面。

②皮划艇比赛的关键在于掌控节奏，观众最好能找着比赛的节奏，随着划桨的声音加油喝彩。

③皮划艇比赛因为是在室外进行，加上水的反光作用，应注意防晒并加强防暑降温的自我保护。

第二节　技能类难美性、准确性项目观众礼仪

一、难美性项目

（一）体操比赛观众礼仪

体操项目包括竞技体操、艺术体操和蹦床三项，它们都具有很强的技巧性、艺术性和观赏性。

①体操比赛在很大程度上是心理比赛，运动员需要良好的比赛环境。观众在一套动作结束时可以鼓掌称赞，但运动员做动作时不可鼓掌助威，应保持场上安静。

②在观看体操比赛中，鼓掌加油通常有两种情况：一种是运动员技惊四座的漂亮动作完成后，如两个动作间的精彩连接，男子单杠中的飞行动作，艺术体操中开始和结束的两串动作，以及吊环中一些坚挺的支撑动作等，都可鼓掌喝彩。另一种是运动员动作失败，掉下器械，但又重上器械继续比赛，或者完成整套动作后落地不稳，但仍然站起来完成最后的亮相，这时都应为运动员的坚强意志和顽强作风报以热烈的掌声。

③作为女子项目的艺术体操是动作与音乐相配合的竞技项目。比赛进行中，应保持安静，不应喝彩或发出敲击声。可在完成动作后，鼓掌喝彩，但时间不宜持续过长。

④体操是由裁判员打分的项目，如果观众认为裁判不公，通常是由于观众对打分规则了解不够或者观众与裁判观察角度不同所致，所以要冷静克制，不可起

哄。即使确属裁判不公，也应尊重裁判，理性对待。

⑤欣赏艺术体操要关闭手机或设置在振动、静音状态，不要影响运动员动作与音乐的配合。

⑥要注意喝彩欢呼的时机，因为体操运动很多高难度动作都是通过器械来完成的，观众的欢呼声很可能会影响运动员的注意力，如果在器械上出现失误，后果将是很危险的。

（二）高尔夫球比赛观众礼仪

观众在了解高尔夫球比赛知识的同时，要自觉遵守礼仪，树立绅士形象。观看高尔夫时大部分球迷没有固定的座位，而是走动着观看比赛，因此有比其他运动更为严格的观赛礼仪。

①高尔夫球场上有观赛区和观赛道，都会用绳子隔开，观众不可进入绳子里的区域，要按球场上规划好的道路走，有些地方可以进草地，有些通道可以跟选手近距离接触。

②如果比赛已经开始就只能走不能跑，要切记等一洞比赛结束才能走动，因为比赛时随意走动极有可能分散球员的注意力，影响发挥。

③在发球台，球员在思考的时候，例如观察风向怎么吹、线路怎么走，球应该怎么走这个线路，考虑怎么做一个动作时，如果受到干扰，就会分散球员的注意力，在这个时候会有人举牌，你就不能拍照，不能发出声响，就是走动晃动都不行。

④在国外高水平高尔夫比赛中有一条不成文的规定，进入高尔夫球场不能穿牛仔裤。为了保护草坪，严禁观众穿着高跟鞋进入球场，要穿休闲裤或平底鞋。

⑤高尔夫是一项相对比较“静”的运动，在选手准备推杆和推杆的过程中要绝对保持安静。观众除了要把手机关掉或者将铃声调成振动外，不能随意鼓掌喝彩。

⑥要爱护场地。观众路过赛场走在草地上不要碾、踩草地，不要移动标志物，更不要进入水障碍和沙坑。

⑦任何情况下都严禁触摸、移动球员的球。

⑧高尔夫球选手在参加比赛时要身着带领子的衣服，现场观众也必须身着带领子的上衣，而且禁止带相机进入观赛区域拍照。

⑨高尔夫是户外运动，夏季高温，观众露天观赛，要做好相关防晒措施，以

免晒伤。

⑩观众可以自带饮料，也可在赛场的零售点购水，但要保护环境，不要随地乱扔垃圾。

⑪严禁在球场乱扔烟蒂和饮料瓶之类的垃圾，严禁随地吐痰，保持高尔夫球场洁净的环境。

二、准确性项目

（一）射击比赛观众礼仪

“失之毫厘”就可能“谬以千里”，此话用于射击运动再贴切不过，遵守射击运动的观赛礼仪十分重要，不文明的观赛行为会直接影响选手的发挥。特别是观看射击比赛存在一定的危险性，尤其应注意遵守纪律。

①尊重所有的运动员，不带有任何的种族、民族的歧视，这是观看射击比赛首先要做到的。

②入场后应到指定地点就座，不要随处走动，尤其不要误入禁区，以免发生危险。

③场内严禁大声喧哗、打闹，在运动员瞄准时一定要保持赛场安静，以免干扰运动员的注意力。

④严禁在比赛场地内大声喧哗、打闹。在运动员发射时一定要保持赛场安静，以免影响运动员的注意力。

⑤在宣布比赛成绩时，观众应报以热烈的掌声，如比赛现场安排有专门的工作人员引领鼓掌，观众可自觉跟随。

⑥严禁使用闪光灯拍照，不允许接打手机。

（二）射箭比赛观众礼仪

射箭运动既古老又年轻，是一项大众喜闻乐见、社会空间广泛、竞技发展迅速的体育运动。近几年，国际箭联对射箭竞赛规则进行了大幅度的改革创新，更增加了观赏性，射箭运动的商业化、职业化、专业化程度呈现不断提升的趋势。世界各国对射箭运动的竞技技术、训练模式不断革新，射箭运动正呈现出新的发展活力和项目魅力。

①观看射箭比赛存在着一定的危险性，应严格遵守纪律。

②要按照赛场的要求到指定地点就座，不要随处走动，更不要误入禁区，以免发生意外。

③观众掌声能使比赛显得热烈并体现出比赛的魅力。在运动员射出一支精准的好箭后，观众应报以热烈的掌声；即使射出的不是好箭，也应鼓掌予以鼓励；在宣布成绩时，观众应报以热烈的掌声。

④比赛中，运动员必须集中注意力。在运动员瞄准目标，但箭未离弦之时，不要发出任何声音，以免影响运动员的注意力。

⑤由于比赛是在室外进行，因天气原因可能会有推迟，观众对组织者做出的延期决定应予以理解。

⑥不要撑开自己的遮阳伞，那样会因分散运动员的注意力而影响其水平的发挥。

⑦爱护场地和公共设施，最好带“无污染”的矿泉水，比赛结束，一定不要忘记带走水瓶和其他杂物，保持赛场清洁。

第三节　技能类隔网对抗性、同场对抗性项目观众礼仪

一、隔网对抗性项目

（一）乒乓球比赛观众礼仪

乒乓球是一项很细微的运动，在比赛过程中，运动员的心理和精神处于一种高度集中状态。他们需要用眼睛仔细观察对手球拍撞击球时的动作、时间、部位、拍形和来球的运行情况及对手的表情等；用耳朵听出对手球拍撞击球的声音，从而判断出来球的旋转、速度、力量、落点、节奏情况以及对手的心理状态、可能采取的战术等；同时还要考虑自己如何回球。因此，需要有观众配合的赛场环境。

①从运动员准备发球到这个球成为死球的这一段时间内，整个赛场要保持安静，不要鼓掌、跺地板、大声讲话、呐喊助威、随意走动、展示旗帜和标语等。

②不要使用闪光灯拍照。闪光灯对比赛的影响非常大，乒乓球球拍和球的碰撞在瞬间完成，闪光灯会刺激运动员的眼睛使其难以判断来球的情况，从而影响回球的质量和命中率。

③呐喊助威要含蓄，不要将锣鼓带进馆内，因为过大的声音、过激的语言会影响运动员的心情和注意力。

④不在场馆内吸烟，关闭手机或将手机调至振动、静音状态。

（二）羽毛球比赛观众礼仪

羽毛球始终是一项高雅的运动，对声、光、色彩乃至室内空气条件都有严格要求，任何一方面不理想都会对比赛和运动员产生负面影响。

①入场应提前几分钟，并尽快坐到观众席上等待比赛开始。不要大声喧哗，高声喊叫。在比赛中，如组织啦啦队，可统一着装，并指定专人统一指挥，以确保赛场秩序。

②观赛者不得将锣鼓、乐器等响器带入比赛场内。

③观赛可穿着便装，但不宜穿怪异服装。若有贵宾观看比赛时，应礼貌地鼓掌表示欢迎。

④观看比赛应对比赛的双方一视同仁，持公正态度。国际比赛中，要注意国际影响和民族尊严，要在其他国家和民族运动员面前表现出中华民族的自尊、自爱和宽容大度，要能接受各种可能的比赛结果，为双方运动员鼓掌助兴。

⑤比赛对声音、色彩、光线乃至室内风要求比较严格。比赛中，观众要相对安静，不能随意发出响声，将手机关闭或调至静音状态。

⑥羽毛球赛场的背景一般相对较暗，不能使用闪光灯拍照。

⑦运动员发球时，观众不能呐喊助威。为运动员加油鼓劲时，可以呼喊运动员或运动队的名称；对精彩的表演可报以长时间的热烈掌声和喝彩。不应喝倒彩，更不能用带有敌意的语言攻击对方。

⑧比赛中，观赛者尽量不要从座位上站起来，更不要随意在看台上来回走动。

⑨应礼貌地对待运动员的比赛表演，对偶尔失误的运动员要谅解、鼓励他们，不可当场扔东西，出言不逊，发泄自己的不满，以免损伤运动员的自尊心和自信心。

⑩要支持裁判员的工作。瞬息万变的体育竞技，难免出现判断失误，不应对裁判员起哄。

⑪要维护场内公共卫生，不随地吐痰，乱扔果皮、果核和包装袋。

⑫比赛结束时，观赛者应热烈鼓掌。颁奖奏获奖队国歌时，观赛者应肃立，

不应谈笑或做其他事情。

⑬观赛者在观看比赛时不得燃放烟火，不得向场内抛掷物品。观赛者不得破坏公物，不得做不文明手势。

⑭退场时不要拥挤，出场后自动疏散，不要围堵运动员或运动员的车辆，造成秩序混乱。

（三）网球比赛观众礼仪

网球是一项绅士运动，它的魅力与网球礼仪、球员与观众所具备的良好行为素养密不可分。

①观看比赛应提前入场。如果比赛已经开始，可在第 3、5、7 单局比赛结束换边时，由引导员帮助尽快入座。

②比赛开始之前坐到自己的位置上，不能随意停留在过道或坐在栏杆上看球。比赛开始后，要保持绝对安静，关闭所有的无线通讯设备，尽量不在赛场接听电话。

③比赛时，运动员的注意力必须始终保持高度集中，而观众发出的噪声会使他们分心并影响水平发挥，这一点在发球时表现得尤为突出。

④吃东西、互相聊天、喧哗和走动都是不可以的，只有在球员交换场地休息的 90 秒内可以起身活动，运动员有权因为观众的不安静停止或推迟比赛。

⑤发球时运动员通常会用球拍原地拍球，这是运动员给自己加油打气并思考战术的过程，此时观众应该保持安静。

⑥比赛过程中，不能使用闪光灯拍照。

⑦观众去洗手间或者买饮料，最好在选手进行 90 秒休息的时候走动，在一个球成为死球的时候再回到座位上。

⑧比赛中，当捡到球员打飞的球后，应在比赛暂停时将球扔入场内，千万不可在比赛进行时将球扔进场内。

⑨即使是选手的比赛打得再精彩，观众也不能在任何时间随意鼓掌喝彩，一定要等一个球死球之后再鼓掌或者喝彩；鼓掌的时间也要适可而止，因为选手在准备发球的时候现场要保持安静，如果现场迟迟不能安静下来，选手就不会发球或者向裁判提出抗议。

⑩如果选手把球打到观众席上，观众应该将球退还回去，否则，如果没到换球时间的话，比赛会因此而中断，直到观众退回球或是等到换球时间。

⑪比赛中不得与裁判员、球员进行任何形式的谈话，包括询问比分，对判罚提出异议等。

⑫不要带幼儿去观看网球比赛，因为他们难以控制的声音会让你成为比赛场内的焦点。

（四）排球比赛观众礼仪

排球比赛中，双方的攻防转换始终是在激烈的对抗中进行，高水平排球比赛，对抗的焦点在网上和扣拦上，水平越高的比赛，对抗争夺也越激烈。排球赛又是团队项目，水平越高的队，配合就越严密。因此，排球比赛具有很强的观赏性。

①观众应提前入场，比赛期间少走动，将手机关机或调至振动、静音状态。

②进入排球比赛场地，观众举止应文雅得体。开赛前，举行运动员入场仪式，运动员向观众行礼时，观众应以热情的掌声回应。单独介绍教练员、运动员及裁判员时要报以热烈的掌声。

③ 运动员做准备活动时，如球飞到看台，观众不要直接将球扔回场内，应将球捡起交给捡球员。

④比赛时，配合队员们始终营造热情高涨的赛场氛围，适时适度地呐喊助威。当队员每一次精彩的倒地救球、拦网或进攻得分时，观众的叫好声是对运动员的最大鼓励。

⑤比赛中，运动员发球时，任何声响干扰都不受限制。如果运动员发球失误，观众也可以鼓掌表示对另一方得分的祝贺，只是不要过分地鼓“倒掌”，因为这样容易使运动员本已遗憾的心情更加郁闷，是不礼貌的行为。

⑥暂停时，运动员会回到双方替补席附近，教练员对运动员安排战术，这时任何响器的声音都是允许的，但观众不能向场内投掷物品或有针对性地刺激运动员。

⑦可以带有倾向性地观赛，但要尽量与全场气氛一致。如全场都在做“人浪”，不要坐着不动；周围的人都很沮丧时，不能过分地幸灾乐祸，这样不但不礼貌，而且容易引发球迷间的冲突。

⑧当自己支持的球队由于失误而失分时，观众的掌声是对运动员的最大安慰。

⑨比赛中，观众应尊重运动员的表演和裁判员的工作，不使用不文明的、侮

辱性的言行刺激运动员和裁判员。

⑩观看比赛时，禁止燃放烟火、向场内抛掷物品、破坏公物、做不文明手势，禁止吸烟。照相不宜使用闪光灯。

⑪要能接受各种可能的比赛结果，为双方运动员鼓掌助兴，使运动员在友好的气氛中进行比赛，不做有损国格的事情。

⑫欣赏沙滩排球比赛，观众除了关注比赛的输赢、金牌的归属之外，更应该享受整个比赛的过程，享受自然、人体、运动美所带来的愉悦。观众可以大声地为每一个好球喝彩，在阳光、沙滩之间充分释放自己的好心情。

⑬观看沙滩排球比赛时，观众可根据比赛场地的特点穿着便装、休闲装或运动装，适当使用防晒用品以降低紫外线对皮肤的伤害，最好戴墨镜，自备饮料。

⑭为了不影响其他观众，不宜使用遮阳伞。

⑮尊重裁判，特别在裁判员做出“持球”“连击”等犯规判罚时，观众由于距离赛场较远，不宜轻易认为裁判误判，不能发出嘘声，更不能辱骂裁判员。

二、同场对抗性项目

（一）足球比赛观众礼仪

足球是最富激情的运动，由于球场上容易发生肢体碰撞或裁判失察、误判等，常常会引起球迷的过激反应，导致冲突甚至引起骚乱、伤亡事件。因此，注意观赛礼仪，倡导文明观赛十分重要。

①提前到达自己的位置就座，减少因迟到而产生的焦躁感。入场后，应该对号入座，不要因为自己的座位不好而占别人的座位。观看比赛，心态要平和，注意控制自己的情绪。

②可以随身携带锣鼓、喇叭、旗帜、加油横幅等啦啦队常用物品入场，不能携带酒精类饮品、瓶装饮料，以及侮辱性标语等赛场明令禁止的物品。

③观看足球比赛不必像听歌剧、音乐会那样着正装，但也要大方得体，选择休闲服、运动服最佳。穿上与自己喜爱球队相同颜色的球衣，或是别出心裁地在脸上进行彩绘等，都会很好地活跃比赛气氛。穿背心、拖鞋，甚至赤裸上身去赛场看球则有伤大雅，不符合公共场所礼仪的要求。

④看球时不要站起来，如前排有人站起来影响到自己的视线，可以用平和的口气提示对方。

⑤在比赛中起哄、乱叫、向场内扔东西、鼓倒掌、喝倒彩的行为是违背体育精神的，更是没有教养的表现。

⑥看球时适度参与周围的喊口号和造“人浪”活动，一方面能降低周围的紧张感，另一方面能使自己保持冷静。对双方运动员良好的球技和体育道德行为要给予鼓励。

⑦如果实在难以控制自己的情绪，不妨到场外放松一下，缓解自己焦躁的心情。无论比赛结果如何，结束时都应礼貌地再次为双方球员和裁判员鼓掌表示感谢。

⑧不要过早地退场，在出口与入口处或人群密集处看球，极容易出现踩踏等意外事故。

⑨国际足球比赛会举行升国旗、奏国歌仪式。届时，除摄影、摄像记者外，在场人员应一律起身、肃立，停止走动和交谈。当升起本国国旗、奏响本国国歌时，应面向国旗行注目礼，军人要向国旗行军礼，全体随国歌曲谱一同唱响国歌。而当升起客队国旗、奏响客队国歌时，在场人员应保持肃立，以示对客队的尊重。

⑩两球队入场时，要为双方球员鼓掌，不可只给自己喜爱的球队鼓掌，而冷落另一支球队。

⑪场内观众席上一般允许吃零食，但进食不得影响他人观赛，更不要把果皮纸屑随手乱丢。足球赛场内不要抽烟。

⑫球迷们为己方球队加油助威，常见形式有喊口号、吹喇叭、敲锣打鼓、做“人浪”等，这些可以很好地增强赛场的浓烈气氛。但喝倒彩，辱骂队员、教练员、裁判员，甚至往赛场内投掷危险杂物等是不礼貌行为，是不被允许的，严重的还有可能触犯法律。

⑬在比赛紧要关头，尽量不要因一时激动而从座位上跳起来，挡住后面的观众。要知道，越是关键的时刻，大家的心情越是一样的。

⑭观看比赛的时候，不要带年龄太小的幼儿去。幼儿往往只有三分钟热度，很快就会对比赛失去兴趣，继而来回跑跳甚至哭闹，这样会影响你周围的观众。

⑮比赛结束后将所有垃圾带走，做妥善处理。

（二）篮球比赛观众礼仪

在充满激情和变幻的篮球场上，双方运动员以健美的体态、娴熟的技术和技巧、巧妙的配合和丰富的想象力斗智斗勇，展现出运动员个人及其所在球队的技术素养、战术风格、团队精神以及风度气质等。但这一切都离不开观众，如果没有观众参与，就不可能是一场完美的比赛，因为观众是一场篮球比赛的重要组成部分。每一位观看比赛的观众，一言一行、一举一动，都代表着国家和民族的形象。

①观众进出篮球场馆要有秩序，一般要提前到达，这是对运动员、教练员和裁判员最起码的尊重。

②玻璃瓶、易拉罐饮料不允许带进赛场，只能带软包装饮料进入球场；如感到口渴，可在场馆内购买软包装饮料，但垃圾要用方便袋或者纸袋自行带出。

③观众可以带上充气棒或写有助威词语的标语牌等物品，表达自己的心意，但标语牌不要过大，文字不可以粗俗。不要带锣鼓、大镲、小号一类的高噪音乐器进场。

④观众的衣着要整洁、大方，不能穿着太随便，进入篮球馆后，不要吸烟。

⑤在开赛前几分钟，解说员会介绍比赛双方的教练员、运动员，随后举行升旗仪式。为了表示尊重，在升旗仪式过程中无论此时你在做什么，都应当停止走动，不要说话，表情严肃地面向国旗站立。特别是在播放国歌时，观众也一定要做到这点。

⑥在比赛中，不要随意走动；手机要关机或设置在振动、静音状态。不能随意使用闪光灯。

⑦篮球比赛中遇到罚球时，看台上的球迷喝倒彩或挥舞充气棒来分散罚球队员的注意力是被允许的。当然，在球员罚球命中后，观众仍然应用掌声给予鼓励。

⑧当场上发生争执时，观众应当服从裁判员判罚，不要对裁判员进行无端指责、谩骂。一旦场内比赛双方发生类似打架等突然情况时，观众应保持理智，特别是不要向场地内扔杂物，以免砸伤运动员。

⑨要为双方的精彩表演鼓掌，不要利用嘘声影响比赛、打压对手；不要冲着啦啦队员指手画脚，也不要使用带有挑衅性的肢体语言。

⑩良好的互动是篮球场上必不可少的，它可以激起运动员的热情，使其更好地投入比赛。观赛过程中，可以随现场 DJ、体育馆内强烈节奏的背景音乐为双方的运动员加油呐喊。

⑪观众最好在比赛节与节之间或上、下半时结束后如厕，或者买饮料；观看

比赛时请不要坐在通道的台阶上。

⑫观赛时，可以带上内容健康、尺寸恰当、表达心意的标语牌，适时亮出。

⑬比赛中，良好的互动可以激发运动员的斗志。在观赛过程中，可以采取多种形式为运动员加油呐喊、助威喝彩，但不得发出与裁判员相同或相似的笛声和哨声。

⑭注意控制情绪，文明友善，不说冒犯对方球队的话，更不能谩骂队员、教练员和裁判员，不往场内扔杂物。爱护场内公共设施。

⑮比赛结束后，通常会有很多球迷围在运动员出口处等待球员退场，向自己喜爱的篮球明星索要签名和合影留念。这时，球迷要服从工作人员管理，保持现场秩序，不要强行留下运动员。遇到喜爱的外国球星时，尽量用英语与其对话。要求得到满足后，不要忘记说“谢谢”。

（三）曲棍球比赛观众礼仪

曲棍球运动是团体对抗性项目，对运动员的各种竞技能力要求很高。比赛具有攻守转换速度快、对抗激烈等特点。进攻队员各种传球配合、快速突破、鱼跃射门及守门员扑球救险等比赛精彩场面令人赏心悦目。

①观看曲棍球比赛，观众应提前入场并在观众席就座。

②运动员在裁判员的引导下集体入场举行升旗仪式，观众应起立致敬。介绍裁判员、运动员时，观众应报以热烈掌声。

③曲棍球比赛具有攻守转换速度快、对抗激烈等特点，观众可随着攻防节奏的变化鼓掌或加油呐喊。

④在判罚短角球和点球时，全场应保持安静，因为这两种罚球都要听到裁判员的哨音才能触球。短角球是否成功取决于技战术的配合，噪音可能会影响队员间的交流和发挥。点球则是守门员和罚球队员间的斗智斗勇，保持安静可以使运动员集中注意力，更好地发挥技战术水平。

⑤比赛期间所有人员禁止吸烟，手机要关机或设置在振动、静音状态。

（四）手球比赛观众礼仪

手球运动是一项快速、连续、激烈的对抗性球类集体项目，比赛中攻守转换快，在激烈的对抗中，双方身体接触频繁，队员之间的传球花样繁多，因此手球具有较强的现场观赏价值。

①在观看比赛时，一般要提前入场并就座，这是对运动员、教练员、裁判员最起码的尊重。

②举止要文明，着装应得体；在比赛场地内禁止吸烟，手机要关机或设置在振动、静音状态。

③不要出现侮辱性的语言或向场内乱扔杂物的现象。饮料、食物最好是软包装的，垃圾要用方便袋或纸袋自行带出。

④在比赛进行中，观众应服从组织安排，尽量不要站起来或来回走动，也不要大声谈笑、嬉戏；要为运动员打出精彩的球而欢呼喝彩，但不要因运动员一时的失误而起哄发出嘘声，要能同时欣赏双方运动员的精彩表现。

⑤在运动员罚球时，观众最好保持安静，不要扰乱运动员的情绪，罚球后再喝彩鼓掌。要注意适当控制自己的情绪，不要失控。

⑥比赛中，队员之间的传球花样繁多，观众可加以重点关注。

⑦要在每节比赛结束后如厕或者买饮料。

⑧在激烈对抗的手球比赛中，场上紧张的气氛会强烈感染观众，同时，观众也应对运动员在场上顽强拼搏的精神给以掌声鼓励。

⑨欢呼喝彩要和场上比赛的节奏相吻合。如罚球之前，观众最好保持安静，不要扰乱运动员的情绪，罚球结束之后再鼓掌喝彩。

⑩比赛结束后，退场应有序，应礼让老弱妇幼先走，不要拥挤，始终做文明观众。

（五）水球比赛观众礼仪

水球是一项在水中进行的集体球类运动，结合了游泳、手球、篮球、橄榄球的规则；类似于足球，以射入对方球门次数多的一方为胜。因此，大家可以把水球简单地理解为“水中足球”或“水中手球”。水球比赛的精彩激烈程度丝毫不逊色于绿茵场上的足球比赛，拿球、抢球、摔抱等动作全部在水中进行，大大增加了这项运动的难度，也对运动员的体力和耐力提出了很高要求。

在奥运会赛场上，水球比赛是一项上座率十分高的赛事，往往都是场场爆满，一票难求，现场的气氛更是火爆到了连裁判的哨声都险些被淹没的地步。水球运动在欧美国家更是备受追捧。在美国，水球的普及率超过了足球；在瑞典、挪威和丹麦，水球甚至被称为“第一运动”。

①与网球、高尔夫球等运动截然不同，在观看水球比赛时，现场观众不仅不

需要保持安静，反而应该越热情、越活跃越好，因为水球可以称得上是体育运动中最累人的项目之一。

②现场观众在运动员突破进攻时为他们高声呐喊、击鼓助威，无疑可以大大激励他们的斗志，让他们暂时忘记身体的疲惫，不断拼搏、勇往直前。对于水球运动员来说，热烈的掌声、喧天的锣鼓是鼓励他们的最好方式。

③观看水球比赛时，观众不要随意走动，在每节比赛结束时，方可走动；观众应对水球比赛的基本规则有所了解，才能在观赛时不至于露怯。

④比赛过程中，观众鼓掌与喝彩要注意时机才能起到加油与鼓励的作用。

⑤对于裁判员的判罚，观众不应起哄，以免影响运动员的发挥。

⑥进场后不乱走动和站立，不乱扔垃圾，不踩踏座椅，不向比赛场地抛掷任何物品，不喝倒彩，不发出嘘声。

⑦比赛结束后将垃圾带出场外；进出场馆时要遵守工作人员的指引，以文明的观赛秩序和行为举止为比赛助威。

（六）橄榄球比赛观众礼仪

橄榄球运动是一项非常具有观赏性的对抗运动。橄榄球既不简单也不野蛮，比赛场面乍看乱成一团，实则条理分明、井然有序，橄榄球是过去三十年间发展最迅猛的体育项目（1986 年，国际橄榄球协会只有 8 个成员，2016 年成员已经达到 120 个）。

①观赛前，最好先了解一下橄榄球比赛的基本规则，找到比赛的看点，充分享受观赛的乐趣。

②观看橄榄球比赛时，观众应该提前进场，按照座位就坐。

③比赛中，观众的加油无疑是对选手最好的鼓励。作为一名文明的观众要为精彩的得分呐喊喝彩，也要为输球的比赛队伍鼓掌加油。

第四节　技能类格斗对抗性、轮换攻防性项目观众礼仪

一、格斗对抗性项目

（一）击剑比赛观众礼仪

中世纪的欧洲，击剑被认为是一种绅士、贵族的运动。通过击剑进行决斗的

骑士们在交锋前，双方要举剑于眉间向对方敬礼致意，即便是面对决战对手，也不忘让礼貌先行。因此，这项运动从根本上就透着一种高贵的“风骨”。

①比赛过程中，运动员总会根据对方的特点选择出剑、进攻的方式，这时观众不应发出助威声，以便运动员更好地思考和出招。

②裁判员发出比赛或叫停的口令时，观众应保持安静，裁判员判罚之后，等灯亮，观众可为双方运动员鼓掌加油。

③击剑场内不得使用闪光灯拍照，不得接打手机。

④裁判员下达“停”的口令时，观众应保持安静，倾听裁判员的判罚，然后观众才可为双方运动员鼓掌加油。当裁判员下达实战开始口令时，观众也应保持安静，使运动员能听清裁判员下达的每一个口令。曾出现过由于观众们的欢呼鼓掌甚至跺脚声淹没了裁判员的口令，裁判宣布比赛开始后，运动员没有听见，一直站着不动，以至于不得不重喊口令的情况。

⑤比赛结束后，为优胜者颁发奖牌并演奏国歌时，观众应全体起立并保持肃静。

（二）柔道比赛观众礼仪

柔道是一种极为讲求礼仪的体育项目，饱含着东方人的礼仪与秩序精神。

①观众可以得体适度地为场上选手加油和助威。

②手机要关机或设置在振动、静音状态。

③比赛场馆内不吸烟。

④选择恰当时机给予运动员鼓励的喝彩和掌声。

⑤不向场内投掷杂物。

⑥升旗奏歌时，应起立并肃静。

（三）拳击比赛观众礼仪

拳击是一种对抗性十分强烈的搏击项目。选手的招式变化多端，给人一种刺激和愉悦感。拳击比赛吸引人的地方之一是拳台周围设有观众席，观众可以“零距离”地观看激烈的对抗。拳击比赛本身所具有的紧张和刺激，使观看拳击比赛的观众也容易变得热血沸腾。因此，文明的观众们就需要克制自己的情绪，最重要的是加油而不鼓噪、激动而不疯狂。

①拳击场内不得使用闪光灯拍照，不得接打手机。

②坐在前排的观众不能向运动员挥舞和抛掷物品。

③观众要用一个平和的心态观看拳击比赛，体现高尚品德。

④在比赛中，可以给双方运动员加油。

⑤在一方运动员击中对手的时候，给予掌声和欢呼声。

⑥不能向失利的一方起哄或者发出嘘声、吹口哨甚至做嘲笑的不文明手势。

⑦场馆内禁止吸烟，手机要关机或设置在振动、静音状态。

⑧由于比赛由裁判员判分，存在一定的主观性，所以观众更要注意给以尊重和理解，理智面对输赢，不可粗言恶语，更不能向场地掷物。

⑨观众可为双方运动员加油助威，激发他们的比赛热情，形成台上台下的良性互动。

⑩观看拳击比赛，要学会欣赏它的运动美。在高水平的拳击比赛中，攻防动作强劲有力，拳法突然迅速、攻势凌厉，令人眼花缭乱，动作潇洒自如，给人以艺术性的美感。

（四）跆拳道比赛观众礼仪

在跆拳道比赛中，主要以腿法为主，动作强调击打要有力度并准确。双方攻防转换速度非常快，并且在进攻和防守时鼓励运动员发声扬威。因此，比赛时场上场下喊声不断，看到漂亮的击打，无论是否得分，观众都可以大声地喝彩。由于比赛由裁判员判分，存在一定的主观性，所以要求观众更加注意尊重与理解。为选手助威应该热情有度，不能感情用事，不可出言不逊，不发出嘘声和吹口哨等。

比赛中，对阵双方处于对峙状态时，会通过看对方的眼神做出预判，也有选手习惯看对手的脚肩或者步伐来做判断，以寻找战机，此时，应保持安静，一定不要使用闪光灯拍照，以免干扰运动员的注意力。

二、轮换攻防对抗性项目

（一）棒球比赛观众礼仪

棒球是一项在室外场地进行攻守对抗的球类运动，比赛双方的目标是赢得比对方更多的得分。棒球又是一项绅士的运动，双方队员从棒球比赛开始前到结束后都遵守着相关的棒球礼仪，作为观众就更不应该例外了。

①最好先了解一下棒球比赛的基本规则，找到比赛的看点，充分享受观赛的乐趣。

②为了创造一个让运动员充分发挥水平的良好氛围，观众也要注意自己的行为举止，文明得体，热烈而节制。

③观赛者应于比赛前有序入场，这不仅是对比赛本身、球队和其他观众的尊重，也许还可以看到自己喜爱球队的赛前练习。

④在介绍嘉宾和双方运动员时，应礼貌地对每一位嘉宾和运动员鼓掌，表示欢迎。

⑤在赛前或颁奖仪式奏国歌时，应全体肃立，不应谈笑和做其他事情。

⑥由于看台离球场很近，球员击出的球随时都有可能飞上看台，所以观众们需要集中注意力，观察击球员的每一次击打，以免被飞球砸伤。

⑦对于球员击到看台上的界外球或本垒打球，请在保证自身安全的情况下再去接球，而且捡到球后千万不要直接扔回比赛场内，可自己保留作为纪念或交给场地工作人员。

⑧可为自己喜爱的球队加油，但要控制节奏，不能狂呼乱喊。

⑨投球和击球时刻是最紧张的，运动员需要集中全部精力，此时不要发出声响，击球后和场上出现精彩的本垒打时，方可尽情喝彩。

⑩把握好自己的言行举止，决不能向场内投掷物品和使用不礼貌的语言。

（二）台球比赛观众礼仪

作为一项比较古老的运动，台球分为比利（英式台球）、普尔、卡罗姆（法式台球）和斯诺克四种。除卡罗姆以碰击台面上球的次数多少记分以外，均以将球打入球袋计算胜负。

斯诺克在正式比赛时不仅选手们要有风度，观众们也要有风度，因此有很多需要注意的地方。

①在球员打球的时候，请一定不要大声喧哗，尽量控制自己的咳嗽声，或者用手掩口鼻轻声咳嗽或打喷嚏。

②在球员打球的时候，请将手机关机，或改为振动、静音，如果有重要的电话必须要接，请用手捂住话筒小声交谈。

③在球员打球的时候，请不要随意走动，这样会干扰球员的视线，导致瞄不准或者心理发生波动。

④请不要在场馆内抽烟、饮酒，这些行为是不被允许的。如果需要抽烟，请到厕所或者其他允许的地方抽烟，尽量坚持到球员打完这一杆，然后起身外出。

⑤请不要用带有闪光灯的相机进行拍照，这样会严重干扰到球员的视线；也不要让相机的快门声很大。

⑥请不要随意鼓掌，当球员打出非常漂亮的球时，集体鼓掌对于球员是一种鼓励，但是如果只有寥寥数人鼓掌反而是一种噪音。一般来说，这样几种情况可以鼓掌：第一，满分杆，就是单杆打出 147 分。第二，单杆破百，就是一杆球达到 100 分以上。第三，打进高难度球，比如超级远台、大角度薄球、超强低杆、大范围走位等。第四，制造高难度障碍球，就是做出一杆很难的斯诺克，让对手很难解到。第五，解到高难度障碍球，就是把对手的高难度斯诺克化解掉，而且尽量没有留下机会。第六，每局结束的时候。

⑦升国旗和颁奖时要起立并行注目礼。

⑧观众在赛事中不当的行为可能导致比赛结果很糟糕。

思考题

1. 足球、篮球、排球的观众礼仪有何异同？

2. 柔道观众礼仪包含哪几个方面内容？

3. 观看乒乓球等运动项目时，观众为什么不能使用闪光灯拍照？

4. 网球比赛发球时，运动员通常会用球拍原地拍球，这是为什么？此时观众应如何做？

第十一章
CHAPTER 11

残疾人体育比赛观众礼仪

观看残疾人体育比赛，不仅为欣赏运动技巧，而是惊叹于体育所激发的人类潜能，令人们生发出对生命的敬佩和启迪。残疾人体育赛事就像一堂精彩的人生大课，处处回响，思索不尽。

第一节　残疾人体育运动特殊魅力

残疾人体育运动，是指那些在听力、视力、语言、智力、肢体等方面有缺损者为参与主体的体育竞赛活动，开展残疾人体育运动是以强身健体、身体康复、恢复机能、培养意志品质和生活自理能力等为目的的。残疾人体育运动的开展程度从一个侧面反映出一个国家的社会文明程度、经济发展水平以及综合的民族素质。残疾人通过参与体育活动，增强平等参与意识，享受参与运动的权利，展现和提高自己的能力，使社会充分认识到残疾人的潜能，了解残疾人，帮助残疾人，形成和谐友爱、平等互助的社会风气，推动全社会的文明发展。

残疾人体育运动从一开始就具有特殊的意义和特殊的魅力。它超越身体缺陷，通过意志、技能、体能的较量，向生命的潜能挑战，展示出不平凡的创造力和不屈服的精神。同时促进康复，陶冶情操，增强生活信心和意志勇气，推动平等参与。

残疾人体育与健全人体育相比，从某种意义上讲，它的生命启发意义更深刻、更感人、更具有震撼力。残疾人由于肢体、精神或智力残疾，与健全人相比处于弱势地位，他们在体育运动中取得的每一点成绩和进步都要付出比健全人更多的努力。残疾人参加体育运动，比的不仅是单纯的运动技术和战术，更重要的是通过意志、技能、体能的较量，向生命潜能挑战。残疾运动员取得的成绩，是用汗水、鲜血和生命战胜困难的凯歌。许多观众在观看残疾人体育比赛后激动地说："健全人比赛震撼了我们的心灵，而残疾人体育比赛在震撼我们心灵的同时，更让我们思考生命的意义和价值。"

残疾人体育和健全人体育一样，所产生的影响已远远超出了体育本身的范畴，在为国争光的平台上发挥着重要作用。残疾运动员以自己强烈的爱国主义、自强不息和无私奉献的精神，在国际赛场上奋勇拼搏，摘金夺银，为祖国赢得了荣誉，给中国6000多万残疾人塑造了坚忍不拔、超越自我的形象。正如在第9届国际残奥会上荣获金牌的残疾运动员孙长亭所说："健全人为祖国夺金牌、升国旗、奏国歌，代表中国；我们残疾人和健全人一样，夺得金牌之后，照样升国旗、奏国歌，我们残疾人也代表中国。"

任何比赛，观众都是赛场的重要组成部分，没有观众，比赛也就失去了意义。观众观看体育比赛实际上是两个层面的活动：一是欣赏，欣赏运动员优美的技术动作，欣赏运动员之间浑然天成的战术配合；再就是参与，观众在看台上适时、恰当地摇旗呐喊、助威加油，场上场下融为一体。赛场上，观众与运动员的互动是十分重要的，良性互动能够激发运动员振奋精神，更好地投入比赛。然而这种互动对于不同的残疾人运动项目是有所不同的。残疾人体育比赛有自己的规则和特点，观众应该根据具体项目来文明欣赏。

残疾人体育比赛，需要每一个健全人的配合和鼓励。积极正面地协助他们，是所有观众的义务。比如在一些运动项目中，观众需要保持绝对的安静，因为某些运动员完全是靠听力来完成比赛的。另外，在面对那些肢体残疾的运动员时，观众们也要保持冷静和客观。不要因为他们的残疾而发出哄笑或表现出明显的同情，对于意志坚强的运动员来说，这些表现是对他们最大的不尊重。观看残疾人比赛，首先要消除"不平等"的观念，怜悯等过分的帮助不是一个"积极的、令人鼓舞的"态度。我们在欣赏残疾人体育运动比赛时，应该是用心参与，用爱加油。

国际残奥会的目标是："为残奥会运动员取得杰出的运动成就创造条件，激励和鼓舞世界。"当残疾运动员在赛场上尽力比拼的时候，他们的每一个动作、每一个成功都是激励和鼓舞世界的动力。

欣赏残疾人体育竞赛，每一位观众都需要严谨对待，因为客观存在的特殊性，需要观众大力配合和理解这些项目所制定出的特殊赛场规则，用理解的心态对待残疾运动员们的精彩表演。

第二节 残疾人体育比赛观赛原则

观看残疾人各项体育赛事，最基本的礼仪原则是平等、尊重、真诚。哲学家罗尔斯说："社会公正应该是'有利于最不幸者'。"很多时候，一个社会的文明程度是以如何对待弱势群体尤其是残疾人来标记的；一个社会的温度是以如何关怀那些生活不幸或不便的人来衡量的。关爱残疾人作为一种理念和共识，要义在于平等，即让残疾人从事自己能胜任的合适工作，参与合适的体育竞赛活动，像对待正常人一样对待他们，才是对他们最大的尊重。尊重是内在的对人性的敬意，一种情意；外在表现为得体的礼仪。观看残疾人体育竞赛是我们感受和学习平等对待和真诚尊重残疾人最好的机会。

第一，与"残疾人"一词相对应的是"健全人"，对残疾人最大的尊重，就是像对待健全人一样真诚、自然地与其交往。服务残疾人，沟通是非常重要的环节，做到征求意向、了解需求和尊重文化。征求意愿本身就是一种尊重，真诚的态度可以了解真实的需求，在尊重文化的基础上，做出恰如其分的反应并且提供帮助或者支持。

第二，服务各类残疾人的步骤：一看、二问、三听、四助。体现在礼仪方面包括：倾听要求，征得意见，适度服务，语言尊重。

第三，与残疾运动员交往要注意以下礼仪要求。

①对残疾运动员的称谓应礼貌规范。当面称呼时，如知道其姓名或运动员号码，可称姓名或号码；用规范语言称呼时，可称"残疾运动员、言语残疾运动员、听力残疾运动员、视力残疾运动员、肢残运动员、智障运动员"。

②尽量淡化其残疾色彩。打招呼时，尽快判断其伤残的类别。如发现对方是聋哑人，通过握手、拍肩膀等动作或用手语表示问候。与残疾运动员交谈时，眼睛正视对方，不紧盯残疾部位；不询问致残原因，避免涉及隐私和伤心话题。

③向残疾运动员表示祝贺要注意方式。如对双上肢残疾的运动员，不做与其握手的动作，可以与其拥抱；献花时先示意是献给他（她）的，然后可把花放在运动员身边的地上或者交给他（她）的陪同人员。对乘轮椅的残疾运动员，

应恭身与其握手或拥抱，也可使用合掌或抱拳等手势表示祝贺。注重忌讳，戒掉不良口头禅，对残疾人不能使用“残废人、哑巴、聋子、瞎子、瘸子、傻子、瘫子”等带有侮辱、歧视色彩的蔑称和贬称。与视力残疾运动员交谈时，不说“在前面、在那里、你看”等话语；与高位截瘫的残疾运动员交谈时，不要说“在后面、在下面”等话语。

第三节 体能类项目观众礼仪

残疾人体能类运动项目有快速力量性项目，如举重等；速度性项目，如游泳、田径等；耐力性项目，如自行车等。无论哪一项体能类比赛，对残疾运动员的意志和身体都是一种极大的考验和挑战。

一、快速力量性项目

（一）举重比赛观众礼仪

①当运动员入场时，可以鼓掌加油并呼叫运动员的名字，以提高运动员的兴奋度。

②当运动员走上举重台握住杠铃后，要保持全场绝对安静，以免影响运动员的正常发挥。

③当运动员试举成功后，需鼓掌喝彩。对试举失败的运动员，也应鼓掌鼓励，不应讥讽嘲笑。

（二）投掷比赛观众礼仪

①无论是投掷、跳跃，还是跑，盲人组的比赛都要求竞赛环境保持安静，以保证运动员靠声音来辨别方向，观众在观看这些比赛的时候，一定要听从场地的指挥，或者配合运动员需要安静的手势，方便他们顺利地完成比赛。

②欣赏投掷类比赛，观众不仅要看到残疾运动员精湛的技术与战术，也要从中看到每位运动员的精神面貌和比赛风格。它超越缺陷，通过意志、技能、体能的较量，向生命的潜能挑战，展示人的创造力和价值。

（三）跳跃比赛观众礼仪

①观看盲人比赛时应该注意：在运动员比赛的过程中，不仅需要观众懂得规则，还要知道为运动员叫好加油的时机。例如盲人三级跳远，运动员需要依靠教练员击掌发出的声音来判别跑进方向和起跳区域，所以在运动员准备起跑和起跳的过程中，观众要保持绝对安静。因为外界嘈杂的环境会影响运动员辨听引领自己的掌声信号。

②当运动员完成一次动作后，观众则应该给予热烈的掌声，来鼓励他们下一次取得更好的成绩。

二、速度性项目

（一）游泳比赛观众礼仪

残疾人游泳比赛也是运动员在水中竞速的比赛，但与健全人的游泳运动相比，残疾运动员需要用残缺的肢体在水中搏击，克服身体的不平衡和各种障碍，去完成和健全人一样的游行，具有很强的感染力。

①在观看视力残疾运动员游泳比赛时，运动员出发入水后，观众一定要保持安静，直到运动员游过召回线。因为任何喇叭声、哨子声等均有可能使运动员误以为是召回信号。

②游泳比赛中运动员的身体残疾毫无遮掩，对于观众来讲，如何看待残疾，如何欣赏运动员的竞技，反映了人们观念的问题，对运动员的尊重、理解、正面的鼓励是我们所提倡的。

③残缺的美展示出人类不屈不挠的精神，展示出不可战胜的生命力，它带给人们思考——“体育之外的启迪”。

④观赏残疾人游泳比赛，还应该掌握一些有关的游泳比赛知识。比如游泳比赛时，如果观众的加油助威声能与运动员的频率结合在一起，按照比赛节奏进行，对运动员来说，是一种很有效的辅助作用。

⑤对仰泳选手来说，最怕的就是观众手里的闪光灯了。强烈的闪光会刺激选手，从而对比赛造成莫大的干扰。

（二）田径比赛观众礼仪

田径类比赛通常是最受欢迎的项目之一，它包括投掷、跳跃和各种长跑、短跑比赛，其中轮椅竞速及接力项目更引人关注。

①一般短距离竞速项目，当裁判员发出“各就各位”口令时，观众要保持安静；当运动员起跑后，观众需鼓掌助威。

②跳跃项目的运动员在助跑的时候，观众的鼓掌要有节奏，最好与运动员的步点相吻合，而且这种节奏要求是逐渐加快的。

③在盲人三级跳远的比赛中，运动员需要依靠教练员击掌发出的声音来判别跑进方向和起跳区域，所以在运动员准备起跑和起跳的过程中，需要保持绝对安静。

④无论是跑、跳跃，还是投掷，盲人组的比赛都要求竞赛环境保持安静，以保证运动员靠声音来辨别方向，配合他们顺利地完成比赛。

三、耐力性项目

自行车比赛观众礼仪：

残奥会的自行车比赛是一项竞争性很强的项目。运动员们通过克服自身缺陷，以顽强的意志与对手激烈竞争完成比赛，充分体现了残疾运动员坚忍不拔、不畏艰难、挑战自我的乐观向上精神。在每一组比赛结束时，观众都应该报以热烈的掌声，为身残志坚的运动员鼓励、喝彩，体现观众对残疾运动员的关爱和对他们在比赛中表现的赞佩。

不同残疾类别的运动员有着不同的身体障碍特点，他们大多在比赛出发时都存在控制赛车和身体平衡的障碍。特别是脑瘫运动员，起动时存在的难度更大。

①在自行车比赛中，运动员出发时，现场的观众要保持安静。一是使运动员能够有一个平静的外界环境，减缓他们的心理压力；二是使运动员能够集中精力按倒计时电动发令提示音准确地出发。

②在公路赛道沿途观看比赛时，观众不能接触或帮助运动员，更不能向运动员的身上和车上洒水。否则，运动员不但会失去比赛的资格，而且还可能给他们带来极大的危险。

③观众在沿途观赛时，不要超越隔离区和穿越赛道，以保证自身和运动员的

安全。

④在比赛中，观众应积极地为运动员加油助威，激发运动员的挑战精神与顽强意志。鼓励运动员战胜自我、挑战极限，取得理想的比赛成绩，实现自我价值的体现。

第四节 技能类项目观众礼仪

残疾人技能类运动项目有准确性项目，如射击、射箭等；隔网对抗性项目，如乒乓球、轮椅网球、坐式排球等；同场对抗性项目，如轮椅篮球、硬地滚球、五人制和七人制足球等；格斗性项目，如盲人柔道、轮椅击剑等。技能类比赛不仅要求残疾运动员要具有一定的身体素质，还必须具备某个运动项目很强的专项技能。

一、准确性项目

（一）射击比赛观众礼仪

与观看奥运会射击项目相比，观众们在观看残奥会射击比赛时，更应多一分爱心和崇敬。因为无论胜败，这些运动员能出现在奥运会的赛场上，就已经证明他们是真正的英雄，为我们健全人树立了榜样。

在残奥会射击比赛中，大多数运动员坐在轮椅上进行比赛。因此，无论是卧射、立射还是跪射，对运动员姿势的要求及竞赛规则都有特殊的规定；对比赛的场地、设施和器材也有特殊的要求。

①尊重所有的运动员，不带有任何的种族、民族的歧视，这是观看射击比赛首先要做到的。

②到指定的观众席位就座。射击比赛存在着很大的危险性，所以一定要按照赛场的要求到指定的地点就座，不要到禁区，以免发生危险。

③严禁在比赛场地内大声喧哗。在运动员发射时一定要保持赛场安静，以免影响运动员的注意力。

④在宣布成绩时，观众应报以热烈的掌声。

⑤爱护场地和公共设施。

（二）射箭比赛观众礼仪

参加射箭比赛的残疾运动员，一般是脊髓损伤、脑瘫或肢体残疾的残疾人士，按残疾类别划分为男女 ARW1（坐姿）、ARW2（坐姿）、ARST（站姿）及团体若干个级别项目。

①箭不离弦不喝彩。要做一名射箭比赛的内行观众很不简单。先要了解射箭运动的魅力，知道什么时候欢呼，什么时候保持安静。观看射箭比赛有一句老话：箭不离弦不喝彩。尤其在淘汰赛阶段，选手们以一对一的形式，在全场所有人的注视下进行比赛，承受着巨大的心理压力，观众应该自觉地为选手们营造一个相对安静、宽松的外部环境，使运动员尽可能不受场外因素的干扰，全身心投入比赛当中。

②在指定的观众席位就座，不要随意走动，严禁到禁区观赛，以免发生危险。

③在运动员射出一支精确的好箭后，观众应报以热烈的掌声。

二、隔网对抗性项目

（一）乒乓球比赛观众礼仪

残疾人乒乓球比赛比较适合脑瘫、脊髓损伤、肢体残疾或其他运动功能障碍的运动员参加。在比赛的类型上有站立和轮椅两类；在比赛的形式上有单打和双打；在比赛的项目上有团体和单项。轮椅团体赛的双打比赛中，运动员不是轮换接球，而是允许两人随意接球，这种双打比赛在技战术设计上是较新颖的。

①从运动员准备发球到该球成为死球期间，赛场要保持安静，不要鼓掌、跺地板、大声讲话、呐喊助威、随意走动、展示旗帜和标语等。

②不要使用闪光灯拍照，以免影响运动员判断来球路线，降低回球的质量和命中率。

③呐喊助威时，不要声音过大、语言过激，以免影响运动员的心情和注意力。

（二）轮椅网球比赛观众礼仪

轮椅网球比赛是在 2 名或 4 名下肢运动功能障碍的运动员之间进行的。下肢残疾和上肢残疾的运动员也可以报名参加。运动员必须坐在轮椅上进行比赛，共有男子单打、女子单打、男子双打、女子双打、混合双打等比赛组别，比赛采取三盘二胜制。

①观看轮椅网球比赛，首先要尊重运动员，同时也应该尊重观众，因为残奥会有许多残疾人来观看比赛，人们应该帮助他们，尊重他们。

②在大的网球公开赛中，背包的观众入场前必须通过安检门，确定包中没有危险物品方能允许进入。

③为了球员和观众的安全，玻璃瓶、易拉罐饮料都是不允许带进场地的，比赛时只允许带软包装饮料进入场地。

④不要带婴儿进入场地，因为他们的声音无法控制。

⑤在观看比赛时，请一定将手机关掉或调成振动。

⑥网球比赛中在单数局时双方球员需要换边并进行短暂的休息，但第 1 局结束后球员只换边而不能休息，所以这时一般不允许外场观众进场。在 3、5、7 等单数局或一盘结束后，观众需在引导员的帮助下尽快入座。如果在比赛开始时仍没找到自己的位置，应该就地坐下，在下一次球员换边时再找，此时不应该站起来来回走动。

⑦在比赛开始时，一定要保持绝对安静，不要吃东西或互相聊天、喧哗。鼓掌加油时要注意，只有在一分的比赛结束时，方可开始加油叫好。

⑧如果有兴趣拍摄比赛，一定要注意，绝对不可使用闪光灯。

⑨球员参加比赛时，在赛前练球热身过程中，应把对方视为与己同等的参与者，并有义务为对方的练习提供帮助，任何有意妨碍对方练习的做法都是有失风度的。

（三）坐式排球比赛观众礼仪

残奥会坐式排球比赛方式与奥运会排球比赛方式基本相同，但有部分特殊规定，例如坐式排球的比赛场地小于 6 人排球比赛场地；在比赛过程中运动员需坐在地上进行比赛，其臀部必须保持与地面接触，不允许站立和行走；在没有妨碍对方完成技术动作的情况下，允许队员的手和脚越过中线；防守队员可以直接拦截发球等。

①坐式排球比赛开赛之前，运动员将集体入场，并向观众席行礼致意，这是对观众尊重的表示，同样观众也应该用热情的掌声回应运动员。

②在介绍教练员、运动员及裁判员时，都应该报以热烈的掌声，对自己特别喜爱的运动员可以表现得更加热情一些。

③比赛期间应尽量减少在场馆内走动，自觉将手机调成关机、静音或振动状态。

④比赛中运动员在击球时，一些声响的干扰是不受限制的，只是不宜使用闪光灯拍照。

⑤坐式排球比赛需要每一个健全人的配合和鼓励。积极正面地协助他们是所有观众的义务。在面对那些肢体残疾的运动员出现失误时，观众们要保持冷静和客观，不要为此而发出哄笑或表现出明显的同情。

三、同场对抗性项目

（一）轮椅篮球比赛观众礼仪

参加轮椅篮球的运动员是由下肢截肢、小儿麻痹或脊柱损伤的选手组成的，最大特征就是运动员通过轮椅在篮球场上进行比赛。除了一些特殊规则外，轮椅篮球与一般篮球从场地到规则基本相同，所不同的是每一名运动员都有自己的医学分级分。

①观看轮椅篮球比赛，除了欣赏运动员精湛的球艺，其出神入化的轮椅驱动技术也极具观赏性。有时，眼看两名运动员的轮椅要撞在一起，运动员突然一转轮就能化险为夷，因此不光在队员投篮进球时应该给予掌声鼓励，在运动员驱动轮椅出现精彩镜头时，观众的掌声也应响起。

②上场运动员的伤残级别不同，观众可以通过轮椅来辨别，轮椅靠背高的运动员伤残级别较高。伤残级别较高的运动员在场上一般只承担比较简单的任务，有些技术动作无法完成，观众千万不要因为他们动作难度低而冷淡他们。他们能够出现在赛场上，需要付出的艰苦努力是常人所无法想象的。因此也应当给予他们更多的包容与鼓励。

③观看比赛时，观众应时刻提醒自己，参与竞争的选手都是值得敬佩的。轮椅篮球比赛对抗非常激烈，比赛中场上运动员翻车是不可避免的，此时不要急于帮助他们。残疾运动员更多表现的是自强与自立，大部分运动员可通过自己的努力重新起来参加比赛，即使需要帮助也要经裁判员允许才能进入比赛场地。

④要对运动员表示尊重，切忌说不礼貌的话。不要嘲笑、议论运动员。

⑤向运动员表示祝贺时，不要马上冲上去握手或者送花，应该先看一看运动员是否方便，不要因为自己的冲动而给运动员带来不便和尴尬。

（二）硬地滚球比赛观众礼仪

硬地滚球的参赛选手都是重度的脑瘫、严重肢体障碍的运动员，观众的掌声、加油声可以更好地激发选手的积极性，但也不是说观众应该自始至终都不停地鼓掌、喊口号，有些时候也应该适时地保持安静。

①当选手做出抛球准备前，观众应该安静下来，否则混杂的掌声和加油声有可能扰乱选手的发挥。

②由于脑瘫运动员的肢体和语言功能都存在着障碍，在面对这些运动员时，观众要保持冷静和客观，不要因为他们的残障而发出哄笑声或表现出明显的同情。

③比赛中，观众的掌声、加油声可以更好地激发选手的积极性。

（三）轮椅橄榄球比赛观众礼仪

①轮椅橄榄球比赛是对抗激烈的比赛项目，观众的加油助威是对选手最好的鼓励。观众既要为精彩的得分鼓掌喝彩，也要为输球方加油助威。

②面对肢体残疾的运动员，观众要保持冷静和客观，不要因为他们的残疾而发出哄笑声或表现出明显的同情。因为，对于意志坚强的运动员来说，这些表现是对他们最大的不尊重。

（四）五人制足球比赛观众礼仪

五人制足球比赛是专为视力残疾的运动员设立的比赛项目，每队由 5 名场上队员和 5 名替补队员组成，其中包括守门员和替补守门员各 1 名。除守门员外，其他队员都为盲人，只有守门员可以在规定的区域内用手触球。每支球队都有一名引导员在对方球门后，以语言协助本队前场进攻，同时教练员与守门员分别是中场与后场的语言引导员。由于队员视力障碍，比赛中队员只能依靠球发出的声响来判断球的位置，在进攻方向上还经常要依靠引导员的帮助，队员间的呼应较多，所以攻防速度没有普通的五人制足球快，传接球次数相对也较少，乌龙球出现会多一些。比赛时，观众要保持安静，不能影响运动员的判断。

①事先了解比赛的特殊规则，不要因为不懂规则而闹出笑话，要尊重裁判员

的判罚。

②比赛进行中，观众需要保持绝对的安静，因为盲人运动员完全是靠听力来完成比赛的。

③对漂亮的传球、精彩的射门应给予热烈的掌声。

④对残疾运动员的失误，或者把球踢偏时，不要哄笑，应表示理解。

（五）七人制足球比赛观众礼仪

观看七人制（脑瘫）足球比赛，观众不仅能欣赏到他们在球场上所表现出的精湛技术与巧妙战术，而且还能得到心灵的震撼，会为这些身残志坚的运动员的不屈不挠的拼搏精神所感动。

虽然多数七人制（脑瘫）足球队员下肢与上身不协调，支配能力差，但是经过训练之后，这些都不能成为阻碍他们展示技战术发挥的主要因素。所以对于残疾人来说，七人制（脑瘫）足球是最引人入胜的比赛项目之一。

①赛前提早入场，不要提前退场。在运动员与裁判员入场时给予热烈掌声，这是对他们的尊重。同时，观众应该尽量等待比赛结束后再退场。如果实在是有特殊原因不得不提前离场，最好在比赛间歇时退场，不要在比赛进行时随意离场。

②理解规则，正确对待判罚。因为七人制（脑瘫）足球的特殊性，我们需要理解这个项目所制定出的特殊赛场规则，在比赛中不要因为不懂规则而闹出笑话。另外，对比赛中可能出现的错判、漏判，要正确对待，这也是对他们的尊重。

③客观看比赛，理智对输赢。用公平的心态对待每一个脑瘫球员，不管他来自哪个国家。即使输球也不能有过激行为，因为在此时成绩绝不是关键。

④不歧视，多鼓励。千万不能因为他们的残障或一些失误而发出哄笑，同时也不能表现出明显的同情。对于意志坚强的运动员来说，这些表现是对他们极度的不尊重。当出现一次漂亮的传球、精彩的射门，请用掌声来表达对他们的鼓励。

四、格斗性项目

（一）盲人柔道比赛观众礼仪

盲人柔道是为视力有障碍的运动员设立的项目。比赛分为男、女个人赛和男、女团体赛。该项目使用的规则、场地、比赛形式与健全人柔道基本相同。区别在于，在运动员预备动作时要提前相互提拉住对方的衣襟。这项运动形式适合于盲人身体功能障碍的局限，易于在盲人体育运动中推广。盲人柔道运动非常具有观赏性，充分体现了盲人运动员身残志坚的拼搏精神。有人说："盲人柔道项目是盲人唯一可以与健全人抗衡的项目。"

盲人柔道规则繁复，而且较之其他运动项目更注重选手间的礼仪。

①开赛前双方选手要互相致礼，比赛过程中也要遵守严格的场上规则。从以往比赛的获胜者看来，那些获胜者不单在技巧上取胜，他们更有让对手尊重的职业品质。

②由于盲人柔道是专门为视力障碍的运动员设置的比赛项目，在比赛中选手看不到裁判员所做的判罚手势，他们主要是依靠听觉。所以观众除了为运动员加油助威以外，在裁判员宣布判罚时要保持安静，以免影响运动员比赛。

（二）轮椅击剑比赛观众礼仪

①在主裁判宣布比赛"开始"时，观众必须保持安静，不要走动、说话，否则主裁判有权暂停比赛以强调比赛秩序。

②当运动员做出精彩的技击或躲闪时，必须在听到主裁判喊"停"后，再欢呼喝彩。无论裁判器是否亮灯，只有主裁判喊"停"，这一轮交锋才告结束。

思考题

1. 残疾人体育比赛观赛礼仪原则是什么？
2. 为何选择观看残疾人体育竞赛活动？
3. 组织举办残疾人体育竞赛活动意义有哪些？

第十二章
CHAPTER 12

校园体育礼仪

“无体育，不学校”。校园，是学子接触体育运动，接受体育文化教育，全面健康成长的摇篮；校园，是体育教师传播体育知识、体育技能和体育文化的圣地。学校体育不仅要使学生掌握体育技能，还要使其学会体育礼仪并外化于形，内化于心，这也是体育教师不可推卸的神圣职责。

第一节 校园体育竞赛中的礼仪

竞赛是校园体育文化生活最精彩、最吸引人、最有魅力的篇章，因此校园也是对学子进行体育礼仪知识宣传与普及，形成良好行为举止的重要场所。

一、尊重裁判员

校园体育竞赛活动日趋丰富多样，而担任这些竞赛活动的裁判员一般都由体育教师、其他教师、班主任、辅导员，甚至学生体育爱好者担任，无论谁担任裁判工作，都代表组织者一方，亦是规则和规程的执行者。在比赛时，裁判员代表着规则与秩序、公正与公平、专业与权威；对裁判员在场上的判罚，学生应该表示服从和认可。

尊重裁判员是学生运动员最基本的体育礼仪修养，尊重裁判员也就意味着对校园竞赛活动秩序的尊重，就是在为自己和其他队员创造良好的校园竞赛文化和环境。因此，当裁判员在比赛过程中出现错判、漏判和误判时，运动员要保持冷静，可按照规则规定程序礼貌地向裁判员说明情况，不能威逼裁判员改判，甚至出现谩骂、起哄、侮辱、殴打裁判员等错误行为。当比赛结束后，运动员可以向竞赛活动组委会提出申诉，由体育教师和仲裁委员会做出最终解释。

二、尊重对手

在校园体育竞赛活动中，运动员双方场上是“对手”，场下是“同学”，从某种意义上讲，参加体育竞赛活动是交流技艺、结交新朋友的绝好途径和机会。因此，学生运动员应该端正参与活动态度，认清参与目的，尊重对手，才能得到别人的认可和尊重。尊重对手主要体现在：

①进入赛场后，双方队员应真诚地互相致意或握手问好。做赛前热身活动时，双方应相互配合，相互尊重。

②在比赛过程中，双方无意间会有一些不当的言语或肢体行为，这时应该冷静应对，相互谅解，不应有谩骂或故意挑衅对手的言行。

③竞技水平在比赛时有高低之分。作为强者，不能趾高气扬，不要在对手失误或比分落后时讥笑或鄙视对手；作为弱者，不应因实力差距而自暴自弃，摔打比赛用具或故意伤人。

④当比赛结束时，双方要握手示意友好。作为比赛获胜者，应主动和对手握手，并致以微笑；失利者要通过握手向获胜者表示祝贺。

三、尊重观众

校园体育竞赛活动是建立在广泛的学生基础之上的，这些观众大都是由室友、同乡、同学等组成，特别是主客场制比赛，往往能吸引大量观众。有了观众基础，校园体育就有了人气、底气和根基，相反，如果失去观众支持与呐喊，比赛就会黯然失色。因此，尊重观众是一切校园体育竞赛活动的必然要求。运动员在比赛时，应该珍视观众的支持与爱护，在比赛中对自己负责，对观众负责，尽力为观众献上一场高水平的竞技比赛。尊重观众主要体现在以下几个方面：

①比赛开始前，应该精神饱满，斗志旺盛，面向周围现场观众鞠躬行礼或挥手致意。

②比赛过程中，运动员要尽力发挥出最佳水平，使观众在激烈的竞争中，欣赏本方和对手的精湛技艺，得到精神上的享受、心理上的满足。

③观众在观看比赛时，都会为自己倾心的队员加油呐喊，难免会出现一定的倾向性。当对某个同学或某一阶段比赛不满意时，观众往往会通过声音等方式作为发泄手段。这时，场上运动员应尽量排除干扰，不受影响，坚持比赛。

④在比赛结束时，无论结果如何，运动员都应该有礼貌地向观众致谢。离场时，如果有观众前来握手或请求签名，要热情应对，不能冷落观众。

四、尊重自己

在参加校园竞赛活动时你代表的不仅是个人，而是本院系（团队）、整个学校乃至整个地区的形象，因此要注意自己的言行，举手投足应符合基本的体育礼仪规范。

①在比赛中尊重自己，不使用弄虚作假等拙劣手段来取胜。

②在比赛场上做到有始有终，专注比赛，不因比赛输赢而影响自己的发挥。

③在赢得比赛后，应该注意控制自己的情绪，避免做出过激或粗俗的行为。若输了比赛，也应理性分析失败原因，不可出现踢桌子、赛后拒绝与对手握手、怒视对手和观众等低俗行为。

五、尊重队友

校园体育竞赛活动，队友之间或是室友、同学，或是同乡，比赛时要相互配合，这是团队技、战术正常发挥的基础；尊重队友、顾全大局，主要体现在以下几个方面：

①在比赛中，能力强的不能一味表现自己、突出自己，而不与队友配合。队友之间要相互信任、取长补短，使全队竞技能力得到互补。

②当队友出现失误或与自己配合不好时，应该相互谅解，或以恰当的方式安慰和鼓励队友，而不要指责或谩骂队友。

六、尊重师长和教练

校园体育竞赛活动中的师长或教练员，大都不一定是体育专业人员，遇到这种情况，你要尊重和服从师长或教练做出的安排；特别是那些具有一定体育特长的运动员，更要起表率作用，采用合理的方式展现自己的水平。如果你被安排为替补队员，也不应在场下心生怨气，更不能对场上队员的发挥指手画脚，或进行嘲讽；如果有机会上场，不应因自己是替补人选而消极怠工，要认真比赛，付出自己的最大努力。

第二节　校园运动场馆观赛礼仪

随着我国学校体育事业的快速进步，大中小学的体育场馆建设得到迅猛发展，特别是在城市，一些大型、设施完善的体育场馆相继投入使用。运动场馆是运动员健身竞赛之地，也是接受体育文化熏陶的场所。

一、进入场馆礼仪

（一）着装文明

进入校园体育场馆，穿着要整洁、文明，要自觉遵守所在场馆的规定和要求，例如，不准穿拖鞋；不准在场馆内吸烟；不准大声喧哗，等等。

（二）守时守纪

在观赏体育比赛时，要按时进入场馆，对号入座。在等待运动员和裁判员出场时，不得高声喧哗。对于一些项目而言，比赛一旦开始，场内就必须保持安静，禁止有人走动或说话，关闭手机。迟到者入场，更应该注意，最好等待比赛一局结束或运动员休息时再落座。

（三）排队进场

观看大型比赛时，应按照要求先来后到的顺序，或凭票排队入场。应主动将票证拿在手中，以方便工作人员验票。在排队时，不要吸烟，以免烟头烫到他人。

（四）接受安检

一些高水平、高规格的竞赛活动，越来越多地被安排在高校承办，主动配合安检并听从安检人员指挥，不携带危险品和宠物入场，已经成为体现大学生文明素养的一环。

二、观赛礼仪

（一）文明礼貌

如有贵宾前来校园观看比赛，同学们应报以热烈掌声；遇到升国旗、奏国歌时，应该自觉起立，面向国旗。

（二）禁止使用闪光灯

很多比赛项目是禁止拍照的，同学们应自觉遵守有关规定。

（三）正确地鼓掌

在比赛过程中，同学们对双方队员的鼓掌和加油不能随心所欲，要遵循一定的礼仪。在运动员出场时，宣告员对运动员进行介绍后，当被介绍运动员举手示意时，观众应用热烈的掌声表示鼓励和支持；在介绍裁判员时，观众也要报以热烈掌声；比赛中不鼓倒掌、不喝倒彩。比赛结束，如有颁奖仪式，观众也应给予掌声表示祝贺。

（四）做文明助威者

校园啦啦队在赛场上一定要有组织、有指挥，在加油助威时要使用内容健康的口号和标语，为双方运动员鼓掌喝彩，不能无原则地瞎起哄。应当用适当的方式表达激情，不能故意招惹是非，制造混乱，不能使用带有侵犯对方运动员色彩的语言；不要冲着对方啦啦队队员指手画脚，更不能做出挑衅或轻视的表情或动作。

（五）注意小节

在体育场馆观看比赛时，应当遵守公共场所礼仪，不要大声喧哗，不要随意走动，不随处丢垃圾，不蹬踏座椅，乱涂写刻画，不在赛场内进餐。

（六）面对突发事件

同学们要熟悉所在场馆安全通道的位置和要求。比赛中若遇到停电、火灾、地震等突发紧急情况，不要慌张，保持安静，按秩序沿着安全通道疏散，或者安静坐在自己的位置上，等待组织者的应急措施，切忌随便乱跑动。

三、退场礼仪

（一）避免提前离场

为了表示对双方运动员和裁判员的尊重，同学们应尽量等比赛结束后再退场。

（二）有序离场

比赛结束后，同学们应向运动员和裁判员鼓掌，表示尊重，也是对他们在场上顽强拼搏的一种肯定。离开座位不要抢行，如果前行发生拥堵，应耐心等待，以免发生踩踏。离开体育馆时，应将自己随身携带的饮料瓶、塑料袋等垃圾分类投放，保证场馆干净整洁。

第三节　体育场馆锻炼礼仪

一、游泳池（馆）礼仪

校园游泳池是公共场所，每个人都应在充分享受游泳带来的欢乐的同时，遵守文明安全的秩序，共同打造良好的游泳环境，保证人身的安全。

①第一次进入校园游泳场所游泳，记住一定要仔细阅读有关管理规定，了解有关安全事宜。

②现在的游泳池要求游泳爱好者必须穿泳衣、戴泳帽和泳镜，因为所有的泳池水中或多或少含有沉淀剂、消毒剂，戴上泳帽可以有效保护头发和眼睛。一般的校园游泳池都不允许使用脚蹼及划手掌等泳具，以免伤害他人。

③初学游泳者一定要熟悉所在泳池、水域的情况，要在懂得水性的教练、同伴的陪伴下，下水学习游泳。

④不要冒着砸到别人的危险做跳水动作；不要在泳池进行潜泳行为，一旦被水面上的人蹬到，你很容易喝水、呛水；不要在泳池中互相泼水、打闹，以免影响他人游泳。

⑤下游泳池之前先淋浴，还要浸脚消毒。不要乱吐口水，自觉维持游泳池周

围的卫生。

⑥水线是指在泳池底池壁的线，是为游泳者指示路线而设置的。游泳时在水线偏右侧，国际上也是这么规定的。这是为了避开超越时的相互接触。请注意始终保持在右侧游泳，不要逆向游泳，不要横游或横越水道，也不要在游泳的时候突然停止。

⑦游泳者的速度各不相同。游泳过程中，后面的人超越前面的人并不稀奇。超越时轻触前面人的脚，从内侧通过。在不撞到对方、保证有足够的超越空间的前提下缓慢地超越过去。

⑧禁止酒后游泳，禁止带病游泳。成人在酒后游泳可能会引发心脏病或者是直接造成溺亡，因此酒后是绝对禁止游泳的，酒后游泳是对生命的不负责任。

二、健身房礼仪

目前，很多学校都建有功能齐全、外观漂亮的健身房，到健身房锻炼已经成为校园业余生活的一部分。健身房也有必须遵守的礼仪。

①记住熟悉器械性能。为了安全和顺利达到锻炼效果，在接触器械之前，请阅读器械上有关的使用方法，或请教熟悉器械的人。

②把器械归位。无论任何时候，当你使用完器械时，一定要细心地将这些器材放回原位。一时的不注意，将给其他人带来诸多不便。

③不要霸占器械。有不少同学在运动高峰期喜欢一直霸占器械，其实，健身一定要全面，宜多选择几种器械进行锻炼。一直霸占一种器械，这不但破坏了自己的多样性，还破坏了别人的健身计划和体验，是非常不礼貌的行为。

④擦掉器械上的汗水。运动时难免在使用的健身器械上沾染汗水，请自带毛巾，或用健身房提供的物品把汗水擦拭干净。在使用前，也可以先垫上自带的毛巾，避免身体和器械直接接触。

⑤禁止大声喧哗。健身房是健身的地方，但是同时也属于公共场所，有很多人健身的时候总是发出各种噪音，大声喧哗。而且，有的人不只是发力出声，在健身的途中也会发出非常大的声音，这都是影响他人健身体验的行为。

⑥禁止乱扔器械、破坏器械，更不要摔举重器械。健身房是一个井然有序的地方，虽说健身房不是教室，但也要保持这里的清静，不要无缘无故从高处将举重器械摔下来。

⑦不要留下任何垃圾。离开运动区域时，要让那里保持清洁，不要留下任何食品包装袋、水瓶、纸巾或者其他东西。

第四节 校园运动员礼仪

学校运动队的运动员应严格遵守校园有关管理规定，作为学校运动队的一名成员，肩负着重要使命和责任，更应该懂得相关礼仪，自觉遵守管理规定，在同学当中起表率作用，成为校园建设的靓丽风景。

①高素质、高修养的校园运动员，无疑会对校园体育运动的发展起到良好的推动作用，而礼仪正是这种素质和修养的体现。校园运动员礼仪，就是校园各个运动项目队伍成员这个特定的群体与教练员、裁判员、观众、媒体，甚至同学、室友等一切社会和校园交往对象，在社会交往和校园生活中形成的行为准则和规范。校园运动员知礼、懂礼、重礼，不仅能够体现个人修养，增加个人魅力，更能赢得大众广泛的认同和尊重，同时也有利于校园体育精神和体育文化的弘扬和传播。

②谨记责任，牢记使命。作为校园运动员，身份特殊，既是运动员，又是宣传员，不仅肩负着提高运动技术水平，争取优异成绩，扩大学校影响，提升学校知名度，为学校争光添彩的使命；同时又是同学身边的体育宣传员、动员者，大家通过校园专业运动员，首先应该学习到体育运动的文化品质和规则自律意识。

③遵纪守法，言行有度。校园专业运动员，要模范遵守校纪校规，出入校园公共场所，在着装、仪容仪表、言行举止上，都必须严格要求自己，做到心中有戒，言行有度，朝气蓬勃，精神焕发。

④学好专业文化课，德智体美劳全面发展。具有运动专长，而专业文化课一塌糊涂，不是校园运动员的本色；学习好、运动好、行为美、讲礼貌，才是校园运动员努力追求并且能够实现的目标。

⑤按时参加训练和比赛，参加训练不迟到、不早退。

⑥参加运动训练要积极，精力要集中；在训练中如果与队友碰撞应相互理解、礼让，主动道歉或以其他方式表示歉意及友好。

⑦爱护公物和训练器材，训练结束后自己带去的物品自己带走，随手捡起身边的垃圾，保持场地干净，不能给场地带来污染。

⑧教练不在，自觉加强自我管理，听从队长指挥。

⑨外出参加比赛，要爱护学校声誉，珍惜机会，把握自己，争取优异成绩。

第五节 体育课堂常规礼仪

体育课是学生完成体育学习任务的主要场所。在我国，从小学到大学都开设体育课。因此，加强体育课课堂常规礼仪教育就是对学生进行体育礼仪素养培育的关键，应该贯穿体育课始终。

一、规范体育课堂礼仪的方法

体育课是伴随学生成长的体验式锻炼过程，建立和执行课堂常规，对保证教学顺利进行、培养尊敬师长的素养、加强组织纪律性、完善自我教育具有重要意义。在课堂上，体育教师应该让学生体会什么是团队精神、规则意识和尊重他人。体育课堂常规包括课前、课中、结束三个部分。

（一）课前礼仪

课前礼仪是上好一节课的开端。教师上课前认真做好准备，安排布置好场地器材，检查和整理自己的仪容仪表，提前到集合地点等候。上课铃声响后，首先由体育委员整队，检查人数，向教师报告出勤情况；教师走到队伍前面，面向全体学生，学生向老师行注目礼。

教师声音要真诚、清楚、洪亮，发出“同学们好”的口令；学生队伍整齐，声音洪亮，回答“老师好”。相互问候、互相致意，表明师生之间尊重。迟到的学生，进入队伍前必须喊“报告”，经老师同意方能入列。

（二）课中礼仪

当教师讲解或示范时，学生应认真听讲，不做无关的事情，不随意说笑，不乱走动。在练习过程中向教师提问应有礼貌，经老师同意后方可发言。学生提问或回答时，要仪态大方，声音洪亮，语言清晰；教师要和蔼可亲，举止得体，尊重学生，认真听取回答，展示出良好的气质和态度。

学生练习时要遵守秩序，注意力集中，不打闹、不懒散、不溜号，严防伤害事故。爱护体育器材，主动帮助体质较弱或技术条件一般的同学，团结友爱，共同提高。

（三）结束礼仪

下课前，教师应集合安排学生进行放松性练习，对本节教学内容做小结，并师生告别。教师宣布下课，师生双方互相致意，说“同学再见!”“老师再见!”队伍解散后，学生体育委员应主动帮助清点归还器材。

思考题

1. 开展校园体育礼仪文化教育的途径和方法有哪些?
2. 加强校园运动员礼仪修养的途径有哪些?
3. 加强校园体育礼仪文化教育对培养学生体育价值观有哪些促进作用?
4. 体育课堂常规礼仪包含哪些内容?

第十三章
CHAPTER 13

体育工作常用礼仪

体育工作一个显著的特征就是对外交流，因此，讲究和遵守礼仪是每一个体育工作者和每一项体育对外活动必须注意的事情。严谨、规范、内涵丰富的体育礼仪对广大的体育爱好者来说，具有非凡的感召力、强烈的激励性和深度的情感刺激。特别是一些大型体育竞赛活动的火炬接力、会徽发布仪式、开幕式、闭幕式等，不仅体现了体育文化的精髓，也是体育运动得以不断延续与发展的重要手段。

第一节　体育仪式礼仪

每一种文明、健康、积极向上的文化活动，都是在仪式礼仪规定条件下进行、完善和发展的，体育活动就是一个最好的例证。

一、体育表彰仪式礼仪

（一）会场布置

①会场应选在较大的室内外场地进行。主席台或背景电子屏幕都应有专业人员根据表彰活动的实际需要，对活动名称、会标、口号等进行专门设计，并逐项落实执行。

②主席台设活动使用桌子与椅子，桌面摆放写明主席者姓名的座次牌。可以

另在正前方或侧前方设发言席。

③受奖人一般安排在观众席前排就座。

④ 整个仪式应事先进行必要的彩排。

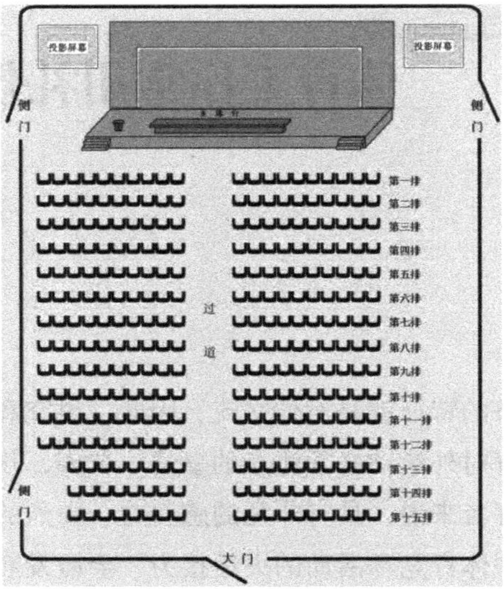

（二） 活动程序

①宣布表彰仪式开始。播放欢快的音乐，隆重的可以安排乐队奏乐，乐曲的选择应该根据表彰活动之需，认真选择。

②主要领导人讲话。

③宣布受表彰的团体和个人名单。

④颁奖。

⑤获奖团体或个人代表发言。

⑥其他代表发言。

⑦表彰仪式结束。

（三） 主持人礼仪

根据表彰仪式的规格、规模和出席领导、嘉宾等情况安排主持人；主持人可由承办仪式单位党政负责人担任。主持人应当熟悉仪式的各个环节和各项程序。主持仪式时要精神饱满，热情洋溢。要顾及台上、台下各个方面，审时度势，随机应变，使活动自始至终保持隆重、热烈的气氛。

（四）发言人礼仪

①根据仪式需要着装，保持衣着整洁、大方。

②仪态自然、步履沉稳。发言时，身体正直，不要趴在讲台上，或靠在椅子背上。

③讲话要有激情，注意节奏。

（五）颁奖程序

颁奖是体育表彰仪式的高潮，如安排不当容易发生混乱，应格外注意。

①以受表彰者上台的次序为依据，事先安排好奖品和颁奖人的顺序。颁奖时，工作人员按事先分工专门递送，保证场面热烈、欢快且井然有序。

②颁奖、受奖都要用双手，颁奖人要主动与受奖者握手致意，表示祝贺。

③如有新闻单位，或需要留影，则在颁奖全部结束后，受奖者排在前排，为摄影、摄像提供方便。

（六）受奖者礼仪

①着装整洁、大方、端庄、仪态自然。

②上台受奖时要依顺序出入上下，不要左顾右盼，不要忸忸怩怩。

③受奖时，面带笑容，双手接奖，并表示谢意。然后转过身，面向全场观众鞠躬行礼，并可举起奖杯向观众致意，按照事先安排及时走下主席台，使仪式继续进行。

④致答谢辞时，注意对各个方面致谢，评价得当，防止过于谦虚、过分客套。

二、体育赛事礼仪

（一）开幕式礼仪

①主持人宣布开幕式开始。这时可以安排锣鼓、表演节目或音乐暖场，使开幕式形成隆重、热烈、喜庆的气氛。

②介绍重要宾客名单。政府部门有关负责人、社会名流、同行领导、新闻单

位的参加会增加开幕式的气氛，为开幕式增加光彩。

③宣读贺辞。上级领导致贺辞，内容包括对开幕的祝贺，指出该次赛事的意义、作用，并提出要求、希望和预祝赛事成功等。

④东道主致辞。由承办单位领导介绍本单位概况、本次活动筹备情况，以及对各位宾客光临表示欢迎等。

⑤运动员、教练员、裁判员宣誓。

⑥上级领导宣布赛事开幕。

⑦主持人宣布开幕式结束。

（二）闭幕式礼仪

①主持人宣布闭幕式开始。

②介绍重要宾客名单。

③裁判长宣布竞赛结果。

④颁奖。

⑤有关领导讲话。由主办单位领导总结赛事过程情况、意义和作用；对各获奖团队、个人表示祝贺；向参赛运动队、承办单位表示感谢。

⑥上级领导宣布赛事闭幕。

⑦主持人宣布闭幕式结束。

第二节 体育会议礼仪

体育会议礼仪是指召开会议前、会议中、会议后，以及参会人员应注意的一些职业礼仪规范，是体育从业人员必须掌握的基本礼仪。懂得会议礼仪对开好会议，执行会议精神都有促进作用。

一、会场布置

会场的环境准备工作能为会议的成功举行营造一种良好的氛围，要求会议的会标、旗帜、会议名称、会议横幅悬挂、鲜花摆放、主席台布置（包括台布颜色）、会议主要成员座次安排、礼宾人员站位等都要考虑周详，妥善安排。

二、座次安排

座次是在各种会议、宴会的座次安排中需要遵循的一系列礼仪规范。主要包括：以右为上（遵循国际惯例）、居中为上（中央高于两侧）、前排为上（适用所有场合）、以远为上（远离房门为上）、面门为上（良好视野为上）。

主席台座次说明：中国惯例，以左为尊，即左为上，右为下。

会场布置主要分为：相对式、全围式、半围式和分散式。每一个形式都有独特的特点和使用规矩。

（一）相对式

主要特点：主席台和与会代表（观众）席采取上下面对面的形式，这种形式由于设置了主席台，突出了主席台的重要地位，同时也使得整个会场气氛显得庄重和严肃。当主席台就坐人数为奇数时，1号领导居中，2号领导排在1号领导左边，3号领导排右边，其他依次排列。如7位领导同志，从台下（面对面）的角度看，是7、5、3、1、2、4、6的顺序。

当领导同志人数为偶数时，有些人会搞错。具体应该是：1号领导、2号领导同时居中，2号领导排在1号领导左边，3号领导排右边，其他依次排列。从台下的角度看，是7、5、3、1、2、4、6、8的顺序。相对式座次安排多于礼堂、剧院等场合开会使用。

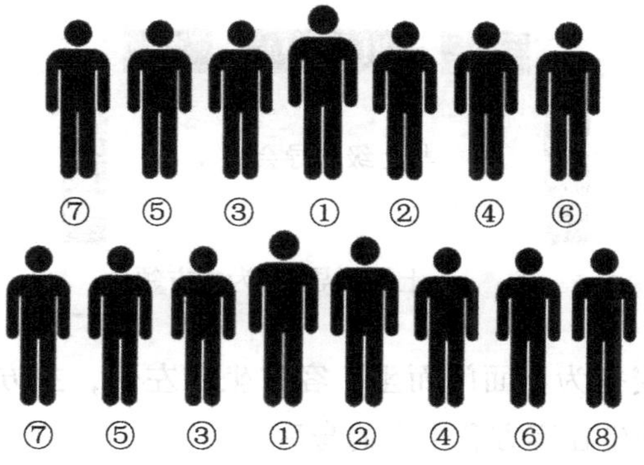

（二）全围式

主要特点：不设置专门的主席台，而是所有参会人员围坐在一起，可以围成圆形、椭圆形、长方形、多边形等形式，这种会场布置格局一般适用于召开小型会议，以及座谈性、多边性、协商性等会议类型，可以拉近参会人员的距离，容易形成融洽的合作氛围，体现平等和相互尊重的精神。

（三）半围式

主要特点：介于上下相对式和全围式之间，即在主席台的正面和两侧分别安排与会者座位，从而形成半围的形状，这样既突出主席台的重要地位，还营造出融洽的气氛。半围式格局适用于中小型会议。

（四）分散式

主要特点：把会场分为若干个中心，参会人员根据一定的安排，坐到相应的座位，其中领导人和会议主席就坐的席位被称为主桌席位，这种座位分配格局在一定程度上突出了主桌的地位和作用，又给参会人员提供了更多交流与沟通机会，使会场氛围更加轻松和愉快。

（五）有沙发的接待室

接待内宾座次安排为：面门而坐，上级领导坐在右侧，主方领导坐在左侧。

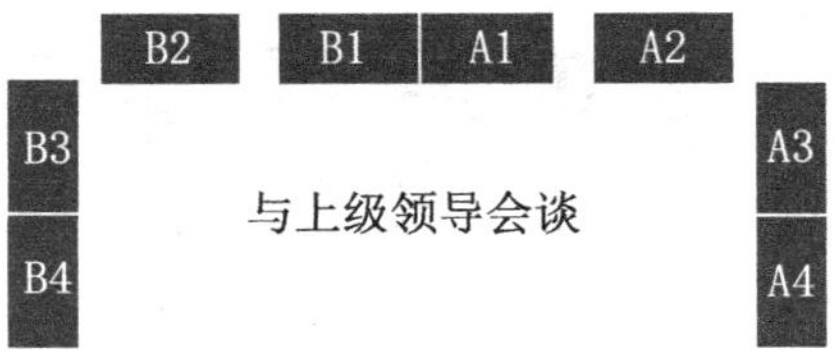

注：A为上级领导，B为主方领导

会见外宾座次安排为：面门而坐，客方坐在左侧，主方坐在右侧。如需译员、记录则分别安排坐在客方和主方的身后。

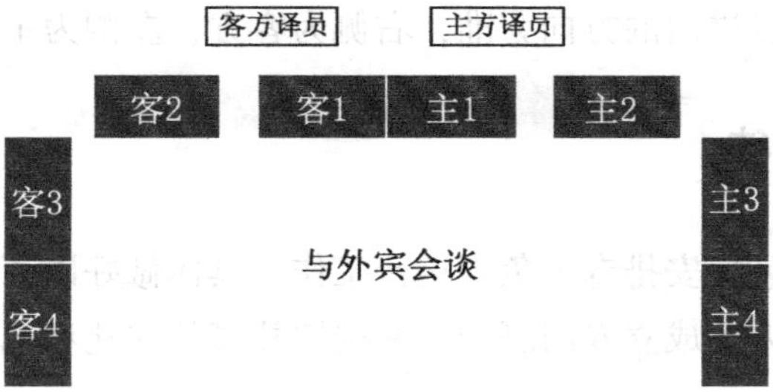

（六）会议室长条桌式

长条桌式会议室座次安排可视人数多少而定，一般小型的会议，座次安排要相对简便一些。

第一种：双方就座后，一方面对正门（宾客，上座），另一方则背对正门（主人，下座）。客人一方人员的座次安排按“以右为尊”原则，主人一方人员的座次对应客方人员座次。

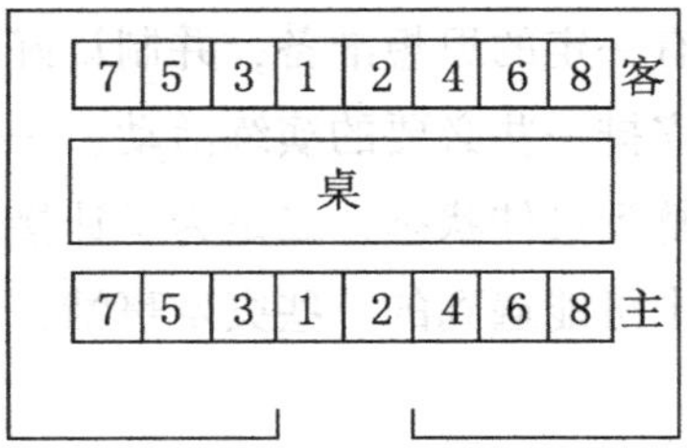

第二种：双方就座室内两侧，并且面对面就座。这种情况下，以进门时右侧座位为上座（宾客座）；左侧座位为下座（主人）。其他同上。

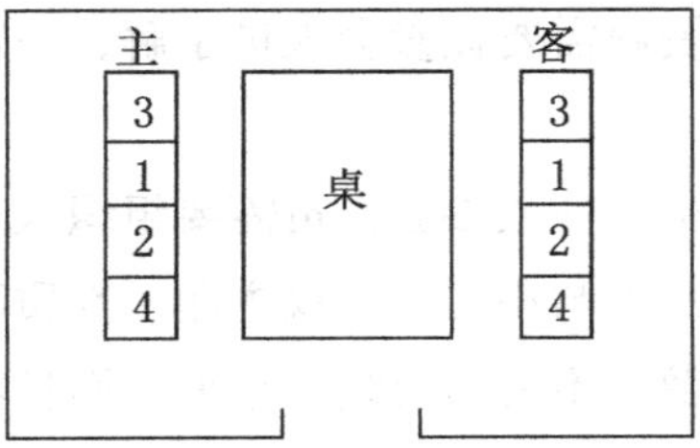

会谈，通常使用长方形、椭圆形桌子，宾主双方相对而坐，以正门为中。如果桌子是横向摆放，主方应背门而坐，客方应面门而坐。双方身份最高者居中，如果是竖向的，则以进门的方向为准，右侧为客方，左侧为主方。

三、会议接待

会议从筹备起就应安排专人负责接待工作，具体做好以下几点：

首先，指定专人或成立专门班子，挑选知礼懂礼守礼和执行力强的人负责接待工作。

其次，会议召开前，对接待人员进行必要培训，让他们尽可能多地掌握接待礼仪和会议信息，譬如了解会议规模、如何引导客人、如何向客人作介绍、如何安排客人起居和饮食等。

再次，要制定好会议期间活动行程安排，让一切接待工作都有条不紊地进行，一般包括：对来宾基本情况介绍，应该准备一份来宾名录，内容包括姓名、性别、年龄、民族、单位、部门、职务。

在会议期间来宾的主要行程内容和要点，特别是来宾中重要人物的行程内容和要点必须详尽，接待方对可能出现的意外应当备有应急预案，对行程因种种原因进行调整的可能性应当有一定的思想准备，并制订好行程安排的备用方案。

最后，在筹备期间应安排一些必要的演练活动，一是为了增强接待人员的紧张感和兴奋感，把情绪调整到最佳状态；二是为了让接待人员进一步熟悉接待的环节，及时发现未来接待中可能遇到的一些突发事情，以便及时解决。

四、会议组织的礼仪事项

①在组织会议之前，一定要明确此次会议的目的。会议不论规模大小，都要有明确的会议议题及所要讨论、解决的问题，并要让全体参会人员知晓，提前做好准备工作。如果有会议资料需要让参会人员了解，一定要及时发放并叮嘱参会人员阅览。

②要明确参会人员范围。一般参会人员需要组织人员、主持人、会议参与者和记录者。会议参与者范围大与小要依会议主题、性质和目的等而定。参会人数过多，表达意见过多、分散，不易形成统一意见，而且容易使会期拖拉；人数过少，不能有效收集意见。

③做好会议前的准备工作。会议前准备工作包括：发放会议通知。通知内容包括时间、地点、议题、参加人员、议程及所需时间、会议要求等，同时要确保

发放到位，避免因为参加人未接到通知而影响参会。会议现场布置包括会场悬挂宣传横幅，会议座次安排，席签、资料、会议桌摆放形式，以及调试好灯光、音响、空调等电子设备等。

④会议过程中要发挥好主持人的协调作用，合理安排会议议程次序，将重要议题放在前面讨论。在开会时，要注意围绕会议议题发言，同时控制好发言时间。有的会议为了控制时间设置闹钟、提示器等设备；当发言人离题太远，主持人也可以提醒制止。

⑤会议结束后，督促记录人员及时整理、形成会议纪要，呈送相关领导审阅、下发。

⑥会议最后形成的文件要及时归档。

第三节 体育签字仪式礼仪

签字仪式是一个正式的、重要的场合，必须讲究礼仪，尤其涉外签字仪式更是如此，体育活动也不能例外。

一、签字仪式的概念

为使有关各方重视、遵守、履行协议，在签署协议时可举行签字仪式，即签约。

二、签字仪式的礼仪流程

（一）签字之前礼仪

①布置签字厅。签字厅有常设专用的，也有临时以会议厅、会客室来代替的。布置的总原则是庄重、整洁、清静。正规的签字桌应该为长桌，其上最好铺深绿色台布。

签字桌横放于室内，在其后面可摆放适量座椅。签字人就座时，一般应当面对正门。在签字桌上，应事先放好待签的协议文本以及签字笔、吸墨器等文具。与外方签署涉外协议时还需在签字桌上插放有关各方国旗。插放国旗时，在其位置与顺序上，必须按照礼宾序列而行。例如，签署双边性涉外协议时，有关各方的国旗须插放在该方签字人座椅的正前方。

②明确签字人、助签人和参加签字仪式的其他人员，提前通知双方有关人员签字仪式的时间和地点。

③安排好签字时的座次。签字座次排列共有三种形式，它们分别适用于不同的具体情况。

并列式排座：这是一种举行双边签字仪式时最常见的形式。即签字桌面对门横放，双方出席仪式的全体人员在签字桌之后并排而坐；双方签字人员居中面对门而坐，客方居右，主方居左。

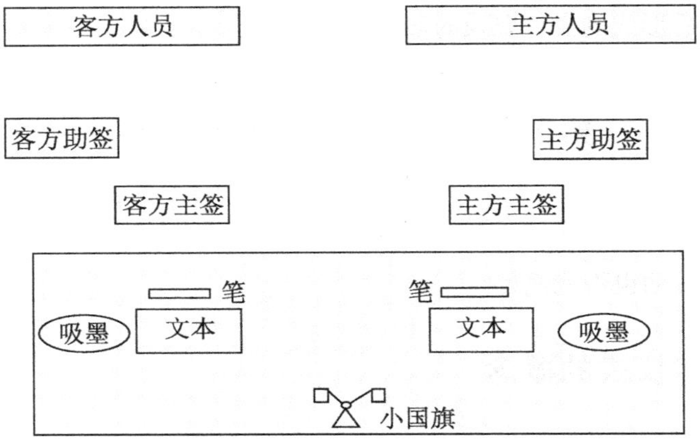

相对式排座：与并列式签字仪式的排座基本相同。二者之间的主要差别只是相对式排座将双边签字仪式的随员席移至签字人的对面。

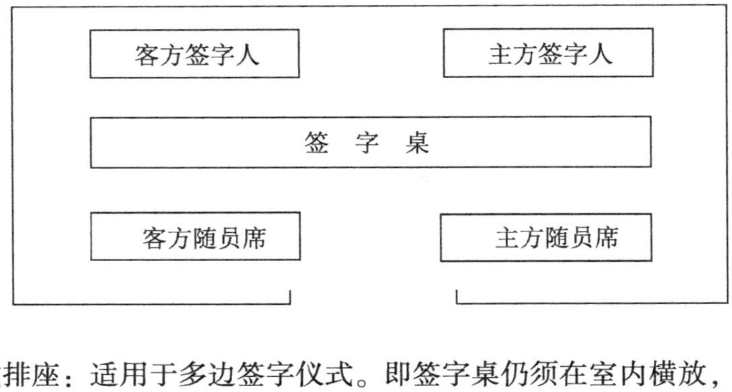

主席式排座：适用于多边签字仪式。即签字桌仍须在室内横放，签字席仍须设在桌后面对正门，但只设一个，并且不固定其就座者。举行仪式时，所有各方人员，包括签字人在内，皆应背对正门、面向签字席就座。签字时，各方签字人以规定的先后顺序依次走上签字席就座签字，然后退回原处就座。

（二）签字仪式之中礼仪

①参加签字仪式的人员，以双方身份高者居中，面对会场，右侧为客方人员，主方人员在左侧，站于签字桌背后。

②双方人员到齐后，双方签字人面对本国国旗就座，双方助签人站于各自签字人一侧。

③主持人宣布签字仪式开始，双方助签人翻开签字文本，指明签字处，签字人正式签署协议文本，由双方助签人互相传递文本，再由签字人在对方文本上签字，然后合上文本，双方签字人起立，互相握手，交换文本。参加仪式的其他人员鼓掌表示祝贺。

④签字仪式如安排以红酒举杯祝贺，服务人员应在签字时，先将酒杯送给参加仪式的人员，待签字完毕交换文本后及时将酒杯送给双方签字人，同时举杯祝贺。

⑤宣布签字仪式结束后，主方将客人送至签字厅门口握手告别。

体育以其“世界通用语言”的特色，发挥着民间公共外交的独特作用，承担着塑造、传播本国形象的重要责任，外事礼仪是体育外交的一张名片和通行证。

第四节　体育外事礼仪

一、礼宾次序

所谓礼宾次序，是指国际交往中对出席活动的国家、团体、人士的位次按某些规则和惯例进行排列的先后次序。礼宾次序体现了东道主（东道国）对宾客所给予的礼遇。礼宾次序在国际性集会上还体现各国的平等地位。

（一）礼宾次序排列依据

①按宾客的身份与职务高低来排列。国际交往活动中，礼宾次序主要按宾客的身份与职务的高低来依次排列。

②按姓氏顺序排列。多边活动中，礼宾次序可按宾客的姓氏顺序来排列。

③按字母顺序排列。有的多边活动对来宾的礼宾次序，可以按参加国的国名字母（一般以英文字母为准）来排列。

④按通知代表团组成的日期先后排列。这也是常用礼宾次序排列方法之一。

⑤不进行任何正式的顺序排列。实际上这是一种特殊形式的排列。在多方外事接待中，此种排列顺序主要适用于如下两种情况：一是没有必要进行顺序排列；二是实在难以进行任何方式的排列。

（二）礼宾次序排列要求

①在一般社交场合约定俗成的做法是：凡涉及位次顺序时，国际上都讲究右尊左卑。

②一些场合的特殊要求：第一，同行时，两人同行，以前者、右者为尊；三人或三人以上同行、并行，以中者为尊；前后行，以前者为尊。第二，迎宾引路时，志愿者走在客人前方一米左右。第三，上楼时，尊者在前，下楼时则相反。第四，在室内，以朝南或面门的座位为尊位。

二、外事迎送礼仪规范

迎客和送客是外事接待工作的两个环节，在整个涉外活动中占有极其重要的地位。

（一）迎送规格的确定

对来宾的迎送规格，通常主要是依据来访者的身份，访问性质和目的，适当考虑两国关系，同时要注意国际惯例。

确定迎送规格，主要是确定哪一级人员出面迎接，这是接待来宾的一个礼遇规格，应根据主管部门接待要求来办。主要迎送人通常都要同来宾的身份相当，但由于各种原因不可能完全对等时，可灵活变通，由职位相当的人士或由副职出面。总之，主人身份与客人的身份不能相差太大，以同客人对口、对等为宜，以示对客人的尊重。当事人不能出面时，无论作何种处理，应从礼貌出发，向对方做出解释。在特殊情况下，为了两国的外交关系或政治需要，可打破常规，安排较大的迎送场面，给予较高的礼遇，但要避免产生不必要的误会，以免造成厚此薄彼的印象。

（二）掌握抵达和离开的时间

为顺利迎接客人，迎送人员必须准确掌握来宾乘坐的飞机（火车、船舶）的抵离时间。如有变化，应及时告知。由于天气变化等意外原因，飞机、火车、船舶可能不准时，迎送人员应在客人抵达之前到达机场、车站或码头，不能出现让客人等候的现象。

送行人员应在客人起程之前到达，如有迎送仪式，应在仪式之前到达，并直到客人乘坐的交通工具看不见时再离去。

（三）献花

献花适用于礼遇较高的外宾，迎接普通外宾一般不需献花。献花须用鲜花或由鲜花扎成的花束，花束要整洁、鲜艳，并且要考虑到各国的花卉禁忌。向贵宾献花，通常由儿童或女青年在参加迎送的主要领导人与客人握手之后，将花献上，并向来宾行礼。

（四）互相介绍

客人与迎接人员见面时应互相介绍。通常先将主人介绍给来宾，可由礼宾交际工作人员、接待翻译或迎接人员中职位最高者介绍，有时也可作自我介绍。客人初来乍到，一般较为拘谨，作为主人应主动与客人寒暄。

（五）迎送中的陪车

迎送车辆都应事先安排好，不可临阵调遣，给人以仓促之感。客人抵达或迎送仪式结束后，从抵达地到住处，以及访问结束后，由住地前往机场、车站、码头，一般都应安排迎送人员陪同乘车。陪车时，应请宾客坐在主人右侧。上车时，请客人从右侧门上车，主人从左侧门上车。如果客人已先上车并坐在了主人位置上，则不宜再请客人挪换座位。

三、国际体育交流发言

（一）开场白

在参加国际交流会议发言时，首先要对大会主席及会议主持人的介绍表示感谢，对听众要有外交辞令的问候，对会议背景、发言的内容及主题提纲要做简明的概括介绍，从而遵守国际体育交流会议的基本礼节，保证国际体育交流会议发言的成功。

开场白是发言或演讲的有机组成部分，如果没有开场白，则会被认为不懂礼仪，缺乏文化修养，甚至留下粗俗、傲慢的负面印象。开场白要符合会议背景与场合，不能夸夸其谈，不合时宜，也不宜拘谨古板，没有新意。成功的开场白会引人入胜、先声夺人，从而使听众抱有极大的兴趣和求知欲望，创建与听众良好的积极关系，台上台下产生共鸣，与发言或演讲内容巧妙地结合起来，起到事半功倍的效果。而有的发言者虽然有很好的主题内容，但由于缺乏开场白技巧，分散听众的注意力，疏远了与听众的关系，从而使发言大打折扣，极大地影响了发言效果。

开场白一般有以下几种形式：

①开门见山式：发言者开门见山，用简洁生动的语言直接讲述有关主题及其目的，无需采用比喻、象征等迂回策略，直奔主题。这种开场白适用于比较正规、庄重的应用性发言场合，要求发言者语句严谨、用词准确，具有很好的语言概括能力和应用能力。

②先礼后讲式：在发言或演讲者来到台前准备发言时，通常由大会主持人对发言者作简要介绍，让与会听众了解发言人的社会学术背景、研究领域、研究主题和研究成果等，以便下一步对感兴趣的学术观点与内容进行深入的交流和探讨。发言之前，发言者要对大会主持人与同行致谢，然后再开始发言或演讲。

（二）发言概述

概述就是对一个现象、一项事物、一种观点、一个事件的简单、简洁的描述。概述与论述相对应，论述需要详细地描述该事实的前因后果，力求详细完整；而概述则有所不同。参加国际体育学术交流会，由于时间安排等因素所限，有时不能全面阐述观点和具体做法时，就需要对观点进行浓缩和提炼，以求客观准确地表达，就是概述。

概述发言时不能拖泥带水、啰嗦重复。既要具有层次性，条理通顺，观点清晰；也要具有逻辑性，论点论据充分；还要具有连贯性，承上启下，环环紧扣。发言时不要超时占用会议时间，这是不礼貌的行为。发言者通常采用PPT（幻灯片）或图、表加以陈述，这样既能节省时间，又能形象生动地表达主题内容，从而起到良好的发言效果。

（三）结束语

结束语作为全部发言的结束部分，最主要的是体现了发言结构和内容的完整性。在结构上，结束语可以与开头的引言相呼应，表达的是全部发言主要内容的总结性、概括性话语。

结束语是发言的自然收尾，是向听众阐述观点的关键环节。结束语的作用一般有两个特性：一是表明发言即将结束；二是阐述发言的中心思想、主要观点。一般学术会议发言的结束语没有定式，既可以对发言进行简明扼要式的概括性总结，也可以用鼓励性、号召性、祝愿性的语言收尾，或者以名人名言及幽默语句告终。富有感染力和影响力的结束语能够使听众精神振奋，给予听众启迪，并促使听众回味和思考，起到画龙点睛的作用。

（四）提问与回答

发言者在发言结束后，通常安排问答环节。提问者提问时要先进行简短的自我介绍，说明自己的单位所属与来自何方，然后再根据发言者所作的发言内容、感兴趣的观点和做法或者存在的问题和疑惑进行提问。提问要语气平和，不能带有攻击性及不礼貌用语，采用专业语言，重点针对发言内容中的兴趣点、疑问点、发散点、矛盾点、模糊点提问。发言者回答问题时要认真聆听，态度端正，不能使提问者难堪，要根据提出的问题，进一步阐明观点，还可以列举实例加以阐述。如果遇到不懂的问题不能随意解答，要实话实说。

四、出访交流注意事项

因公出访进行国际体育交流，要注意以下事项：

（一）出访前的准备工作

①组团单位必须在出访前对该团进行一次行前集中教育，要求出访人员维护国家和民族利益，严格遵守外事纪律，注意做好安全防范和保密工作。尤其对首次出国（境）或到一些敏感和未建交国家或地区的人员。

②对出访任务和目的应认真研究、精心准备，做好人员分工，以保证顺利完成。

③出访人员应对往访国的基本情况、双边关系以及安全形势、法律法规和风俗习惯等有充分了解，有关情况可登录外交部的网站查询。可根据出访国的具体情况做一些生活上的准备，如携带合适衣物、洗漱用品、常备药品、电源转换插头等。

（二）出访期间的注意事项

①出访期间，各类因公临时出国团组和人员都应接受本地区我驻外使领馆的领导和监督，遇到重要问题应及时报告。

②出访人员应增强保密观念，注意行程和活动的保密，妥善保管内部材料，不在非保密场所谈论涉密事项。

③对外赠送礼品必须严格按照有关规定执行。赠礼应本着对等、从简和务实的原则，并应考虑受礼人的有关习俗。

④出访团组应按照国际通常做法和出访国习俗提出合理的礼宾要求，不应过分追求接待规格，或提出过高的要求，应客随主便。

⑤出访期间应注意人身安全，保管好护照、机票和其他财物，切实提高安全防范意识，避免与可疑人员接触，拒收任何可疑信函和物品。要有应急应变意识，对国际恐怖主义袭击和盗窃、抢劫、诈骗等犯罪活动保持高度警惕。

⑥注意文明礼貌及社会公德，切勿在公共场所如机场、酒店、餐厅等大声喧哗或乱丢废弃物，吸烟应到指定场所。

⑦勿在房间外或走廊、餐厅、酒吧等场所穿着睡衣及拖鞋走动及大声喧哗。在房内聊天谈话时应关上房门，以免影响其他客人。

⑧进入公共场所，请遵守西方国家的习惯做法，注意“女士优先”。

⑨遵守交通规则，过马路请勿闯红灯；乘车时（公共交通车除外）请不要在车内站立或来回走动，以免发生危险。

⑩在进行公务交流活动时，请保持交流场所的肃静，切勿私下交谈。遇有不明白的问题，应按先后顺序提问。请不要在交流时抽烟、打哈欠、伸懒腰或来回走动。

⑪集体活动是最安全的出行方式，请勿擅自离团单独行动。

⑫安排自由活动时，务必记住集合时间和地点并准时归队，以免影响团组的集体行动。

⑬在每次离开所乘车辆时记住车辆停靠的位置，车辆的名称、颜色、车牌号码以及周围显著的标记等，以免乘错车。

⑭如遇发生意外时，在事情并没有分清是非时，切记不要轻易说“Sorry（对不起）”，因为这样做会对今后交涉不利；另外请不要自行与他人交涉，要请保险公司或接待单位代办。同时为了便于今后申请保险金，还需要向警方领取事故证明。

⑮掌握出访国紧急救援部门，包括匪警、火警、医疗和红十字会联系电话。

（三）出访后的有关工作

①出访团组回国后 7 天内，须按要求交回护照或港澳通行证。

②厅局级人员出访团组回国后 30 天内，由组团单位向省外办和省委外事工作领导小组办公室递交出访总结报告。出访总结报告要简明扼要，重点突出。

③注意整理、保存和归档出访资料。出访资料包括出访准备过程中的有关资料和文件，出访国的有关情况，邀请单位和邀请人的资料和联系方式，接待单位和外方项目负责人的联系方式，公务活动资料（包括会谈记录、签署的协议、备忘录、照片和名片等）。

思考题

1. 体育外事礼仪需要注意哪些特殊要求？
2. 举例说明仪式与礼仪在体育活动中的重要性。
3. 如何结合本单位实际规范好体育活动仪式与礼仪？

第十四章
CHAPTER 14

体育社交与体育商务礼仪

体育工作的特点和体育运动的特征，决定了体育活动能够增加人与人之间的接触和交往，作为新时代的体育工作者，要通过扩大和参与外交、经济、文化、新闻、教育、商业等各种形式的社会交往、文化交流、商务往来，展示良好的职业形象和个人形象。

第一节　体育社交礼仪

中国作为一个世界体育大国，人们的体育社会交往活动越来越多、频率越来越高，运动已经成为社会大众闲暇时间生活的重要组成部分。了解和掌握必要的体育社交礼仪常识，是体现彼此尊重、互敬互让的一种良好的社会风尚。

一、体育社交礼仪的含义

体育社交礼仪是人们在体育社会交往活动中，为了相互尊重，在仪容、仪表、仪态、言谈举止等方面约定俗成的，共同认可的行为规范。体育社交礼仪作为一种文化，是人们在体育活动中处理人际关系，用来对他人表达友谊和好感的符号。体育社交礼仪是在体育文化交往活动中使用频率较高的日常礼节。

体育社交礼仪作为现代体育人际交往互动的重要标志，反映着运动者个人或者运动队群体的文化素养、道德品质和行为准则，更反映着一个民族和国家的精神面貌、价值观念和文明程度。

在开放的社会进程中，体育社会交往的频率越来越高，对社交礼仪的要求也越来越重视，尤其是当今开放的国际体育交流环境和体育国际化的形势下，更要遵循体育领域的社交礼仪规范，充分展现个人良好形象的同时，更好地维护国家和民族形象，表现出体育软实力和大国体育风范。一切体育工作者，包括运动员、教练员等，都是社会公众人物，不仅要在赛场或对外体育交往活动中注重个人礼仪规范，生活中也要注意自身形象，让体育合作、友好、积极向上的精神延伸至日常生活中，教育、感化、影响更多人群，遵守礼仪规范，创造和谐良好的人际氛围。

二、女士仪容仪表

（一）女士容貌礼仪

体育社交场合，女士头发前不过眉，侧不遮耳，后不过肩，长发盘起，戴纯黑色发套，保持整齐、清洁、黑色、光亮，必须打摩丝或发乳，无头屑，头顶头发不得短于 12 厘米。

女士可化淡妆，不浓妆艳抹，口红颜色为红色（浅不过粉红色，深不过朱红色)，无眼垢、耳垢，不使用气味浓烈的香水。

站姿：女士站立时脚后跟并拢，呈 V 字形，两腿自然靠拢。不倚物，不趴于台上。不能蹲、坐在地上。

坐姿：坐在椅面 2/3 的部位，保持上身挺直，坐姿端正，不前俯后仰。双腿并拢，右手压左手交叉放于腿上。写字时，坐在椅面的 2/3 的位置，头正身直，身体距桌面一拳距离，眼睛距桌面一尺距离。

行走：行走时挺胸、收腹、头正肩平。

手势：五指自然并拢，手不握拳，介绍说明指示方向时手臂自然弯曲，要用整个手，不要用食指。接递物品时应用双手。

目光：说话时看着对方的眼睛或眼鼻之间的三角区。不要盯着客人或斜视，不冷眼看客人，不东张西望。

（二）女士着装礼仪

①除了主体衣服外，鞋袜手套等的搭配也要多加考究。如袜子以透明近似肤色或与服装颜色协调为好。正式、庄重的场合不宜穿凉鞋或靴子，黑色皮鞋是适

用最广的，可以和任何服装相配。

②佩戴饰品时应尽量选择同一色系。佩戴首饰关键是要与整体服饰搭配统一。

③西服套裙、夹克衫或不成型的上衣，以及连衣裙或两件套裙。在这三种类型中，每一种都要考虑其颜色和面料。而西服套裙是女性的标准职业着装，可塑造出强有力的形象。

④职业套裙最佳颜色是黑色、藏青色、灰褐色、灰色和暗红色。特别值得一提的是，在正式场合，女士着装一定忌短、忌露、忌透。

三、男士仪容仪表

（一）男士容貌礼仪

体育社交场合，运动型男士头发要常剪，不宜过长。一般都会选择短发，这样显得活泼、干练。头发很容易产生异味，因此要保持干净、清爽。

运动型男士要保持嘴唇的滋润，选择无色、滋润型唇膏即可。

由于生理原因，运动型男士皮肤比较粗糙、毛孔大、容易老化。男士日常活动量大，平时分泌的汗液和油脂较多，容易使灰尘、污垢聚集，堵塞毛孔，从而引起各种各样的皮肤病和出现体味过重的情况，影响美观。因此，男士应该坚持美容护理，可以用护肤品。

（二）男士姿态礼仪

男性站立时，身体要立直，挺胸抬头、下颌微收、双目平视、两膝相并、脚跟靠紧，脚掌分开呈 V 字形。挺髋立腰、吸腹收臀，双手置于身体两侧自然下垂；或者两腿分开。两脚平行，不能超过肩宽；双手在身后交叉，右手搭在左手上，贴在臀部。

（三）男士服装搭配原则

记住三种颜色：白色、黑色、米色。这三种颜色被称为“百搭色”。正装讲究合身，衣长应过于臀部，标准的尺寸是从脖子到地面的 1/2 长；袖子长度以袖子下端到拇指 11cm 最为合适；衬衫领口略高于西装领口；裤长不露袜子，以到鞋跟处为准；裤腰前低而后高，裤型可根据潮流选择，裤边不能卷边。这些均是穿着西装的基本搭配，体现正装的规范性。

黑色西服，穿以白色为主的衬衫和浅色衬衫，配灰、蓝、绿等与衬衫色彩协调的领带。

褐色西服，可以配暗褐、灰、绿和黄色领带，穿白、灰、银色和明亮的褐色衬衫。

灰西服，可配灰、绿、黄领带，穿白色为主的淡色衬衫。

四、运动员赛会着装礼仪

运动员在参加正式体育比赛时所配置的服装有领奖服和比赛服，其功能性、舒适性以及可分辨性都比较高，参加奥运会等重大国际体育比赛还配置入场礼服、礼帽、礼鞋等礼仪用品。运动员在比赛场合非比赛时可穿着休闲服。

一般来讲，领奖服也叫入场服，是运动员在领奖、入场时所必须穿着的服装，此类服装一般为套装，在设计时往往要体现出一个国家或者一个运动队的特色。如有些国家把国旗或国旗的颜色或国家的象征用于领奖服的设计当中。领奖服上要有国徽或队徽。运动员穿统一指定品牌的领奖服参加领奖，既是表示尊重颁奖嘉宾及观众，也表示尊重运动会奖牌。

比赛服是指运动员在参加比赛时所穿着的服装，由于不同的比赛特点不同，所以设计时要注意符合不同比赛的要求，既要有美感，又要有功能性、舒适性和可分辨性。比如，足球服、篮球服要求宽松宜于运动；田径服要求简洁，减少阻力；游泳服要求紧身不兜水；拳击、击剑、橄榄球、冰球服要求有保护功能；花样滑冰、艺术体操服要求有艺术感；高尔夫球、保龄球、台球服要求有绅士风度等。

穿着比赛服装时，要反映出运动员个人良好的精神面貌和体育文化素养，不邋遢、不随意、不污损，要做到服装整齐、合身、干净。

五、介绍礼仪

（一）自我介绍

自我介绍应注意时间、态度与内容等要点。

①时间。自我介绍时应注意的时间问题具有双重含义。一方面要考虑自我介

绍应在何时进行。一般认为，把自己介绍给他人的最佳时机应是：对方有空闲的时候；对方心情好的时候；对方有认识你的兴趣的时候；对方主动提出认识你的请求的时候，等等。另一方面要考虑自我介绍应大致使用多少时间。一般认为，用半分钟左右的时间来介绍就足够了，至多不超过 1 分钟。有时，适当使用三言两语一句话，用上不到十秒钟的时间也不为错。

②态度。在作自我介绍时，态度一定要亲切、自然、友好、自信。介绍者应当表情自然，眼睛看着对方或大家，要善于用眼神、微笑和自然亲切的面部表情来表达友谊之情。不要显得不知所措，面红耳赤，更不能一副随随便便、满不在乎的样子。介绍时可将右手放在自己的左胸上，不要慌慌张张、毛手毛脚，不要用手指指着自己。

③内容。在介绍时，被介绍者的姓名的全称、供职的单位、担负的具体工作等，被称作构成介绍的主体内容的三大要素。在作自我介绍时，其内容在三大要素的基础上又有所变化。具体而言，依据自我介绍的内容方面的差异，它可以分为四种形式。

第一种为应酬型。它适用于一般性的人际接触，只是简单地介绍一下自己。例如，“您好！我的名字叫×××。”

第二种为沟通型。它适用于普通的人际交往，但是意在寻求与对方交流或沟通。内容上可以包括本人姓名、单位、籍贯、兴趣等。例如，“您好！我叫×××，浙江人。现在在足球队担任教练工作，您喜欢看足球吧，嗨，我一直从事足球工作。”

第三种为工作型。它以工作为介绍的中心，以工作而会友。其内容应重点集中于本人的姓名、单位以及工作的具体性质。例如，“女士们，先生们，各位好！很高兴有机会把我介绍给大家。我叫×××，我是珠海体育公司的经理，专门负责体育文化传播，有可能的话，我随时都愿意替在场的各位尽力。”

第四种为礼仪型。它适用于正式而隆重的场合，属于一种出于礼貌而不得不作的自我介绍。其内容除了必不可少的三大要素以外，还应附加一些友好、谦恭的语句。例如，“大家好！在今天这样一个难得的机会中，请允许我作一下自我介绍。我叫×××，来自杭州××公司，是公司的公关部经理，今天，是我第一次来到美丽的西双版纳，这美丽的风光深深地吸引了我，我很愿意在这多待几天，很愿意结识在座的各位朋友，谢谢！”

（二）为他人介绍

为他人介绍，首先要了解双方是否有结识的愿望；其次要遵循介绍的规则；最后是在介绍彼此的姓名、工作单位时，要为双方找一些共同的谈话材料，如双方的共同爱好、共同经历或相互感兴趣的话题。

①介绍的规则

将男士先介绍给女士。例如，“张小姐，我给你介绍一下，这位是李先生。”

将年轻者先介绍给年长者。在同性别的两人中，年轻者先介绍给年长者，以示对前辈、长者的尊敬。

将地位低者先介绍给地位高者。遵从社会地位高者有了解对方的优先权的原则，除了在社交场合，其余任何场合都是将社会地位低者介绍给社会地位高者。

将未婚的先介绍给已婚的。如两个女子之间，未婚的女子明显年长，则又是将已婚的介绍给未婚的。

将客人介绍给主人。

将后到者先介绍给先到者。

②介绍的礼节

介绍人的做法：介绍时要有开场白，例如，“请让我给你们介绍一下，张小姐，这位是……”，“请允许我介绍一下，李先生，这位是……”。为他人做介绍时，手势动作要文雅，无论介绍哪一方，都应手心朝上，手背朝下，四指并拢，拇指张开，指向被介绍的一方，并向另一方点头微笑。必要时，可以说明被介绍的一方与自己的关系，以便新结识的朋友之间相互了解和信任。介绍人在介绍时要注意先后顺序，语言要清晰明了，不含糊其词，以使双方记清对方姓名。在介绍某人优点时要恰到好处，不宜过分称颂而导致难堪的局面。

被介绍人的做法：作为被介绍的双方，都应当表现出结识对方的热情。双方都要正面对着对方，介绍时除了女士和长者外，一般都应该站起来，但是若在会谈进行中，或在宴会等场合，就不必起身，只略微欠身致意就可以了。如方便的话，等介绍人介绍完毕后，被介绍人双方应握手致意，面带微笑并寒暄。如“你好”“见到你很高兴”“认识你很荣幸”“请多指教”“请多关照”等。如需要还可互换名片。

（三）集体介绍

如果被介绍的双方，其中一方是个人，另一方是集体时，应根据具体情况采取不同的办法。

①将一个人介绍给大家。这种方法主要适用于在重大的活动中对于身份高者、年长者和特邀嘉宾的介绍。介绍后，可让所有的来宾自己去结识这位被介绍者。

②将大家介绍给一个人。这种方法适用于在非正式的社交活动中，使那些想结识更多的，自己所尊敬的人物的年轻者或身份低者满足自己交往的需要，由他人将那些身份高者、年长者介绍给自己；也适用于正式的社交场合，如领导者对劳动模范和有突出贡献的人进行接见；还适用于两个处于平等地位的交往集体的相互介绍；开大会时主席台就座人员的介绍。将大家介绍给一个人的基本顺序有两种：一是按照座次或队次介绍；二是按照身份的高低顺序进行介绍。千万不要随意介绍，以免使来者产生厚此薄彼的感觉，影响情绪。

六、称呼礼仪

在体育商务活动中，首先要了解国际通用方法，称呼对方要用尊称。

①普通男女的称呼。一般情况下，对男子不管其婚否都称为“先生（Mister）”；对于女士，已婚的称为“夫人（Mistress）”，未婚的称“小姐（Miss）”；婚姻状况不明的，也可称为“Miss”。在外事交往中，为了表示对女性的尊重，也可将其称为“女士（Madam）”。

②官方人士的称呼。对高级官员，称为“阁下”，也可称职衔或“先生”；对有地位的女士可称为“夫人”，对有高级官衔的妇女，也可称“阁下”；对其他官员，可称职衔或“先生”“女士”等。

③皇家贵族的称呼。对君主制或君主立宪制国家的国王、皇后，可称为“陛下”；王子、公主、亲王等可称为“殿下”；对有公、侯、伯、子、男等爵位的人士既可称其爵位，亦可称“阁下”，或称“先生”。

④技术人员的称呼。对教练员、医生、教授、法官、律师以及有博士等职称、学位的人士，可称为“教练”“医生”“教授”“法官”“律师”“博士”等，也可加上姓氏或“先生”。

⑤军人的称呼。一般称军衔，或军衔加“先生”，知道其姓名的可冠以姓与名。有的国家对将军、元帅等高级将领称“阁下”。

⑥教会人员的称呼。教会的神职人员，一般可称教会的职称或姓名加职称，也可以职称加“先生”，有时主教以上的神职人员也可称“阁下”。

⑦同志称呼。凡是与我国同志相称的国家，对其各种人员均可称为“同志”，有职衔的可加职衔。

“您”——您好、请您；“贵”——贵方、贵校；“大”——尊姓大名、大作；“老”——张老、您老；“高”——高寿、高见；“芳”——芳名、芳龄，等等。在商务场合，对任何对象都忌用诨号、绰号。体育商务人士一定要视交际对象、场合、双方关系等选择恰当的称呼。

在某些场合，由于不熟悉交往对象的详细情况，仅以性别区分，对男性一律称“先生”，对女性一律称“小姐”或“女士”。以交往对象的职务相称，以示身份有别、敬意有加，这是一种最常见的称呼。称职务，在职务前加上姓氏，在职务前加上姓名（适用于非常正式的场合），如“徐主任”“江华处长”等。对于具有职称者，尤其是具有高级职称者，在工作中直接以其职称相称。称职称时可以只称职称、在职称前加上姓氏、在职称前加上姓名（适用于十分正式的场合），如“张教授”“刘工程师”等。

七、名片礼仪

规范的名片应该展现出名片原有的功能及精巧的设计；名片设计主要目的是让人加深印象，同时可以很快联想到专长与兴趣，因此引人注意的名片，活泼、趣味常是共通点。

通常一枚标准名片包括三个方面内容：本人所属单位、徽号以及自己所在具体部门；本人姓名、学位、职务或职称；与本人联络方法，包括单位所在地址、办公电话号码、住宅电话号码和邮政编码等。

此外，还可酌情列出本单位传真号码、电报挂号。私人名片和商务名片一般都不提供本人家庭住址。名片的规格一般是长 8.5~10 厘米，宽 5.5~6 厘米。

接受名片时要用双手或右手，态度恭敬，可说“很高兴认识你”等。然后，回敬一张本人名片，如身上未带名片，应向对方表示歉意。接受名片后郑重放好，不能丢在一边或随意玩弄。

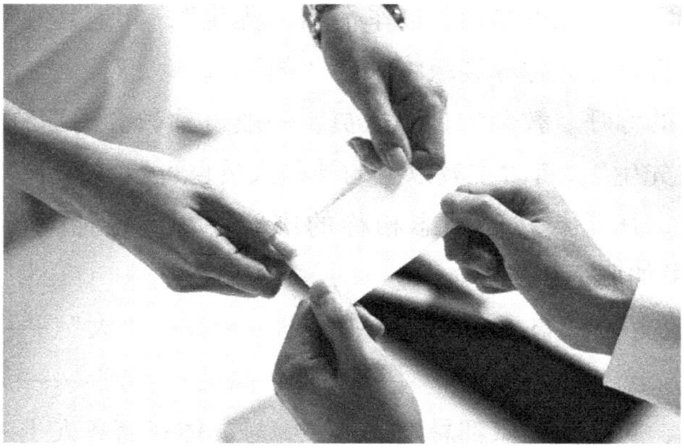

接受名片礼仪

八、拱手礼仪

中国素称“礼仪之邦”，“礼”无时不在。“握手礼”是西方舶来品，中国古代用的是“拱手礼”（作揖）。“敬个礼，‘拱拱手’，你是我的好朋友。”

拱手礼

拱手礼始于上古，有模仿戴手枷奴隶的含义，意为愿作对方奴仆，以表自谦。自西周以来，同辈间见面交往已在广泛使用。《礼记・曲礼上》记载道，“遭先生于道，趋而进，正立拱手”。《论语・微子》也记载了子路对孔子行拱手礼，“子路拱而立”。

中国古代在秦汉以前诞生的礼仪规范动作，大多数是在慧识哲学指导下产生的。以观察人体生命动态和静态能量场是否符合“得一”的原则而确定。“抱元守一”，是肢体动与静的普遍要求。

垂手于身体两侧，人体仍然处于左右阴阳独立的分散状态。而左右手阴阳叠合以后，身体能量场则处于较为理想的“合一”场态。

拱手礼的形式与内涵。拱手礼的核心动作是“拱手”。行礼时，双腿站直，上身直立（一般适于对平辈）或微俯（一般适于对尊长），双手相互握合于胸前，形成一个拱形，也可一只手虚握，另一只手包住，不高于颚，不低于胸，有节奏地晃动两三下。用于遥祝时，手可抬高，宁高不低，不能低于胸。

需要注意的是，拱手礼男女有别。中国古人以“左”为敬，因此男子行拱手礼时，左手包右手，以左示人，表示真诚、友善与尊重；女子行礼时，右手在外，左手在内。简单来说，就是“男左女右”“男抱拳女压手”，约定俗成。如遇丧事，则正好相反。

拱手礼的适用场合。拱手礼毫无疑问是礼仪界的一张“王牌”。重大节日可以用，重要场面少不了；见面可以用，告别也能用；祝贺恭喜可以用，感谢道歉同样行；“一对一”可以用，“一对多”不失礼；站着可行，坐着同样行。

除夕夜，新闻联播主持人拱手致意：“给您拜年了！”亿万观众收到新春祝福。

需要注意的是，拱手礼和抱拳礼不同，使用场合也不同，不能混淆。抱拳礼，是习武之人的通用礼仪，大致有两种，一是“右掌左拳”，有决生死之意；二是“左掌右拳”，表示切磋而已。

拱手之礼，简单、方便、实用，更重要的是卫生。行礼时，人与人之间相隔一米半左右，符合疫情防控和复工复产期间流行病学专家要求的人与人之间的安全距离。

九、握手礼仪

无论是体育社交还是体育商务场合，握手时伸手的先后顺序，一般是等女士、长辈、已婚者、职位高者伸出手来之后，男士、晚辈、未婚者、职位低者方可伸出手去呼应。而朋友和平辈之间则不用计较谁先伸手，一般谁伸手快，谁更为有礼。另外，在祝贺对方、宽慰对方，或表示谅解对方的场合下，应主动向对方伸手。

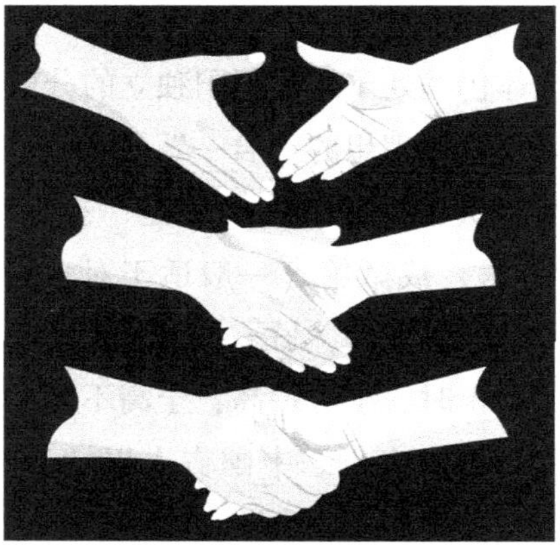

握手礼仪

有客来访时，主人应先伸手，以表示热烈欢迎。告辞时等客人先伸手后，主人再伸手与之相握才合乎礼仪，否则有逐客的嫌疑。

在公共场合，如果你需要与之握手的人士较多，应注意握手的顺序，先同性后异性，先长辈后晚辈，先已婚者后未婚者，先职位高者后职位低者，也可以由近及远地依次与之握手。需要提醒的一点是，男士和女士之间，绝不能男士先伸手，这样不但失礼，而且有占人便宜的嫌疑。

男士之间或女士之间行握手礼时，只要遵从一般规范即可，握手时间及握手的力度都比较随便。但是男士与女士之间握手，或者与长者、贵宾握手，则要遵从特定礼仪规范。握手时除了注视对方和面带微笑外，还要注意应由老人、贵宾、上级先伸手，如果你过于主动就显得不礼貌。

两对男女相遇，应是女士与女士先握手，再由女士分别与男士握手，最后再是男士与男士握手。

握手时须用右手，尤其在和外国人握手时，慎用左手与之相握，如果是右手有手疾或太脏，需用左手代替右手时，应先声明原因并致歉。忌戴手套。与人握手时，不可戴着手套。除非是年老体弱或者身体有残疾的人，握手双方应当站着而不能坐着握手。

十、陪同领导外出礼仪

（一）出发准备礼仪

①与领导充分沟通，了解出差目的、必备物品、外出工作内容和需要接见的

对象，并根据工作内容和接见对象准备相关的文件、资料和礼品，并携带证件和相机等物品，安排好领导的行程。

②如果是开会，就应准备开会需要的资料，自己应先学习有关会议的内容，以便能在开会时做好会议的记录。

③如果是走访或谈判，就应当先做好对走访或谈判对象的一些调查和了解。

④与所去之地的有关单位事先联系，提供前往人员名单（包括姓名、性别、民族、职务等），说明此行目的和行程计划等。

⑤如果自己开车，则要提前通知司机准备好车辆，带好差旅费用及常用药品等。

⑥时间观念要强。随员在征求领导意见后，要与司机等随行人员约定好出发时间及行车路线；外出中的所有活动，随员都要提前做好准备，按时召集其他随行人员等候领导，不能让领导等其他人。

⑦要保持通信联系。在陪同领导外出时，一定要与领导及同行人员时刻保持联系。因为在外出活动中，情况随时都可能发生变化。因此，随员哪怕是短时间的单独行动也要与领导及同行人员保持联络的畅通。

（二）外出的礼仪

①就座：参加会议时，除大型会议按桌牌就座外，一般要选择既非主要位置又便于与被陪同领导联络的位置就座；如果是圆桌会议，是坐在桌前还是后排，则视与会人员的具体情况而定。

就餐时，要分清主位、客位，把客位中主要位置让给领导，且要等双方主要领导就座后再入座；要注意安排好司机等同行的其他人员，因为接待方不可能认识所有来客，容易造成遗漏。

会见时，主宾、主人席安排在面对正门位置，领导如果作为主宾座位应在主人右侧，随行人员则按职务高低在领导一侧就座。主方的陪见人在主人左侧按职务高低就座。

②言谈要得当：商务活动要讲普通话，声音自然、清晰，音量、语速适中。语言文明，不讲粗话。使用“您好、请稍候、麻烦您、抱歉、对不起、没关系、谢谢、再见”等礼貌用语。

在陪同领导外出时，说话非常重要，什么时候该说，什么时候不该说，该说时怎么说都有讲究。不该说时说了会失礼，该说时不说会误事。

在领导与客户谈话时，可以根据具体情况插话，但要恰到好处，言之有物，大方得体。

③陪同领导调研时，应对所调研的课题有所了解和思考，在领导发问后对不清楚的地方一定要问清楚、弄明白、记准确。

④举止得体：随员的举手投足都应与自己的身份、所处场合相协调。在外活动时应坐有坐相、站有站相、走有走相。

如果是开会，在进入会场时应主动把手机调到振动档位，无论是参加会议还是随领导小范围谈话，接电话时都要离开现场。

随领导参加重要会议或作讲话时，如无极特殊情况一般不能打搅领导；如确需及时向领导汇报要尽量压低声音，减少影响面和影响程度。

着装应整齐洁净，衣冠端正，庄重大方。

⑤适时"进"与"退"：在陪同领导外出参加会议、会谈时，要确定自己是否应该在场，如不需参加时，则要弄清自己应在驻地还是在场外等候。

⑥守口如瓶：在陪同领导外出期间，领导与随行者之间谈论的话题和与其他人员之间谈话的内容，除领导明确表示让自己传达的之外，其他内容决不可随意透露，即使是餐桌上领导的玩笑话也不应随便向外人提及。

第二节 体育商务礼仪

体育商务是在法律许可条件下，以体育商贸交易为手段，满足人们体育文化消费需求的商业活动。随着体育产业的发展，体育商贸活动频繁而活跃，广大体育工作者从事商务活动已不是什么新鲜事，而体现相互尊重、约束个人行为准则的商务礼仪成为大家必须遵守的规则。

一、电话礼仪

（一）接听电话礼仪

在接听电话前，要准备好记录工具，如笔和纸、电脑等。待电话铃声响起后，如立即拿起，会让对方觉得唐突；但若在响铃超过三声再接听，是缺乏效率的表现，也会让对方不耐烦。如果因为客观原因，如电话机不在身边，或一时走不开，不能及时接听，就应该在通话后先向对方表示歉意，如"很抱歉，让你久等了”等。

在工作场合，接听电话时，首先应问候，然后自报家门。对外接待应报出单位名称，若接内线电话应报出部门名称。比如，“您好，××大学体育系”。

办公室工作人员，应该有意识训练自己的听辨能力。假如对方是老顾客，经常打电话来，一开口就能听出对方的声音，那么可以用合适的称谓问好：“您好，王经理。”这样会给对方留下特别受到重视的感觉，增强对方的好感。

接到错打的电话，人们很容易忽略礼貌问题，甚至很粗鲁。因此，接听电话时，每一个电话都讲究礼貌，保持良好的接听态度。最后，在对方挂电话后再挂电话。

（二）打电话礼仪

选择对方方便的时间打电话，避开对方忙碌或是休息时间打电话，而且工作上的事情，也尽量不要打电话到别人的家里。

无论是正式的电话业务，还是一般交往中的不太正式的通话，自报家门都是必需的，这是对对方的尊重，即使是你熟悉的人，也应该主动报出自己的姓名，因为接电话方往往不容易通过声音准确无误地确定打电话人的身份。

在做完自我介绍以后，简明扼要说明通话目的，尽快结束交谈。如果估计这次谈话要涉及的问题较多，时间较长，应在通话前询问对方此时是否方便长谈。如果对方不方便长谈，就应该有礼貌地请对方约定下次的通话时间。

二、乘车礼仪

按照国际惯例，乘坐轿车的座次安排的常规是：右高左低，后高前低。具体而言，轿车座次的尊卑自高而低是：后排右位—后排左位—前排右位——前排左位。

另外有几种特殊情况，一是主人或熟识的朋友亲自驾驶汽车时，你坐到后面位置等于向主人宣布你在“打的”，非常不礼貌。这种情况下，副驾位置为上座位。二是接送高级官员、将领、明星等知名的公众人物时主要考虑乘坐者的安全性和隐私性，司机后方位置为汽车的上座位，通常也被称作 VIP 位置。

特别需要注意下列三个方面的问题。

（一）上下车礼仪

①上下车的先后顺序。在涉外交往中，尤其是在许多正式场合，上下车的先后顺序不仅有一定的讲究，而且必须认真遵守。

商务人员如果身为低位，则在上下车时，还需主动地为高位者开关车门。具体来讲，当高位者准备登车时，低位者应当先行一步，以右手或左右两只手并用，为高位者拉开车门。拉开车门时，应尽量将其全部拉开，即形成90°的夹角。在下车时，低位者可以先下车去帮助开门，以示敬人。其操作的方法与上车时基本相同。

②如果是陪同领导参加商务活动，上下车的基本礼仪原则是“方便领导，突出领导”。一般是让领导和客人先上，自己后上。下车时，自己先下，领导和客人后下。上车时，为领导和客人打开车门的同时，左手固定车门，右手护住车门的上沿（左侧上车相反），防止客人或领导碰到头部，确认领导和客人身体安全进车后轻轻关上车门。下车时，方法相同。如果很多人坐一辆车，那么谁最方便下车谁先下车。无论是先上后上，还是先下后下，都要遵循“方便领导、突出领导”的原则。

上下车礼仪

③特殊情况的上车次序。如果外出办事，同去的人较多，对方热情相送，这时候我们应在主动向对方道谢之后，先上车等候。因为送别仪式的中心环节是在双方的主要领导之间进行的，如果所有人都非要等领导上车后再与主人道别上车，就会冲淡双方领导道别的气氛，而上车时也会显得混乱无序。所以，如果大家是同乘一辆面包车，要先上车，并主动坐到后排去。如果我们是分乘几辆轿

车，则应上到各自的车内等候，只需留下一个与领导同车的人陪同领导道别即可。

④特殊情况的下车次序。如果陪领导出席重要的欢迎仪式，到达时对方已经做好迎接准备。这个时候一定要等领导下车后我们再下车，否则就会有“抢镜头”之嫌。这种情况领导如何下车呢？如果是面包车，由领导边上的人为其开门，再避到后排，为领导下车让出通道。如果是轿车，欢迎的人群中自然会有人为领导开车门。

⑤商务人员自己在上下车时，动作应当“温柔”一点，不要动辄“铿锵作响”。上下车时，不要大步跨越，连蹦带跳，像是“跨栏”一样。穿短裙的女士，上车时，应首先背对车门，坐下之后，再慢慢地将并拢的双腿一齐收入，然后再转向正前方。下车时，应首先转向车门，先将并拢的双脚移出车门，双腿着地后，再缓缓地移出身去。

（二）特殊座次安排

在公务接待中，除了注意车辆的正常座次排列外，还需要把握以下几点：①乘坐主人驾驶的轿车时，最重要的是不能让前排空着。一定要有一个人坐在那里，以示相伴。

②由专人驾驶车辆时，副驾驶座一般也叫随员座，通常坐于此处者多为随员、译员、警卫等。从安全角度考虑，一般不应让女士坐于副驾驶座，孩子与尊长也不宜在此座就座。

③必须尊重嘉宾本人对轿车座次的选择，嘉宾坐在哪里，则哪里即是上座。

（三）就座时的相互谦让

不论是乘坐何种车辆，就座时均应相互谦让。争座、抢座、不对号入座，都是非常失礼的。在相互谦让座位时，除对位尊者要给予特殊礼遇之外，对待同行人中的地位、身份相同者，也要以礼相让。

（四）乘车时的律己敬人

在乘坐车辆时，尤其是在乘坐公共交通工具时，必须将其视为一种公共场合。因此，必须自觉地讲究社会公德，遵守公共秩序。对于自己，处处要严格要求，对于他人，时时要友好相待。

三、电梯礼仪

伴随客人或长辈来到电梯厅门时，先按电梯按钮；电梯到达门打开时，可先行进入电梯，一手按开门按钮，另一手按住电梯侧门，请客人们先进；进入电梯后，按下客人要去的楼层按钮；行进中有其他人员进入，可主动询问要去几楼，帮忙按下。

电梯礼仪

乘轿厢电梯时，要注意轿厢站位。距离操作盘近端为次位，远端为尊位。领导或者客户要在②③和④的位置，下属一般在①和⑤的位置。

乘坐电梯（厢型）的站位：
电梯右侧有按钮时，如图所示则②号位为大位，④号位为二位，③号位为三位，⑤号位为四位，①号位为五位。

注意：若电梯两侧都有按钮，则只需①号位与⑤号位互换位置，因为商务礼仪中通常以右为尊。

电梯内尽可能不要寒暄。电梯内尽量侧身面对客人。到达目的楼层，一手按住开门按钮，另一手做出请出的动作，可说：“到了，您先请！”请②号大位贵客先行，客人走出电梯后，自己立刻步出电梯，并热诚地引导行进的方向。

乘自动扶梯时，应自觉靠右侧站立，空出左侧通道，以便有急事的人通行；应主动照顾同行的老人与小孩踏上扶梯，以防跌倒；如须从左侧急行通过时，应向给自己让路的人致谢。

四、中餐礼仪

（一）宴会准备

邀请：宴会，特别是商务类型宴会，为了表示主人对主宾的尊重应在宴会前一周用正式请柬发出邀请，这样做一方面是出于礼节，另一方面也是请客人备忘。在请柬书写的内容方面应尽量包括称谓、活动的主题、形式、时间、地点、联系人及联系方式、落款等。

> 请柬
>
> ××女士/先生：
>
> 兹定于×月×日晚 7：00-9：00 在市体育局礼堂举行体育茶话会，届时敬请光临。
>
> 此致
>
> 敬礼！
>
> ××市体育总会
>
> 联系人：×××
>
> 联系电话：××
>
> ×年×月×日

客人在接到邀请后，不论能否赴约都应尽早做出答复。不能应邀的，要婉言谢绝；接受邀请的，不要随意变动，应按时出席。确有意外不能前去的，要提前解释，并深致歉意。作为主宾不能如约更应郑重其事，甚至登门解释、致歉。

迎接：宴会开始前，主人应站在大厅门口迎接客人。对规格高的贵宾，还应组织相关负责人到门口列队欢迎。客人来到后，主人应主动上前握手问好，若宾主双方早就认识，双方直接行见面礼，并请客人走在主人右侧上手位置，共同进入宴会厅主桌。若是初次见面，一般是由礼宾人员或宴请方迎接人员中身份最高者，率先将己方迎接人员一一介绍给客人，再由客人中身份最高者将客人按照一定顺序介绍给主人，并相互握手致意，宴会即可开始。

（二）宴会排位礼仪

宴会排序原则：以远为上，面门为上，以右为上，以中为上，观景为上，靠墙为上。

①桌次分布：安排宴会，首先要排桌次、座次，这是中国饮食文化中很重要的一部分。

圆桌正对大门的为主客桌，左手边依次为2、4、6、8……右手边依次为3、5、7、9……直至会合。如果是正式宴会，桌与桌间的排列讲究首桌居前居中，不同桌数的桌次排列原则说明如下：

只有一桌时，从面向门口站立的方向来看，主人应坐在离门口较近的地方，主宾则坐在面向门口的位置。

两桌时，从面向门口站立的方向来看，右手边的桌次为主桌，左手边则为次桌。

三桌时，从面向门口站立的方向来看，中间的桌次为主桌，右边为次桌，左边为辅桌。

四桌如排成环状，从面向门口站立的方向来看，中间离门最远第一列的这桌为主桌，第二列从右边顺序排列为第二桌次和第三桌次，离门最近的第三列这桌是第四桌次；如排成“一”字形，从面向门口站立的方向来看，右边第二桌为主桌，第三桌为第二桌次，右边第一桌为第三桌次，最左边的这桌则为第四桌次。

五桌如排为轴心环绕的形式，从面向门口站立的方向来看，中央这桌为主桌，离门较远的这列右边一桌为第二桌次，左边一桌为第三桌次，靠门较近的这列右边一桌为第四桌次，左边一桌为第五桌次；如排为梅花形的形式，从面向门口站立的方向来看，离门最远的第一列这桌为主桌，第二列右边一桌为第二桌次，左边一桌为第三桌次，靠近门的第三列右边一桌为第四桌次，左边一桌为第五桌次。

②座次分布：面门居中位置为主位；主左宾右分两侧而坐；或主宾双方交错而坐；越近首席，位次越高；同等距离，右高左低。中餐很讲究按照身份安排上座、主位，所以在举行宴会前，主人或主办方负责人一定要详细了解参加宴会的人数、每个成员的身份，以免安排座位时出现尴尬情况，使大家愉快就餐。

中餐宴会一般用圆桌，每张餐桌上的具体位次有主次尊卑之分。宴会的主人应坐在主桌上，面对正门就座；同一张桌上位次的尊卑，根据距离主人的远近而定，以近为上，以远为下；同一张桌上距离主人相同的位次，排列顺序讲究以右为尊，以左为卑。在举行多桌宴会时，各桌之上均应有一位主桌主人的代表，作为各桌的主人，其位置一般应与主桌主人同向就座，有时也可以面向主桌主人就座。每张餐桌上，安排就餐人数一般应限制在 10 个人之内，并且为双数，人数过多，过于拥挤，也会照顾不过来。

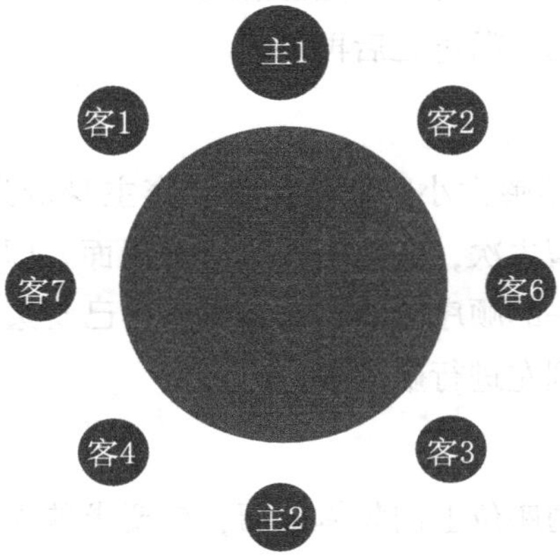

主陪面对门

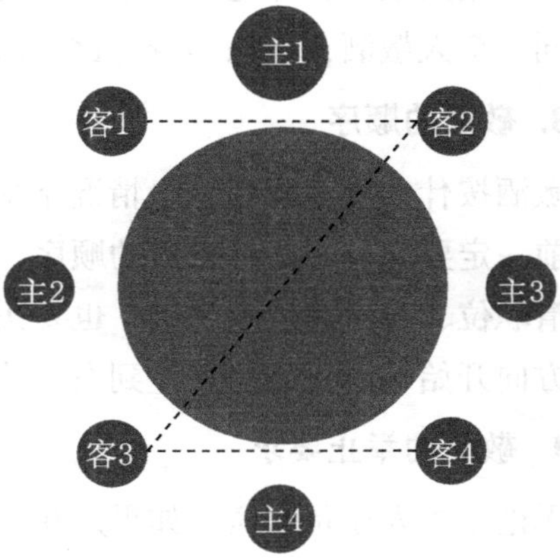

还可以这么排

(三) 斟酒和敬酒

1. 斟酒

敬酒之前需要斟酒。按照规范来说，除主人和侍者外，其他宾客一般不要自行给别人斟酒。如果主人亲自斟酒，应该用本次宴会上最好的酒，宾客要端起酒杯致谢，必要的时候应该站起。

如果是作为大型的商务用餐来说，都应该是侍者来斟酒。斟酒一般要从位高者开始，然后顺时针斟。如果不需要酒了，可以把手挡在酒杯上，说声“不用了，谢谢”就可以了。这时候，倒酒者就没有必要一再要求斟酒。

中餐里，别人斟酒的时候，也可回敬以“叩指礼”。特别是自己的身份比主人高的时候。即以右手拇指、食指、中指捏在一起，指尖向下，轻叩几下桌面表示对斟酒的感谢。

酒倒多少才恰当呢？白酒和啤酒可以斟满，而洋酒就不用斟满。

2. 敬酒

敬酒应该在特定的时间进行，并以不影响来宾用餐为前提。

敬酒分为正式敬酒和普通敬酒。正式的敬酒，一般是在宾主入席后、用餐前开始就可以敬，一般都是主人来敬，同时还要说规范的祝酒词。而普通敬酒，只要是在正式敬酒之后就可以开始了，但要注意是在对方方便的时候，比如他当时没有给其他人敬酒，嘴里没有咀嚼的食物，认为对方可能愿意接受你的敬酒。如果向同一个人敬酒，应该等身份比自己高的人敬过之后再敬。

3. 敬酒的顺序

敬酒按什么顺序呢？一般情况下应以年龄大小、职位高低、宾主身份为序，敬酒前一定要充分考虑好敬酒的顺序，分清主次，避免出现尴尬的局面。即使你分不清职位、身份高低不明确，也要按统一的顺序敬酒，比如先从自己身边按顺时针方向开始敬酒，或是从左到右、从右到左进行敬酒等。

4. 敬酒的举止要求

无论是主人还是来宾，如果是在自己的座位上向集体敬酒，就要求首先站起来，面带微笑，手持酒杯，面向大家。

当主人向集体敬酒、说祝酒词的时候，所有人应该一律停止用餐或喝酒。主人提议干杯的时候，所有人都要端起酒杯站立，互相碰一碰。按国际通行的做法，敬酒不一定要喝干，但即使平时滴酒不沾的人，也要拿起酒杯抿上一口以示对主人的尊重。

除了主人向集体敬酒，来宾也可以向集体敬酒。来宾的祝酒词可以说得更简短，甚至一两句话都可以。比如，“祝……万事如意！”“……节日快乐！”“敬我们……”“各位，为了我们的共同事业，干杯！”

五、西餐礼仪

（一）西餐开始的礼仪

1. “Menu”（菜单）

走进西餐馆，服务员先领客人入座，待坐稳，首先送上来的便是菜单。菜单被视为餐馆的门面，店家也一向重视，用最好的材质做菜单的封面，有的甚至用软羊皮打上各种美丽的花纹。

如何点好菜，有个绝招，打开菜谱，看哪道菜是以饭店名称命名的，一定可以取之，要知道，哪位厨师也不会拿自己店名开玩笑的，所以他们下功夫做出的菜，肯定会好吃的，一定要点。

看菜单、点菜已成了吃西餐的一个必不可少的程序，是一种生活方式。

2. "Music"（音乐）

豪华高级的西餐厅，要有乐队，演奏一些柔和的乐曲，一般的小西餐厅也播放一些美妙的乐曲。这里最讲究的是乐声的"可闻度"，即声音要达到"似听到又听不到的程度"，就是说，要集中精力和友人谈话就听不到，要想休息放松一下就听得到，这个火候要掌握好。

3. "Mood"（气氛）

西餐讲究环境雅致，气氛和谐。一定要有音乐相伴，有洁白的桌布，有鲜花摆放，所有餐具一定洁净。如遇晚餐，要灯光暗淡，桌上要有红色蜡烛，营造一种浪漫、迷人、淡雅的气氛。

西餐礼仪

4. "Meeting"（会面）

也就是说和谁一起吃西餐，这是需要选择的，一定要是亲朋好友，趣味相投的人。吃西餐主要为联络感情，很少在西餐桌上谈生意。所以西餐厅内，少有面红耳赤的场面出现。

5. "Manner"（礼俗）

也称为"吃相"和"吃态"，总之要遵循西方习俗，勿有唐突之举，特别是在手拿刀叉时，若手舞足蹈，就会"失态"。使用刀叉，应是右手持刀，左手拿叉，将食物切成小块，然后用刀叉送入口内。一般来讲，欧洲人使用刀叉时不换手，一直用左手持叉将食物送入口内。美国人则是切好后，把刀放下，右手持叉将食物送入口中。但无论何时，刀是绝不能送物入口的。西餐宴会，主人都会安排男女相邻而坐，讲究“女士优先”的西方绅士，都会表现出对女士的殷勤。

6. “Meal”（食品）

一位美国美食家曾这样说：“日本人用眼睛吃饭，料理的形式很美；吃我们的西餐，是用鼻子的，所以我们鼻子很大；只有你们伟大的中国人才懂得用舌头吃饭。”可见中餐以“味”为核心，西餐是以营养为核心。

（二）排位方法

西餐的位置排列与中餐有相当大的区别，中餐多使用圆桌，而西餐一般都使用长桌。如果男女二人同去餐厅，男士应请女士坐在自己的右边，还得注意不可让她坐在人来人往的过道边。若只有一个靠墙的位置，应请女士就座，男士坐在她的对面。如果是两对夫妻就餐，夫人们应坐在靠墙的位置上，先生则坐在各自夫人的对面。如果两位男士陪同一位女士进餐，女士应坐在两位男士的中间。如果两位同性进餐，那么靠墙的位置应让给其中的年长者。

西餐还有个规矩：每个人入座或离座，均应从座椅的左侧进出。举行正式宴会时，座席排列按国际惯例：桌次的高低依距离主桌位置的远近而右高左低，桌次多时应摆上桌次牌。同一桌上席位的高低也是依距离主人座位的远近而定。西方习俗是男女交叉安排，即使是夫妻也是如此。

（三）宴会用餐礼仪

参加正式宴请时，女主人把餐巾铺在腿上是宴会开始的标志。餐巾暗示着宴会的开始和结束，西方有女士优先的原则，西餐宴会上女主人是第一顺序，女主人不坐，别人是不能坐的，女主人把餐巾铺在腿上就说明大家可以开动。反之，女主人把餐巾放在桌子上，是宴会结束的标志。

（四）用餐礼仪

开始进餐时，取菜时不要盛得过多，盘中食物吃完后如果不够可以再取，用餐前应先将餐巾打开铺在腿上，餐后叠好放在盘子右边，不可放在椅子上，亦不可叠得方方正正而被误认为未用过。餐巾可擦嘴不可擦汗。

如由服务员分菜，需增添时服务员送上时再取。如遇本人不能吃或不爱吃的菜肴，当服务员上菜时，主人夹菜时，不要打手势，不要拒绝，可取少量放在盘内，并表示“谢谢，够了。”对不合口味的菜，勿显出难堪的表情。冷餐酒会，服务员上菜时，不要抢着去取，待送至本人面前再拿。周围的人未拿到第一份时，自己不要急于去取第二份。

请勿围在菜桌旁，取完即离开，以便让别人取食。对方是主人，我方作为应邀方不宜主动让菜。吃东西要文雅，闭着嘴嚼，喝汤时不要啜，吃东西不要发出声音。如汤菜太热，可稍待凉后再吃，切勿用嘴吹。嘴内的鱼刺、骨头不要直接外吐，用餐巾掩嘴，用手取出，或轻吐在叉上，放在菜盘内。吃食物时要用食物就口，不可将口去就食物。两肘不可伸得很开。嘴内有食物切勿说话。剔牙时，用手或餐巾遮口，不要边走边剔牙。吃剩的菜，用过的餐具、牙签，都应放在盘内，勿置在桌上。

（五）进餐时女士手提包的位置

在欧美，女士入座后，通常会直接把手提包放在脚边的地板上。由于她们对手提包的处理是如此，所以，把手提包放置桌上，对她们来说是很失礼的行为。

因此，除了晚装的小手包，其他手提包不能放在餐桌上。那么，手提包应该放在哪里呢？可能有很多人不习惯把手提包放在地板上，这时，你可以把手提包放在背后和座椅之间或大腿上（餐巾下）。若是邻座没有人，也可以放置在座椅上，或挂在皮包架上。

（六）上菜的次序

西餐在菜单的安排上与中餐有很大不同。以举办宴会为例，中餐宴会除近10种冷菜外，还要有热菜6~8种，再加上点心甜食和水果，显得十分丰富。而西餐虽然看着有六七道，但每道一般只有一种，对许多人来说，点西餐菜还是比较陌生的。以下是西餐上菜顺序。

1. 头盘

也称为开胃品，一般有冷盘和热头盘之分，常见的品种有鱼子酱、鹅肝酱、熏鲑鱼、鸡尾杯、奶油鸡酥盒、焗蜗牛等。

2. 汤

大致可分为清汤、奶油汤、蔬菜汤和冷汤4类。品种有牛尾清汤、各式奶油汤、海鲜汤、美式蛤蜊汤、意式蔬菜汤、俄式罗宋汤、法式葱头汤。

3. 副菜

通常水产类菜肴与蛋类、面包类、酥盒菜肴均称为副菜。西餐吃鱼类菜肴讲究使用专用的调味汁，品种有鞑靼汁、荷兰汁、酒店汁、白奶油汁、大主教汁、美国汁和水手鱼汁等。

4. 主菜

肉、禽类菜肴是主菜。其中最有代表性的是牛肉或牛排，肉类菜肴配用的调味汁主要有西班牙汁、浓烧汁精、蘑菇汁、白尼丝汁等。禽类菜肴的原料取自鸡、鸭、鹅，主要是鸡，可煮、可炸、可烤、可焗，主要的调味汁有咖喱汁、奶油汁等。

5. 蔬菜类菜肴

可以安排在肉类菜肴之后，也可以与肉类菜肴同时上桌，蔬菜类菜肴在西餐中称为沙拉。与主菜同时搭配的沙拉，称为生蔬菜沙拉，一般用生菜、番茄、黄瓜、芦笋等制作。还有一类是用鱼、肉、蛋类制作的，一般不加味汁。

6. 甜品

西餐的甜品是主菜后食用的，可以算作第六道菜。从真正意义上讲，它包括所有主菜后的食物，如布丁、冰淇淋、奶酪、水果等。

（七）如何使用刀叉

①进餐时，餐盘在中间，刀子和勺子放置在盘子的右边，叉子放在左边。一般右手写字的人，用餐时很自然地用右手拿刀或勺，左手拿叉，杯子也用右手来端。

②在桌子上摆放刀叉，一般最多不能超过三副。三道菜以上的套餐，必须在摆放的刀叉用完后随上菜再放置新的刀叉。

③刀叉是从外侧向里侧按顺序使用（也就是说事先按使用顺序由外向里依次摆放）。

④进餐时，一般都是左右手互相配合，即一刀一叉成双成对使用。有些例

外，喝汤时，则只是把勺子放在右边——用右手持勺。食用生牡蛎一般也是用右手拿牡蛎叉食用。

⑤刀叉有不同规格，按照用途不同而决定其尺寸的大小也有区别。吃肉时，不管是否要用刀切，都要使用大号的刀。吃沙拉、甜食或一些开胃小菜时，要用中号刀。叉或勺一般随刀的大小而变。喝汤时，要用大号勺，而喝咖啡和吃冰激淋时，则用小号为宜。

⑥忌讳用自己的餐具为他人来布菜。

⑦不能用叉子扎着食物进口，而应把食物铲起入口。当然现在这个规则已经变得不是那么的严格。英国人左手拿叉，叉尖朝下，把肉扎起来，送入口中，如果是烧烂的蔬菜，就用餐刀把菜拨到餐叉上，送入口中；美国人用同样的方法切肉，然后右手放下餐刀，换用餐叉，叉尖朝上，插到肉的下面，不用餐刀，把肉铲起来，送入口中，吃烧烂的蔬菜也是这样铲起来吃。

⑧如食用某道菜不需要用刀，也可用右手握叉，例如，意大利人在吃面条时，只使用一把叉，不需要其他餐具，那么用右手来握叉倒是简易方便的。没有大块的肉要切的话，如素食盘，只是不用切的蔬菜和副食，那么，按理也可用右手握叉来进餐。

⑨为了安全起见，手里拿着刀叉时切勿指手画脚。发言或交谈时，应将刀叉放在盘上才合乎礼仪。这也是对旁边的人的一种尊重。

⑩叉子和勺子可入口，但刀子不能放入口中，不管其上面是否有食物。除了礼节上的要求，刀子入口也是危险的。

（八）西餐中刀叉摆放含义

西餐中，刀叉的摆放也是有含义的，用餐意愿均可通过刀叉的摆放来传达。

①我尚未用完餐：盘子没空，如你还想继续用餐，把刀叉分开放，大约呈三角形，那么服务员就不会把你的盘子收走。

②我已经用完餐：可以将刀叉平行放在餐盘的同一侧。这时，即便你盘里还有食物，服务员也会明白你已经用完餐了，会在适当时候把盘子收走。

③请再给我添加饭菜：盘子已空，但你还想用餐，把刀叉分开放，大约呈八字形，那么服务员会再给你添加饭菜。

注意：只有在准许添加饭菜的宴会上或在食用有可能添加的那道菜时才适用。如果每道菜只有一盘的话，则没有必要把餐具放成这个样子。

（九）调味品的使用

1. 酱料

用马萝卜酱、薄荷胶、葡萄干胶、芥末、苹果酱、酸果萝酱时，要先用汤匙将其舀入盘子里，然后用叉子叉肉蘸取食用。液体酱汁如薄荷、樱桃或杏鸭酱，要直接浇到肉上面。

吃蛋卷和饼干用的果胶、果酱和蜜饯要用汤匙舀到黄油盘子的一边，然后用刀平抹在面包或蛋卷小块上。如果没有汤匙，用刀取果胶前，先在盘子边上擦一擦。吃咖喱菜时，可把花生、椰子、酸辣酱等调料放到盘子里混合后配咖喱食用。酸辣酱也可作为配菜吃，不用混合。

2. 盐和胡椒粉

先品尝食物，后加盐和胡椒粉。先放盐或胡椒粉是对厨师不礼貌的表现。如果桌上有盐罐，使用里面的盐匙，如果没有，就用干净的刀尖取用。

蘸过盐的食物要放在自己的黄油盘里或餐盘里的一边。如果为你提供一个专人盐罐，你可以用手捏取。

3. 黄油

往面包、蛋卷、饼干或土司上抹黄油要用刀，而且小块面包只能抹少量的黄油。不要往蔬菜上抹黄油，因为这会被认为是对厨师的侮辱。

（十）如何使用餐巾

点完菜后，在前菜送来前的这段时间把餐巾打开，往内折 1/3，让 2/3 平铺在腿上，盖住膝盖以上的双腿部分。最好不要把餐巾塞入领口。

进餐一半回来还要接着吃的话，餐巾应放在你座椅的椅面上，它表示的信号是告诉在场的其他人，尤其是服务生，你到外面有点事，回来还要继续吃。餐巾放桌上去，是就餐结束的意思。

那么餐巾可以擦什么东西呢？它可以沾沾嘴。吃西餐的时候，如果要跟别人交谈，一定要用餐巾先把嘴沾一沾，然后再跟别人说话。餐巾可以擦嘴，但是不能擦刀叉，也不能擦汗。

（十一）汤和沙拉的吃法

一般使用的餐具是汤盘或汤碗。汤碗分带把儿和不带把儿两种。饮用汤要使用汤勺。握汤勺的方法同握写字笔近似，不要太紧张，也不能太松弛。握的位置要适当，握柄的中上部最为理想，看上去优雅自然。

1. 姿势

进汤时，身体要保持端正，头部不要太接近汤盘，长头发的女士千万注意不要把头发落到汤盘里，那样既不卫生又不美观。用勺子送汤到嘴里，而不是低头去找汤盘。注意不要让汤从嘴里流出来或把汤滴在汤盘外边。

2. 声音

在进汤类食物时，千万避免发出向嘴里吸溜的声音，如果汤是滚烫的，可稍等片刻再享用，不可将嘴巴凑近汤盘猛吹。即使汤盘里只有少许汤底，也不可举盘把汤底倒入口中。可将汤盘向外倾斜，以便将最后的几滴用勺子舀起。如果是汤碗的话，最后的几滴可倒入口中。

3. 头盘餐

沙拉做头盘是比较理想的选择，它既爽口又开胃，正统西餐的沙拉汁一般偏酸，也就是力图达到这个效果。西方人不习惯在餐前吃带甜味的沙拉。

沙拉的进餐用具：盛沙拉一般用沙拉盘，平盘深盘都可以。一般讲究的餐厅要摆上刀和叉，即使有些人习惯只是用叉而不用刀。作为同主食一起上菜时的沙拉，把沙拉盘放在主菜盘的左侧，这时一般只放一把叉子。

遇见比较大叶的蔬菜的时候，要先用刀子和叉子折起来，然后再用叉子送入口。

六、拜访礼仪

在体育对外交往过程中，相互拜访是经常的事，如果懂得拜访礼仪，无疑会为拜访活动增添色彩。

（一）拜访前的准备

有句古话说得好：不打无准备之仗。拜访前同样需要做好充分准备。

1. 预约不能少

拜访必须提前预约，这是最基本的礼仪。一般情况下，应提前 3 天给被拜访者打电话，简单说明拜访的原因和目的，确定拜访时间，经过对方同意以后才能前往。预约内容包括约定时间、约定人数、约定地点。

2. 明确目的

拜访必须明确目的，出发前对此次拜访要解决的问题应做到心中有数。例如，你需要对方为你解决什么，你对对方提出什么要求，最终你要得到什么样的结果等，这些问题的相关资料都要准备好，以防万一。

3. 礼物不可少

无论是初次拜访还是再次拜访，礼物都不能少。礼物可以起到联络双方感情、缓和紧张气氛的作用。所以，在礼物的选择上还要下一番苦功夫。既然要送礼就要送到对方的心坎里，了解对方的兴趣、爱好及品位，有针对性地选择礼物，尽量让对方感到满意。

4. 自身仪表不可忽视

肮脏、邋遢、不得体的仪表，是对被拜访者的轻视。被拜访者会认为你不把他放在眼里，对拜访效果有直接影响。一般情况下，登门拜访时，女士应着深色套裙、中跟浅口深色皮鞋配肉色丝袜；男士最好选择深色西装配素雅的领带，外加黑色皮鞋、深色袜子。

（二）拜访过程

1. 具备较强时间观念

拜访他人可以早到却不能迟到，这是一般的常识，也是拜访活动中最基本的礼仪之一。早些到可以借富余的时间整理拜访时需要用到的资料，并正点出现在约定好的地点。而迟到则是失礼的表现，不但是对被拜访者的不敬，也是对工作不负责任的表现，被拜访者会对你产生看法。

值得注意的是：如果因故不能如期赴约，必须提前通知对方，以便被拜访者重新安排工作。通知时一定要说明失约的原因，态度诚恳地请对方原谅，必要时还需约定下次拜访的时间。

2. 先通报后进入

到达约会地点后，如果没有直接见到被拜访对象，拜访者不得擅自闯入，必须经过通报后再进入。一般情况下，前往大型企业、社团、协会、组织拜访，首先要向负责接待的人员交代自己的基本情况，待对方安排好以后，再与被拜访者见面。当然，生活中不免存在这样的情况，被拜访者身处某一宾馆，如果拜访者已经抵达宾馆，切勿鲁莽直奔被拜访者所在房间，而应该由宾馆前台接待打电话通知被拜访者，经同意以后再进入。

3. 举止大方，温文尔雅

见面后，打招呼是必不可少的。如果双方是初次见面，拜访者必须主动向对方致意，简单地做自我介绍，然后热情大方地与被拜访者行握手之礼。即便双方已经不是初次见面，主动问好致意也是必需的，这样可显示出你的诚意。说到握手不得不强调一点，如果对方是长者、高职或女性，自己绝对不能先将手伸出去，这样有抬高自己之嫌，同样可视为对他人的不敬。

见面礼行过以后，在主人的引导之下，进入指定房间，待主人落座以后，自己再坐在指定的座位上。

4. 开门见山，切忌啰嗦

谈话切忌啰嗦，简单的寒暄是必要的，但时间不宜过长。因为，被拜访者可能有很多重要的工作等待处理，没有很多时间接见来访者，这就要求谈话要开门见山，简单的寒暄后直接进入正题。

当对方发表自己的意见时，打断对方讲话是不礼貌的行为。应该仔细倾听，将不清楚的问题记录下来，待对方讲完以后再请求就不清楚问题给予解释。如果双方意见产生分歧，一定不能急躁，要时刻保持沉着冷静，避免破坏拜访气氛，影响拜访效果。

5. 把握拜访时间

在商务拜访过程中，时间为第一要素，拜访时间不宜拖得太长，否则会影响对方其他工作的安排。如果双方在拜访前已经设定了拜访时间，则必须把握好已规定的时间，如果没有对时间问题做具体要求，那么就要在最短的时间里讲清所有问题，然后起身离开，以免耽误被拜访者处理其他事务。

（三）拜访结束

拜访结束时，如果谈话时间已过长，起身告辞时，要向主人说“打扰”表示歉意。出门后，回身主动与主人握别，说“请留步”。待主人留步后，走几步再回首挥手致意“再见”。

社交拜访是当今最流行的一种办公形式，也是对礼仪要求最多的活动之一。

掌握好上述礼仪要领，将有助于商务工作顺利进行。

（四）拜访注意要点

1. 熟知对方提供的资料

拜访前，要对对方个人及单位或组织等的性质、特点等有关情况有所了解，尤其是对方提供的有关资料应熟悉。这样可以做到心中有数，应对自如，利于工作的展开。

2. 守时守约

守时是拜访最基本的要求，准时正点到达约定的地点，既不迟到，也不早到。迟到了让人等候，浪费时间；早到了令被访者措手不及。万一因故迟到要道歉。守时还包括控制拜访时间，不宜太长，通常在一小时以内，初次拜访在半小时以内。拜访者要掌握时间，及时告辞。

拜访还要守约，要按照事先约定事项进行，包括拜访人、时间、地点、商洽内容等，不要临时变更。一旦不能践约，就要及时告知对方。

3. 拜访要适度

首先是拜访次数要适度。拜访归根结底是一种礼节性活动，不宜过多过频。对某单位某人的拜访，要有一定的间隔。一年一次不为少，三月两月来一次，就会让人觉得太频繁了。拜访的规格规模也要适度，根据拜访人与被拜访人的情况，确定随同拜访人员的数目、范围。拜访的时间也要适度，时间安排要紧凑一些，不要无限制地拖长。

4. 要谨言慎行

拜访时还要注意言谈举止，不能出言不逊。拜见时可以互致问候，适当寒暄。有些拜会要进行工作磋商，不要轻易表态，随便允诺。拜会中不要随意走动，不要随意翻动被访者的物品。未经许可，不要随便参观被访者的办公室。家庭拜访不能擅自进入卧室、餐厅、贮藏室、阳台等“私人空间”。

5. 拜访时机

拜访时尽量避开被访者不方便的时间。如用餐、休息、节假日等都是不合适的。正式的工作性质的拜访，可以安排在工作时间内，通常在上午九时、下午三时左右。礼节性拜访则可以安排在其他对方方便的时间内。总之，拜访的时间应以不妨碍对方为原则，一定要注意错过吃饭时间，午饭后或临睡前的时间都是不妥当的。一般说来，下午四五点或晚上七八点是最恰当的拜访时间。

七、茶会礼仪

中国人好以茶会客，茶会礼仪就是指人们在各种茶会活动中应遵守的礼仪。看似简单的一杯茶其中暗含了许多学问，有客来访，待之以茶，以茶会友，情谊长久。这是我国传统的待客方式。茶会在我国有着悠久的历史。最早的茶会是为了进行交易和买卖。后来，茶会推而广之，成为一种用茶点招待宾客的社交性聚会形式。茶会既属于宴请的一种形式，又属于会议的一种形式，因而它具有宴请和会议二者的特点，从而在形式上较为自由，在气氛上更为融洽。在公务活动中，茶会主要是为交流思想、联络感情、洽谈业务、开展公务等。

茶会礼仪

（一）茶道基本礼仪

1. 酒满敬人，茶满欺人

因为酒是冷的，客人接手不会被烫，而茶是热的，满了接手时茶杯很热，这就会让客人的手被烫，有时还会因受烫，致使茶杯掉落在地上，给客人造成难堪。

2. 先尊后卑，先老后少

到对方跟前说声“请喝茶”，对方回以“莫拘礼”“莫客气”“谢谢”。如果是较多人的场合，在第一次斟茶时，要先尊老、后卑幼，第二遍时就可按序斟上去。对方在接受斟茶时，要有回敬反应：用中指和食指在桌上轻弹两下，表示感谢。

3. 先客后主，司炉最末

在敬茶时除了论资排辈之外，还得先敬客人来宾，然后才是自家人。在场的人全都喝过茶后，司炉，俗称“柜长”（煮茶冲茶者）才可以饮喝，否则就是对客人不敬，叫“蛮主欺客”“待人不恭”。

4. 强宾压主，响杯擦盘

客人喝茶提盅时不能任意把盅脚在茶盘沿上擦，茶喝完放盅要轻手，不能让盅发出声响，否则是“强宾压主”或“有意挑衅”。

主人喝茶皱眉，表示嫌弃客人；客人喝茶时皱眉，是对主人的示警动作，主人发现客人皱眉，就会认为对方嫌弃自己茶不好，不合口味。

5. 头冲脚惜（音同），二冲茶叶

主人冲茶时，头冲必须冲后倒掉而且不可喝。因为里面有杂质不宜喝饮，本地有“头冲脚惜（音同），二冲茶叶”之称，要是让客人喝头冲茶就是欺侮对方。

6. 新客换茶

宾主喝茶时，中间有新客到来，主人要表示欢迎，立即换茶，否则被认为“慢客”“待之不恭”。换茶叶之后的二冲茶要新客先饮，如新客一再推却叫“却之不恭”。

7. 暗下逐客令

好茶者热情好客，每以浓茶待人，但有时因自己工作关系，饮茶时间长会误工作或是与客人话不投机，客人夜访影响睡眠，主人故意不换茶叶，客人就要察觉到主人是“暗下逐客令”，抽身告辞，否则会惹主人没趣。

8. 无茶色

主人待茶，茶水从浓到淡，数冲之后便要更换茶叶，如不更换茶叶会被人认为“无茶色”。“无茶色”其意有二，一是茶已无色还在冲，是对客人冷淡，不尽地主之谊；二是由于上一点引申对人不恭，办事不认真，效果不显著。

有句话说得好：“看世间万象平常心，品人生百味一杯茶。”

（二）茶会前的礼仪

1. 茶会准备

正确拟定茶会的形式。茶会形式多种多样，有品茶会、茶话会、音乐茶座等。一般庄重、高雅的茶友间相聚多用品茶会；单位集体座谈某种事项用茶话会；娱乐、消遣性聚会适宜安排音乐茶座。

2. 选择合适的茶具

在招待客人时，茶具应有所讲究。从卫生健康角度考虑，泡茶要用茶壶，茶杯要用有柄的，不要用无柄茶杯。目的是避免手与杯体、杯口接触，传播疾病。茶具一般应选择陶质或瓷质器皿。陶质器皿以江苏宜兴的紫砂茶具为佳。不要用玻璃杯，也不要用热水瓶代替茶壶。如用高杯（盖杯）时，则可以不用茶壶。有破损或裂纹的茶具是不能用来待客的。

3. 选择合适的茶叶

由于是茶会，客人对茶叶的要求可能较高。不同的地区，饮茶的习惯不同，应准备的茶叶也就不尽相同。广东、福建、广西、云南一带习惯饮红茶，近些年受港澳台影响，饮乌龙茶的人也多了起来。江南一带饮绿茶比较普遍。北方人一般习惯饮花茶。少数民族地区，大多习惯饮浓郁的紧压茶。

就年龄来讲，一般地说，青年人多喜欢饮淡茶、绿茶，老年人多喜欢饮浓茶、红茶。不同情况下，应准备不同的茶叶，但都应该有特色。

4. 布置要得当

品茶会布置要有地方特色，对茶叶和茶具的准备和摆布都有讲究。茶话会则比较随便一些，可加摆糖果、瓜子等。音乐茶座更加自由、活泼，乐曲准备比茶更重要，有时可以用饮料代茶。

（三）茶会进行的礼仪

1. 茶会开始

主持人应热情致辞欢迎应邀者光临，并讲明举办茶会的目的和内容。一般来说，茶会就座比较自由，讲话也不要求有严格的顺序，可随感而发，即席发言。当生疏的客人发言时，主持者应介绍发言人的身份，以便大家有所了解。

2. 奉茶的时机

奉茶，通常是在客人就座后，开始洽谈工作之前。如果宾主已经开始洽谈工作，这时才端茶上来，免不了要打断谈话或为了放茶而移动桌上的文件，这是失礼的。值得注意的是，喝茶要趁热，凉茶伤胃，茶浸泡过久会泛碱味，不好喝，故一般应在客人坐好后再沏茶。

3. 奉茶的顺序

上茶时一般由主人向客人献茶，或由接待人员给客人上茶。上茶时最好用托盘，手不可触碰碗面。奉茶时，按先主宾后主人，先女宾后男宾，先主要客人后其他客人的礼遇顺序进行。不要从正面端茶，因为这样既妨碍宾主思考，又遮挡视线。得体的做法是：应从每人的右后侧递送。

4. 斟茶的礼仪

在斟茶时要注意每杯茶水不宜斟得过满，以免溢出洒在桌子上或客人衣服上。一般斟七分满即可，应遵循“满杯酒、半杯茶”之古训。

5. 续茶的礼仪

茶会中陪伴客人品茶要随时注意客人杯中茶水存量，随时续水。应安排专人给客人续茶，续茶时服务人员走路要轻，动作要稳，说话声音要小，举止要落落大方。续茶时要一视同仁，不能只给一小部分人续，而冷落了其他客人。如用茶壶泡茶，则应随时观察是否添满开水，但注意壶嘴不要冲着客人方向。

6. 饮茶的礼仪

不论客人还是主人，饮茶要边饮边谈，轻啜慢咽。不宜一次将茶水饮干，不应大口吞咽茶水，喝得咕咚作响。应当缓慢小口地仔细品尝。如遇漂浮在水面上的茶叶，可用茶杯盖拂去，或轻轻吹开，切不可从杯里捞出来扔在地上，更不要吃茶叶。

7. 其他注意礼仪

我国旧时有以再三请茶作为提醒客人应当告辞的做法，即端茶送客。因此，在招待老年人或海外华人时要注意，不要一而再、再而三地劝其饮茶。

茶会进行到一定程度后，主人要适时地宣布茶会到此结束。茶会结束时的礼仪类同于前面所讲宴会结束时所应注意的礼仪。主人应站在门口恭送客人离去，并说些道别的客气话。

思考题

1. 女士仪容仪表主要体现在哪些方面？
2. 男士仪容仪表主要体现在哪些方面？
3. 握手礼仪包含哪些内容？
4. 加强社交和商务礼仪修养对树立体育工作者良好形象有何重要意义？

REFERENCES

主要参考文献

[1] 阎智力，等．体育礼仪导论［M］．上海：华东师范大学出版社，2018.

[2] 林隆．现代礼仪与修养［M］．北京：中国城市出版社，2005.

[3] 王景华，等．礼仪修养［M］．北京：北京师范大学出版社，2010.

[4] 林友华．大学生礼仪素养［M］．上海：同济大学出版社，2010.

[5] 吴迪伟．实用礼仪［M］．成都：成都时代出版社，2015.

[6] 韩强．实用礼仪大全［M］．广州：广东旅游出版社，2015.

[7] 魏雪．礼仪与修养［M］．北京：电子工业出版社，2008.

[8] 王景平，等．现代礼仪修养［M］．北京：国防工业出版社，2007.

[9] 林成益，等．现代礼仪修养教程［M］．杭州：浙江大学出版社，2007.

[10] 国英．现代礼仪［M］．北京：机械工业出版社，2010.

[11] 金正昆．金正昆教你学礼仪［M］．西安：陕西师范大学出版社，2010.

[12] 金正昆．商务礼仪教程［M］．北京：人民大学出版社，2009.

[13] 特里·莫里森，韦恩·A. 康纳维，等．国际商务礼仪大全［M］．魏春宇，赵雪，译．北京：电子工业出版社，2006.

[14] 董浩．体育观赛礼仪［M］．北京：中国物资出版社，2008.

[15] 邱林飞．现代体育观赛礼仪［M］．杭州：浙江大学出版社，2014.

[16] 石咏琦．奥运礼仪［M］．北京：北京大学出版社，2006.

[17] 王斌．政务礼仪大全［M］．哈尔滨：哈尔滨出版社，2005.

[18] 许之屏．现代体育礼仪［M］．长沙：湖南师范大学出版社，2010.

[19] 郑国华．中西体育文化价值选择的差异［J］．天津体育学院学报，2007（4）.

[20] 徐成立．中西方体育文化价值取向的冲突与融合［J］．体育文化导刊，2007（10）.

[21] 任广耀．体育传播学［M］．北京：高等教育出版社，2004.

[22] 何兆武．中西文化交流史论［M］．北京：中国青年出版社，2001.
[23] 钱世明．说礼乐［M］．北京：京华出版社，1999.
[24] 李兴国，等．教师礼仪［M］．上海：华东师范大学出版社，2007.
[25] 彭红．交际口才与礼仪［M］．上海：华东师范大学出版社，2007.
[26] 郝勤．奥林匹克与中国传统文化［J］．体育文史，2001（2）.
[27] 赵红红．现代体育礼仪［M］．杭州：浙江大学出版社，2007.
[28] 杨志刚．中国礼仪制度研究［M］．上海：华东师范大学出版社，2001.
[29] 杨静．形体礼仪实用教程［M］．北京：中国戏剧出版社，2013.
[30] 刘少英．论体育人的文化修养［J］．体育文化导刊，2003（4）.
[31] 张怡．礼仪教程［M］．上海：东华大学出版社，2006.
[32] 周威，等．现代科技对中国体育的影响［J］．体育学刊，2002（3）.
[33] 杨静．形体礼仪［M］．北京：中国戏剧出版社，2008.
[34] 徐燕萍．体育教育探索之舟［M］．上海：上海教育出版社，2005.
[35] 周仲庚．人格心理学［M］．沈阳：辽宁人民出版社，1996.
[36] 王岗．体育的文化真实［M］．北京：北京体育大学出版社，2007.
[37] 黄亚玲．奥运传奇［M］．郑州：大象出版社，2004.
[38] 顾拜旦．奥林匹克回忆录［M］．刘汉全，译．北京：北京体育大学出版社，2008.
[39] 周茗，等．竞技体育文化论［J］．体育文化导刊，2012（7）.
[40] 刘纯献．中国竞技体育崛起的制度框架和思想基础［M］．北京：北京体育大学出版社，2007.
[41] 郝文勉．礼仪概论［M］．郑州：河南人民出版社，1990.
[42] 杨佳佳，等．我国体育人文社会学研究概况［J］．北京体育大学学报，2013（10）.
[43] 布特，等．幸福体育的哲学考量［J］．北京体育大学学报，2014（3）.
[44] 李君，等．社交礼仪常识［M］．成都：天地出版社，2009.
[45] 张建宏．社交礼仪与沟通技巧［M］．北京：国防工业出版社，2011.
[46] 丁畅．社交礼仪大全［M］．长春：吉林大学出版社，2011.
[47] 古谷治子．日常交际礼仪［M］．刘霞，译．北京：电子工业出版社，2006.
[48] 闫秀荣．现代社交礼仪［M］．北京：人民邮电出版社，2011.
[49] 祁玉红，等．大学生社交礼仪［M］．北京：清华大学出版社，2011.
[50] 王立，等．每天学点社交礼仪［M］．呼和浩特：内蒙古人民出版社，2012.
[51] 韩旭．社交与礼仪［M］．北京：人民邮电出版社，2012.
[52] 王晓梅．不可不知的1000个礼仪常识［M］．北京：中央编译出版社，2014.
[53] 黄士平．现代礼仪学［M］．武汉：武汉大学出版社，1995.
[54] 向亚云．女性礼仪与魅力修养［M］．北京：中国言实出版社，2010.

［55］蔡玉．女性礼仪［M］．济南：山东科技出版社，2011.
［56］向多佳．职业礼仪［M］．成都：四川大学出版社，2006.
［57］纪亚飞．服务礼仪标准培训［M］．北京：中国纺织出版社，2012.
［58］张朝晖．礼仪规范教程［M］．北京：高等教育出版社，2015.
［59］宁胜克．大学生礼仪教程［M］．成都：电子科技大学出版社，2011.
［60］林克明，等．学校体育文化学［M］．北京：人民体育出版社，2015.
［61］田麦久．运动训练学［M］．北京：高等教育出版社，2016.
［62］黄槟杰．哈佛大学礼仪公开课——提升形象的艺术［M］．北京：北京工业大学出版社，2018.